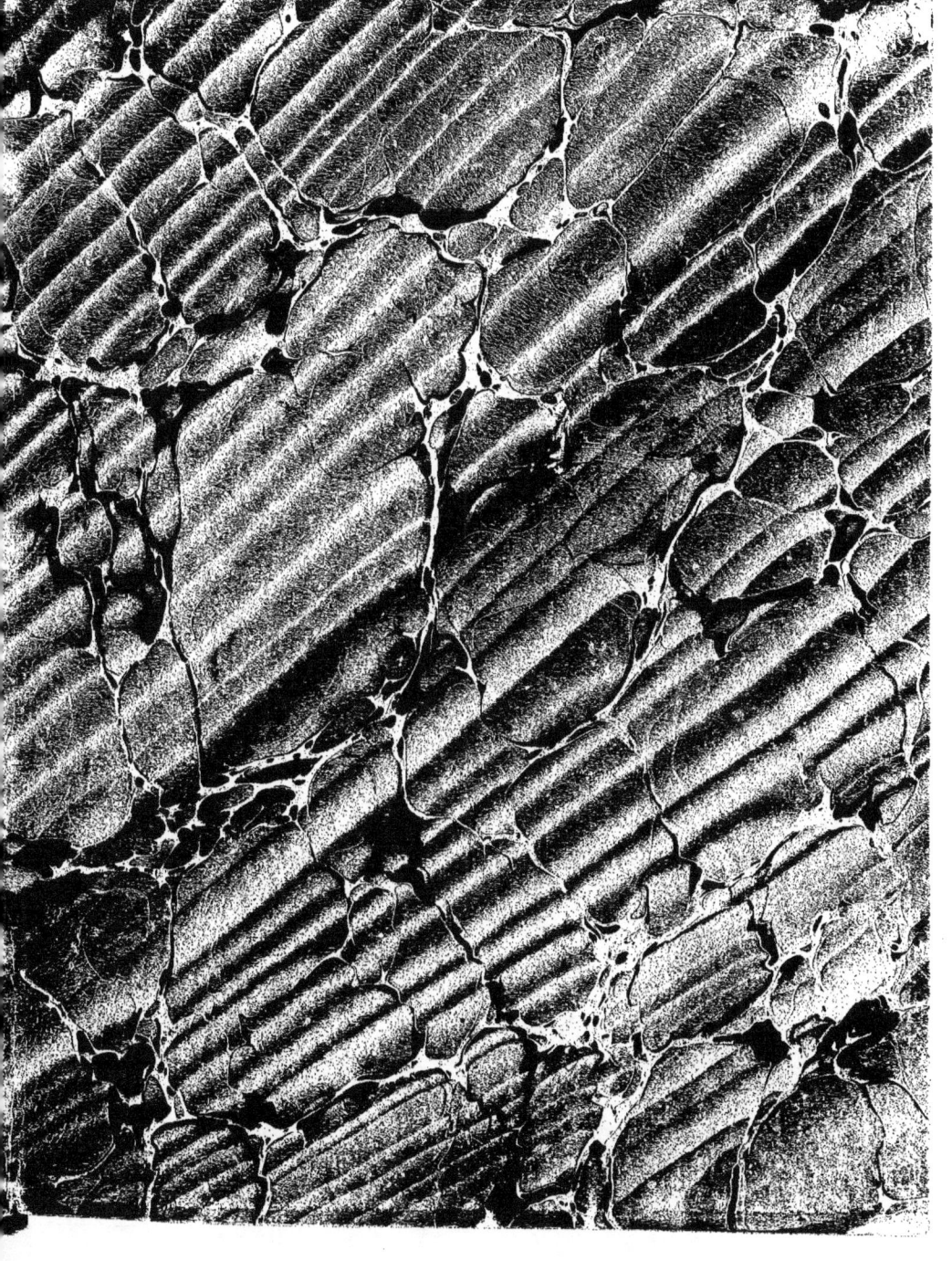

ROYAN

ET

LA TOUR DE CORDOUAN

Tiré à cent exemplaires

N°

Imp. Wellerwald _ Bordeaux
Gustave Labat, Inv. & Lith.

DOCUMENTS

SUR

LA VILLE DE ROYAN

ET

LA TOUR DE CORDOUAN

1622-1789

RECUEILLIS PAR

GUSTAVE LABAT

Vice-Président de la Société des Archives historiques de la Gironde, etc.

BORDEAUX

IMPRIMERIE G. GOUNOUILHOU

11, — RUE GUIRAUDE, — 11

1884

DEPUIS près de trente ans je recherche les choses relatives à la charmante petite ville de Royan et à ses environs. Aussi ai-je accueilli avec empressement les divers documents que je peux reproduire aujourd'hui, grâce à la communication bienveillante d'un ami aussi modeste qu'érudit, M. Raymond Céleste, sous-bibliothécaire de la ville de Bordeaux.

Le plus ancien de ces documents est le siège et la prise de Royan par Le Roi Louis XIII; c'est la réimpression d'une plaquette rarissime éditée à Poitiers au commencement du XVIIe siècle.

La seconde pièce est la copie d'un projet dressé par M. de Bitry, Ingénieur en chef du Château-Trompette pour la construction d'une digue et d'un port de refuge dans la baie de Royan; elle m'a paru d'autant plus intéressante à publier qu'on se préoccupe maintenant de faire à peu de chose près, dans cette station balnéaire, un travail dont il était déjà question il y a plus d'un siècle et demi.

Enfin, les derniers et non moins les plus curieux de ces documents sont des lettres de l'Ingénieur Teulère à son ami Combes, architecte à Bordeaux, presque toutes écrites de la Tour de Cordouan ou de Royan.

Le célèbre Ingénieur y esquisse, à grands traits, la marche des travaux remarquables entrepris par lui à la Tour de Louis de Foix; il y indique sa théorie sur la force des vents, tout en suivant de son rocher, où les nouvelles lui arrivent quand il plaît à Dieu, les progrès de la première Révolution française.

C'est encore à un ami, qui permettra bien à son vieux camarade « ès-arts » de le nommer, Charles Marionneau, correspondant de l'Institut, que je suis redevable de quelques indications historiques et biographiques, qui accompagnent cette petite publication; que MM. Céleste et Marionneau veuillent bien agréer mes sincères remerciements.

GUSTAVE LABAT.

Aux Tamaris, Octobre 1880.

LA

PRISE DE LA VILLE DE ROYAN

PAR SA MAIESTE SUR LES REBELLES

Avec le recit de ce qui s'est passé de plus remarquable au Siege d'icelle.

A POICTIERS
Par ABRAHAM MOUNIN, Imprimeur, demeurant devant la Baleine au Marché Vieil.

M. D. C. XXII.

LE DESSIN

DE LA TOUR DE CORDOUAN EN 1610

D'après Claude CHATILLON,

Topographe du roi Henri IV.

Dessiné et lith. par Gustave LABAT, — 1887.

INTRODUCTION

« Ah ! Cordouan, Cordouan, ne sauras-tu
» donc, blanc fantôme, nous amener que
» des orages ? »
(*La Mer*, MICHELET.)

I

Le bienveillant accueil fait par nos amis à notre petite publication de *Documents sur la ville de Royan et la tour de Cordouan*, et aussi, disons-le, le goût que nous professons pour les choses de la mer, nous ont engagé à continuer des recherches pour compléter ce premier travail.

On a beaucoup écrit sur la tour de Cordouan, et l'on écrira encore ; le sujet est tentant, car nul n'a mis les pieds sur ces roches désolées sans être frappé par la majesté du doyen des phares. Les descriptions ne manquent donc pas, mais elles sont le plus souvent obscurcies par la légende.

Le travail que nous donnons aujourd'hui n'est ni l'histoire ni la description nouvelle de la célèbre tour ; c'est une suite de documents authentiques, puisés aux meilleures sources, se rapportant aux travaux exécutés sur les rochers de Cordouan, du XIIIe siècle à la fin du XVIIIe, et coordonnés ensemble autant que les lacunes existant entre leurs dates l'ont permis.

Un certain nombre de ces documents ont déjà été publiés séparément dans divers recueils ou revues, notamment dans les *Archives historiques de la Gironde*, la *Revue de Gascogne*, les *Actes de l'Académie des sciences, belles-lettres et arts de Bordeaux*, et dans les notices de MM. Ph. Tamizey de Larroque et Charles Marionneau, correspondants de l'Institut, E. Gaullieur, archiviste de la ville de Bordeaux, et Teulère, architecte; d'autres sont inédits et proviennent, soit de copies relevées au dépôt des Archives de la Gironde, à la Bibliothèque nationale et à celle de l'Arsenal, soit aux archives du Ministère de la marine, à Paris, et, à Bordeaux, au Magasin des vivres de la marine de Bacalan.

En résumé, le but de cette publication est de réunir des documents rares, souvent précieux, inconnus ou dispersés jusqu'à ce jour un peu partout.

Une seconde série de lettres inédites de l'ingénieur Teulère, dont nous devons la plus grande partie à l'obligeante communication de M. Jules Delpit, l'érudit fondateur de la Société des Archives historiques de la Gironde, fait suite à ces documents.

Ces lettres des plus curieuses ont été écrites la plupart à Cordouan pendant les travaux d'exhaussement de la tour; on y trouve un projet de « jetée pour le port de Royan », ainsi que des aperçus intéressants sur les gens et les choses du temps.

Nous donnons ensuite la réimpression de *L'Expédition généreuse du Parlement de Bourdeaux envoyée contre les Rochelois, chassez de Soulac et du pays de Médoc.*

Cette plaquette, très rare, imprimée à Bordeaux en 1622, fait suite à *La Prise de la ville de Royan par Sa Majesté sur les rebelles*, de notre première publication.

Nous y joignons : *La relation* (en deux parties) *de la bataille navalle donnée entre les armées de France et d'Espagne sur les mers d'Olléron et de Ré,* plaquette également fort rare et fort curieuse, imprimée en 1652, à Paris.

Nous finissons par l'acte du dénombrement du marquisat de Royan, en l'année 1673.

De nombreuses notes, que nous avons essayé de rendre aussi intéressantes que complètes, sont placées à la suite de ce travail qu'elles terminent

II

« La tour de Cordouan, bâtie à l'embou-
» chure de la mer auprès de Bourdeaux, sur
» le roc, pour servir de phare, est une *des*
» *plus belles choses de France;* de sorte que
» le *phare d'Alexandrie n'est rien en compa-*
» *raison.* »

(*Délices de la France*, 1728, tome II,
pages 272-273.)

Il y a certainement là de quoi tenter un curieux et nous croyons bien faire en plaçant ce pompeux éloge de l'œuvre de Loys de Foix en tête des documents, dont nous allons donner l'analyse rapide :

I. — Le premier de tous et le plus ancien est emprunté à une notice très intéressante sur les phares de Cordouan, lue par M. E. Gaullieur à la Sorbonne, le 17 avril 1884, constatant l'existence de constructions élevées sur les rochers de Cordouan antérieurement au XIIIe siècle.

II. — La deuxième pièce, plus connue, est extraite du précieux recueil de Rymer. La date précise de la construction de la tour du Prince Noir, qui a subsisté jusqu'à la fin du XVIe siècle, n'y est pas donnée; mais il y a tout lieu de croire, comme l'écrit l'érudit M. Tamizey de Larroque dans sa notice, qu'elle fut édifiée pendant les paisibles années qui s'écoulèrent de l'année 1360, où fut signé le traité de Brétigny, à 1371, époque où le prince anglais quitta le continent.

III, IV. — Les troisième et quatrième documents sont relatifs aux taxes perçues en faveur des ermites résidant à Cordouan et chargés de l'entretien du feu allumé sur la tour; ils sont tous deux du XVe siècle, 1410 et 1472. La tour est en si mauvais état « qu'elle vient en grande ruine, » y est-il dit.

La *Revue catholique de Bordeaux,* tome V, année 1884, a donné un article fort intéressant sur les ermites de Cordouan et les aumôniers qui leur ont succédé.

V, VI. — Nous passons du XVe au XVIe siècle. En l'année 1552 les Bordelais se préoccupent du mauvais état où se trouve la tour du Prince Noir et des réparations qu'elle nécessite.

VII. — Quelques années plus tard, juillet 1564, Charles de Coucy, sieur de Burie, écrit à Catherine de Médicis au sujet des travaux indispensables à faire, car « la tour, dit-il, s'en va par terre s'il n'y est pourveu ».

VIII. — Le document suivant, 23 août 1566, est une lettre de Blaise de Monluc au roi Charles IX, rappelant que les réparations demandées n'ont pas été faites et « qu'il est nécessaire de convertir en cest endroict la longueur en diligence. »

IX. — Cette pièce, du 17 novembre 1576, constate la levée d'une taxe sur « chacune bale de pastel et laine », dont le montant sera employé aux travaux à faire à la tour.

x. — Le mémoire, du duc de Biron au Roi, qui fait suite, 5 janvier 1580, nous apprend que rien n'a été fait à la tour du prince de Galles; qu'elle est dans un état tel que les ermites chargés d'entretenir le fanal n'osent pas résider à Cordouan et que le feu n'est plus allumé, « d'où s'en sont ensuyvis infinis naufrages ».

Nous arrivons à la partie la plus curieuse de ce recueil: Loys de Foix, le célèbre ingénieur, entre en scène.

xi. — Ce document, 6 juillet 1582, est en effet l'entérinement par les trésoriers de France à Bordeaux des lettres-patentes du Roi nommant Loys de Foix architecte de la tour de Cordouan.

xii. — Le 31 août de l'année suivante, rien n'est commencé et les maire et jurats de Bordeaux adressent une supplique au Roi pour obtenir qu'il soit procédé « à ladite réparation sellon les moyens qu'il vous a pleu y establir ».

xiii. — La pièce qui vient ensuite est la copie, *in extenso,* du contrat passé le 2 mars 1584 entre le maréchal de Matignon, lieutenant général pour le Roi en Guyenne, par l'avis du président François Nesmond, d'Ogier de Gourgue, président et trésorier général de France à Bordeaux, et de messire Michel de Montaigne, maire de ladite ville, avec Loys de Foix, valet de chambre et ingénieur ordinaire du Roi, pour « faire, parfaire bien et deuement les ouvrages nécessaires pour la réédification et construction de la tour de Cordouan ».

Ce document, emprunté au recueil des *Actes de l'Académie des sciences, belles-lettres et arts de Bordeaux,* année 1855, à laquelle il a été communiqué par M. le vicomte A. de Gourgues, est incontestablement un des plus importants de ce travail. « Il rappelle Montaigne, dit M. de Gourgues, par le langage et par le sentiment qui l'a dicté. »

« Attendu (y est-il dit, art. 24e) que c'est une œuvre royale nécessaire à tout le pays de Guyenne pour le commerce et navigation » libre de tous les marchands et marchandises et pour la seureté » des navires et aultres vaisseaulx de mer entrant dans la rivière de » Gironde, et qu'elle se faict aux depens du publicq ——— et » advenant que pendant la construction et parachèvement dudict » œuvre, il advint guerre en Guyenne, et que par force et viollance » ledict de Foix fust prins prisonnier et mis à ranson par les ennemys du Roy; qu'en ce cas, sa ranson et de ses gens, qui pourroient être prins et mis à ranson avec luy, sera payée aux despens » de Sa Majesté et remboursé des pertes que luy et les siens » pourroient faire en ladicte prinse, etc., etc. »

XIV. — Le 18 du même mois, le maréchal de Matignon écrit au roi Henri III, au sujet des entraves mises par le trésorier des réparations à la délivrance d'une somme de dix mille écus à Loys de Foix.

XV. — Le 30 avril 1585, nouvelle lettre de Matignon à Henri III. Loys de Foix est retenu prisonnier à Bourg par les gens de Lansac; il espère que de Foix sera mis en liberté en raison de l'œuvre importante qu'il a entreprise.

XVI. — Ce document, du même jour 30 avril 1585, est une lettre présumée de Loys de Foix, où celui-ci demande qu'on obtienne sa mise en liberté.

XVII. — Nous sommes au 25 septembre 1591, les travaux de construction marchent, de Foix présente requête afin d'avoir des commissaires pour visiter l'état de la tour.

XVIII. — 4 mars 1592. Composition de la Commission chargée de recevoir les travaux exécutés par de Foix.

XIX. — 8 novembre 1594. Lettres-patentes ordonnant qu'une

somme de 50,000 écus sera payée à Loys de Foix pour l'achèvement de la tour de Cordouan.

XX. — Avril 1595. Délibération des trésoriers généraux de Guyenne, réduisant d'un tiers le compte présenté par Loys de Foix.

XXI. — 16 septembre 1595. Nomination de Pierre de Brach et de Gratien d'Olyve, jurats de Bordeaux, pour aller visiter les travaux de la tour.

XXII. — Requête de Loys de Foix, afin d'obtenir le paiement d'une somme de 36,000 écus.

XXIII. — 6 septembre 1599. La somme n'est pas encore payée; lettre de Loys de Foix à Henri IV pour faire cesser cet état de choses; les fondations ont coûté déjà 64,000 écus, et l'on ne peut continuer les travaux sans moyens convenables; il serait grand dommage d'abandonner la construction faute d'argent, car la force de la mer détruit et détruira tout, si l'œuvre n'est achevée promptement; il a quatre-vingt-dix ouvriers, manœuvres ou mariniers, qu'il paie, ainsi que les gros intérêts dus à ses créanciers.

XXIV. — Nous arrivons au 11 avril 1602. Loys de Foix veut acheter soixante tonneaux de vin du Haut-Pays pour la nourriture des ouvriers qui travaillent à la tour; mais, se basant sur les termes de son contrat, il refuse d'acquitter les droits qu'on lui réclame.

XXV. — 7 décembre 1606. Loys de Foix est mort, et son fils, Pierre de Foix, après avoir continué l'œuvre paternelle, l'ayant discontinuée, il intervient un arrêt du Conseil de Sa Majesté, et Claude de Chastillon, ingénieur et topographe du roi, est envoyé par Sa Majesté sur les lieux, où il reconnaît que la discontinuation des travaux est préjudiciable à ce qui est déjà fait; en conséquence, le duc de Sully, grand voyer de France, écrit à messires Louys de Gentilz et Pierre de Prugue, commissaires ordonnés par

Sa Majesté pour l'intendance de la tour de Cordouan, à l'effet de faire proclamer les réparations à faire, et dont la délivrance sera faite à ceux qui feront les meilleures conditions à Sa Majesté. Ces travaux furent donnés, suivant contrat passé le dit jour 7 décembre 1606, à François Beuscher, architecte et maître des œuvres, réparations et fortifications de Sa Majesté en Guyenne. François Beuscher avait travaillé avec Loys de Foix, car nous le voyons figurer comme témoin dans l'acte passé devant Me Themer, notaire, le 10 février 1600, dont nous donnons la reproduction typo-photographique.

XXVI. — Arrêt du 29 avril 1611, par lequel le Conseil d'État charge le Bureau des finances de Bordeaux de faire visiter la plateforme de la tour de Cordouan, construite par François Beuscher, en vertu du contrat passé le 7 décembre 1606, qui précède.

XXVII. — Description de la tour de Cordouan en 1630, d'après un document de la Bibliothèque nationale.

XXVIII. — 19 mars 1648. — Lettre de Delaveau, jurat de Bordeaux, au chancelier Séguier. — La tour menace ruine; une brèche a été faite au mur d'enceinte par la violence des vagues; il importe d'y aviser.

XXIX. — 25 septembre 1650. Pendant les troubles de la minorité du roi Louis XIV, la tour est occupée par des gens qui sont en intelligence avec la flotte espagnole.

XXX. — 7 mai 1655. Supplique d'un gardien de la tour aux présidents-trésoriers de France et généraux des finances en Guyenne, où il déclare qu'il n'a pu allumer le feu du fanal *faute de bois*, te où il demande qu'on lui adjoigne un homme pour la garde de cette tour.

« Quatre ou cinq navires ont faict naufrage, dit-il, et s'il n'est

» pourveu promptement, il est à craindre qu'il n'y arrive de plus » grands inconvénians. »

Que dirait de cette supplique, s'il la connaissait, M. l'inspecteur général Reynaud, dont la sollicitude est si grande pour tout ce qui touche au service des phares? A la vérité, nous sommes au XVIIe siècle, ne l'oublions pas.

XXXI. — Nous passons au 17 août 1689. C'est le procès-verbal de visite de la tour de Cordouan pour vérifier l'état d'entretien de la tour, dont le *sieur Dudouet, habitant de Vaux, près Royan,* s'est chargé pour dix ans, à raison de 4,800 livres pour chacune des dix années; ce document, malheureusement un peu détérioré, est des plus curieux.

XXXII. — Nous arrivons à l'année 1723 et au mémoire de M. le chevalier de Bitry pour rehausser la tour; c'est à cette pièce importante que sont joints les plans et coupes de la nouvelle lanterne, dont les dessins originaux existent aux Archives départementales de la Gironde.

XXXIII. — M. de Maurepas écrit, le 20 février 1724, à l'intendant de la province de Guyenne qu'il convient de la nécessité de la nouvelle lanterne, mais que la dépense ne peut en être assignée à la marine.

XXXIV. — 20 août 1724. Lettres des pilotes de l'entrée de la rivière de Bordeaux, résidant à Royan, pour demander qu'une lanterne de vingt-deux pieds de haut, comme elle était primitivement, soit placée sur la tour, de façon à être aperçue de deux lieues plus loin.

Les signatures de cette lettre offrent cela de particulièrement intéressant qu'après *cent soixante-trois ans,* on trouve encore à Royan, dans le service des pilotes, des marins *des mêmes noms.*

XXXV. — 21 avril 1726. Le roi Louis XV fait droit aux réclamations des pilotes et à la demande de M. le chevalier de Bitry; Sa Majesté ordonne le rétablissement de la tour et l'élévation de la lanterne. Le roi réglemente aussi le service de l'éclairage du feu pour les saisons d'*hiver* et d'*été*.

XXXVI. — 28 novembre 1726. L'intendant Boucher écrit à M. de Maurepas que, conformément à ses instructions, il envoie le sieur Dardan à la Charité, pour assister à la fabrication des pièces de la lanterne.

XXXVII. — 19 octobre 1727. — M. de Maurepas à l'Intendant. — Sa Majesté accorde 2,000 livres de gratification à M. le chevalier de Bitry.

XXXVIII. — 1727. Le nouveau phare. — La tour de Cordouan à l'embouchure de la *Garonne*, d'après un document des Archives nationales.

XXXIX. — 25 août 1728. État des gages de l'aumônier et des *quatre* gardiens, qui seront installés à la tour à partir du 1er septembre 1728.

XL. — 15 juin 1732. L'aumônier irlandais a été congédié en raison de ses trop fréquentes absences; le Roi approuve qu'on ait proposé aux Récollets de Royan de desservir la tour, quand le temps le permettra, *dimanches et fêtes*, moyennant 200 livres par an.

XLI. — 31 août 1734. Lettre de renouvellement de commission de gouverneur de la tour de Cordouan en faveur du sieur Binet, chevalier de l'ordre militaire de Saint-Louis, mestre de camp, etc.

XLII. — 1760. Description de la tour de Cordouan, d'après l'*Almanach historique* de Guyenne de 1760.

Ce document, quoique imprimé, est devenu presque introuvable; nous ne connaissons que quelques exemplaires du rarissime volume qui le contient; nous le donnons *in extenso*, malgré quelques répétitions avec la précédente description de la tour (nº XXXVIII-1727).

XLIII. — 30 janvier 1766. Lettre à l'intendant Boutin, au sujet de la place de receveur des droits de la tour de Cordouan donnée au sieur Delbos de Laborde, en remplacement du sieur Gruer, son beau-père, décédé.

XLIV. — 1er avril 1781. Lettre du sieur Correnson, commissaire aux classes de la marine à Royan, à M. Le Moyne, commissaire général à Bordeaux, pour lui remettre les état et rôles nécessaires au paiement des appointements et salaires des officiers, matelots et gardiens employés au service de la tour de Cordouan.

XLV, XLVI, XLVII. — État et rôles à l'appui de la précédente lettre.

XLVIII. — 24 mars 1778. Mémoire de l'intendant Dupré de Saint-Maur et projet de défense de l'embouchure de la Gironde.

XLIX. — 14 septembre 1781. — Lettre de l'ingénieur Teulère à Combes (Guy-Louis), architecte à Paris. — Combes vient d'obtenir le grand-prix d'architecture à Paris, et va partir pour Rome. Teulère, son ami, le félicite chaleureusement de son succès.

Il le prie de voir M. Sangrain, rue du Ponceaud, à Paris, qui s'occupe de la nouvelle lanterne à établir à Cordouan.

L. — 5 mars 1782. — Lettre de Fourtille-Sangrain à M. le marquis de Castries. — Il a fait fabriquer de nouveaux réverbères d'un tiers plus volumineux que les anciens, et son chef d'atelier est parti pour les placer à Cordouan.

Nous sommes loin des feux de bois allumés sur la tour de Loys de Foix et ses devancières; déjà, en 1717, on y avait substitué le charbon minéral; en 1727, M. le chevalier de Bitry construisit la lanterne de fer et les réchauds, qui ont subsisté jusqu'en 1782, époque où l'ancien feu de charbon fut remplacé par l'éclairage à l'huile, remplacé lui-même, en 1789, après l'exhaussement de la tour, par l'ingénieuse lampe à double courant d'air et à foyer circulaire imaginée par Teulère; celle-ci devait être en 1823 encore améliorée par l'appareil lenticulaire, dû au célèbre Augustin Fresnel, qui augmenta ainsi l'intensité de la lumière dans une proportion considérable, et fit de Cordouan un des phares les plus remarquables du monde.

LI. — 21/29 août 1783. Déclarations concernant le feu nouvellement établi à Cordouan, faites devant le lieutenant général de l'amirauté de Guyenne par les capitaines des navires entrés en rivière de Bordeaux du 21 au 29 août 1783.

Ces déclarations sont des plus curieuses à lire, car les dépositions des marins sur la portée du feu en mer furent très divisées.

LII. — 25 juillet 1786. — Lettre de l'ingénieur Teulère à Combes. — Il a appris que Bonfin l'a présenté à l'Académie de Bordeaux; il prie Combes de lui envoyer l'ouvrage de Frézier et ceux de Philibert de Lorme sur la coupe des pierres.

LIII. — 30 juillet 1786. — Lettre du même au même. — Il sera donc présenté à l'Académie comme architecte adjoint et professeur d'architecture.

Son prédécesseur, M. Toufaire, chargé du service d'entretien de la tour, a fait, en 1774, le projet d'une jetée ou môle dans la rade de Royan, dont le devis s'élève à 400,000 livres, sans y comprendre les accessoires; il s'occupe de ce même projet; mais, s'il dépasse 80,000 livres, il ne doit pas espérer de le faire adopter.

Il est allé à l'île d'Oléron pour voir le môle qu'on construit; c'est un lieutenant de frégate qui dirige ce travail et le fait faire pour 26 livres la toise cube. Chemin faisant, il a vu un autre môle à la pointe du Chapus, en face de l'île d'Oléron; cette construction est dirigée par les ingénieurs des fortifications; elle coûte trente-six livres de plus par toise cube que la première.

Nous analysons très succinctement les lettres de Teulère, nous arrêtant principalement aux passages relatifs aux travaux qui ont immortalisé son nom; mais nous ne saurions trop engager à lire ces lettres en entier; Teulère touche un peu à tout et conserve toujours, malgré les préoccupations d'un travail des plus difficiles, une liberté d'esprit peu commune.

LIV. — 14 janvier 1787. M. de Vergennes communique une lettre de l'ambassadeur des Provinces-Unies à Paris, signalant les inconvénients qui résultent pour la navigation de l'emploi des nouveaux réverbères placés à Cordouan.

LV. — 16 août 1787. — Lettre de M. de Najac. — Il a reçu le plan de surélévation de la tour et l'a remis à Teulère, qui va s'occuper d'en faire une copie et de dresser le devis de la dépense.

LVI. — 21 avril 1788. — Teulère à Combes. — Il s'installe à la tour, il est encombré de paquets et n'a pas la place d'une feuille de papier pour écrire.

LVII. — 29 avril 1788. — Lettre du même au même. — La barque est arrivée au moment où on l'attendait le moins. Si l'on veut voir l'état *ancien* de la tour, il faut venir avant le 6 mai.

LVIII. — 12 mai 1788. — Lettre du même au même. — Les travaux marchent, mais exigent de grandes précautions, à cause de l'état de délabrement de la tour, ce qui pourrait occasionner de graves accidents.

LIX. — Lettre du même au même. — Il n'a guère le temps d'écrire. Des fondements à établir à 75 pieds de hauteur, une voûte à soutenir avec tout ce qu'elle porte, des démolitions à faire à 130 pieds de haut, des raccordements des choses vieilles à conserver dans plusieurs endroits pour les lier avec le nouvel ouvrage, tout cela exige qu'on multiplie les précautions pour que rien ne s'ébranle et qu'il n'arrive aucun mal aux travailleurs.

Il a fait des arrangements à son projet, le cône a l'air d'être plus court d'environ un tiers et sa grosseur en paraît être augmentée en raison; le tout a l'air large et renforcé. M. de Borda, s'il vient à la tour, lui saura gré d'avoir exécuté son idée.

LX. — 17 juillet 1788. — Lettre du même au même. — Pour ne pas resaper la voûte de la chapelle, il a été obligé de ne laisser que trois pouces de retrait à trois pieds de hauteur et délivrer le reste à plomb jusqu'au sommet de la voûte; les croisées de l'exhaussement seront carrées, ajustées avec arrière-chambranle et fronton, comme celles qui existent.

Il avait dit, dans une lettre particulière, que l'escalier voûté à construire au pourtour intérieur du cône ne pèserait ni sur la voûte de la chapelle ni sur les murs de l'escalier actuel; pour soutenir cette opinion il lui a fallu surveiller attentivement le travail : tout va bien; mais, aussi continuellement occupé de détails, il a peine à penser à ses amis.

On ne fait pas toujours bonne chère à la tour, mais on ne s'en prend ni à l'argent, ni aux hommes, ni à la terre; la vie est mauvaise, il faut s'armer de patience, manger sans humeur ce qu'on a et ménager même en cas de disette.

LXI. — Août 1788. — Lettre du même au même. — Relative en entier aux travaux exécutés au Magasin des vivres de la marine à Bacalan.

LXII. — 19 mars 1790. Le couvent des Récollets de Royan se trouve dans le cas d'être supprimé et les religieux réunis à une autre maison.

Le P. Robert des Isles, gardien de la communauté et établi depuis 1775 aumônier de la tour de Cordouan, pense qu'il serait aisé de faire considérer cette maison comme aumônerie de la marine; c'est l'opinion du commissaire général M. Prévost de La Croix, — sauf, après la mort des religieux qui l'occupent, d'en faire un hôpital pour les marins arrivant des colonies ou y allant, qui tomberaient malades à bord des navires mouillés au Verdon ou à Royan.

LXIII. — 27 juillet 1793. Procès-verbal de la réunion des administrateurs du Directoire du département de la Gironde, au sujet du paiement de fournitures faites pour la tour de Cordouan.

LXIV. — 2 vendémiaire an II. Estimation du mobilier de la chapelle de la tour de Cordouan.

LXV. — 16 vendémiaire an IV. Vente du mobilier de ladite chapelle.

LXVI. — 16 vendémiaire an IV. État des objets du culte qui n'ont pas été vendus.

LXVII. — 1622. *Expédition généreuse du Parlement de Bordeaux.*

Nous l'avons dit en commençant, cette relation fait suite à la Prise de la ville de Royan de notre première publication.

Le roi Louis XIII quitta Royan le 16 mai et vint mettre le siège devant Sainte-Foy, dont les habitants firent leur soumission.

Dans le même temps, deux compagnies de gens de pied logées à Lesparre, appuyées de deux canons envoyés par le premier président du Parlement, forcèrent les rebelles de La Rochelle, qui occupaient Soulac, à capituler.

Ainsi cette guerre du Médoc fut heureusement terminée.

LXVIII. — 9 août 1652. Nous revenons sur les côtes de Saintonge et d'Aunis.

La pièce suivante est la *Relation de la bataille donnée entre les armées de France et d'Espagne sur les mers d'Olléron et de Ré, le neufiesme jour d'aoust* 1652.

Le duc de Vendôme, amiral de France, parti de Brest avec douze vaisseaux de guerre, trois frégates, une galère et quelques bâtiments légers, renforcés par trois vaisseaux de guerre, un brûlôt et quatre galiotes venant du Blavet et de La Rochelle, oblige les Espagnols à lever le blocus de cette dernière ville et bat leur escadre, dont il brûle un des plus beaux vaisseaux et s'empare de l'*Amiral-de-Naples*.

LXIX. — 16 août 1652. L'*Amiral-de-Naples*, désemparé de ses voiles, n'a pu rester dans les eaux de la flotte française et est repris par les Espagnols.

Le duc de Vendôme ayant appris à La Rochelle que la grande galère, le brigantin et le traversier du comte de Doignon étaient mouillés dans la rivière de Seudre, vis-à-vis La Tremblade, envoie une galère et quatre galiotes pour les surprendre et s'en emparer, coup de main qui réussit, non sans que les gens du comte de Doignon aient voulu incendier leurs bâtiments.

Cette relation nous a semblé d'autant plus curieuse à réimprimer que les combats ont eu lieu sur les côtes de la Saintonge et dans la Seudre, non loin de Royan, et qu'elle fait connaître des noms, qui furent l'honneur de la marine de Louis XIV : pour n'en citer qu'un, le plus illustre, celui d'Abraham Duquesne, l'homme de mer le plus remarquable que la France ait eu au XVIIe siècle.

LXX. — 4 juillet 1673. Dénombrement du marquisat de Royan, dont était titulaire Louis de la Trémouille, seigneur marquis de Royan, comte d'Olonne, etc., etc.; cette pièce offre un intérêt tout particulier, de nos jours, en ce sens qu'elle donne exactement les limites du marquisat à la fin du XVIIe siècle et les noms des maisons nobles comprises dans son territoire, qui en dépendaient.

Nous allions clore notre travail par ce document, quand une nouvelle visite aux archives de la marine nous a valu les pièces suivantes qui sont un supplément à ce que nous avons donné déjà sur la tour de Cordouan.

LXXI. — 23 juin 1758. La guerre avec l'Angleterre, que devait terminer le traité de Paris, conclu en 1763, consacrant aux yeux de l'Europe la suprématie maritime de notre rivale, est dans toute sa force; on a pensé à utiliser la tour de Cordouan pour en faire un poste de signaux.

M. de Rostan, commissaire général ordinaire de la marine à Bordeaux, donne l'état des signaux arrêtés par M. le maréchal duc de Richelieu, gouverneur de la province.

LXXII. — Juin 1758. Signaux que les frégates du Roi, partant de Rochefort pour aller dans la rivière de Bordeaux, feront pour être reconnues de la tour de Cordouan et des batteries de la côte.

LXXIII. — 11 août 1758. Instructions du maréchal de Richelieu pour le capitaine et les deux autres officiers de marine résidant à Cordouan pour y exécuter les signaux.

LXXIV. — 3 octobre 1758. M. de Rostan écrit au Maréchal que beaucoup d'officiers des batteries du Médoc sont malades de la fièvre.

Si le Maréchal n'y voit pas d'empêchement, il conviendrait de réduire le nombre des officiers, les uns pourraient se faire soigner et les autres vaquer à leurs affaires, car beaucoup sont *propriétaires de vignes*.

Il serait bien aussi de rappeler les trois officiers détachés à Cordouan pour les signaux, car ce séjour *terrible* les a rendus malades.

En marge est la réponse du Maréchal faisant droit aux demandes de M. le Commissaire général.

LXXV. — 13 avril 1761. Engagements des capitaines marins destinés à faire le service des signaux à la tour de Cordouan.

LXXVI. — 23 juin 1761. Traitement alloué auxdits officiers.

LXXVII. — 23 août 1790. Avis aux navigateurs sur le nouveau feu à réverbères établi à la tour de Cordouan.

LXXVIII. — 7 germinal an II. Lettre de Teulère écrite de Rochefort à M. Sommereau, agent maritime à Bordeaux. Il le prie de voir le tourneur à qui il a remis les dix réverbères de rechange destinés à la tour de Cordouan; il faut en envoyer quatre à Port-Malo et trois à Dun-libre et lui adresser les autres qui devront être les plus légers. Il veut les faire travailler sous ses yeux.

Il vient d'être chargé, par le ministre, des phares et balises des îles de Ré et d'Oléron. Le ministre lui demande aussi de développer, dans un mémoire, les avantages qu'offre la position du port de Bordeaux. Cette mission le met en mesure d'exécuter un travail qui comprendra tous les renseignements utiles à la navigation de l'entrée de la rivière.

Nous en resterons là de cette publication, dont le but sera atteint si nous avons pu, par ces esquisses rapides, intéresser le lecteur.

Nous sommes allés souvent à la tour; mais de nos excursions plus ou moins réussies, celle dont le souvenir nous est particulièrement agréable eut lieu il y a déjà quelque vingt ans : le petit bateau à vapeur des ingénieurs chargés du service des phares, mis gracieusement à la disposition d'une charmante société en villégiature à Royan et à la maison de Graves (*a*), transporta à la tour, un dimanche, par un temps splendide et une mer exceptionnellement belle, une trentaine de personnes, parmi lesquelles se trouvait l'honorable abbé Belleville (*b*), alors curé de la paroisse Saint-Pierre de Bordeaux, qui célébra le sacrifice de la messe dans la chapelle de Cordouan. Jamais cérémonie religieuse ne fut à la fois plus modeste et plus imposante; aucun des assistants ne l'oubliera; le cadre en effet était digne de la grandeur du tableau : la mer, qui brise éternellement sur les roches, accentuait de sa sauvage harmonie les paroles du digne prêtre, qui n'était pas (il nous l'a dit souvent) le moins ému de tous.

Que de fois, le soir, de notre rocher des Tamaris (*c*), nous avons suivi la marche du disque rouge de Cordouan, qui, graduellement éclatait et s'éteignait pour reparaître et disparaître de minute en minute; que de fois, dans les nuits de tempête, nous avons béni sa lumière (*d*) étincelante, providence des marins en danger!

« En présence des nombreux et précieux services que Cordouan a rendus, nous nous demandons, a dit M. Léon Renard (*e*), si parmi tant de monuments élevés par l'orgueil des hommes, il en est beaucoup qui soient aussi respectables que cet *Abraham* des phares. Dans ce nombre, nous n'en trouvons pas un qui mérite à nos yeux une plus profonde vénération. Plus noble et plus utile que les trophées, dont les conquérants ont orné leurs pas sanglants, ou les bornes fastueuses dressées par les nations à chacune des étapes de leur histoire il sera aussi plus durable, car ceux-ci n'appartiennent qu'à quelques individus ou à des nations : Cordouan, lui, appartient à la race humaine tout entière! »

Brandes de Pontaillac, septembre 1887.

Nous manquerions aux sentiments de la plus élémentaire courtoisie si nous ne remerciions, en finissant, les amis qui ont facilité nos recherches : MM. Ariste Ducaunnès-Duval, sous-archiviste du département de la Gironde; L. Roborel de Climens, fonctionnaire du même établissement; R. Céleste, bibliothécaire adjoint de la ville de Bordeaux; A. Communay, Jules Delpit, Émile Lalanne et Charles Marionneau. Qu'ils veuillent bien accepter l'hommage de notre gratitude.

III

Notre travail était déjà sous presse, quand une rare bonne fortune, dont nous ne saurions trop nous féliciter, nous a procuré l'occasion de faire la connaissance de l'honorable M. Teulère, architecte à Bordeaux, petit-fils de l'éminent ingénieur auteur du surhaussement de Cordouan. M. Teulère a bien voulu nous confier cinq manuscrits originaux de son grand-père, qui sont conservés religieusement dans sa famille; en voici les titres :

1° « Sommaire du mémoire sur l'art de contenir les fleuves, les rivières et les torrents et de rendre à la culture les terres qu'ils dévastent dans leurs débordements. » Lu à la séance publique de l'Académie des sciences, belles-lettres et arts de Bordeaux, le 24 août 1816. (Manuscrit de 77 pages.)

2° « Mémoire relatif aux quais, môles, jetées et digues à faire à la mer ou contre des fleuves, rivières et torrents navigables, par Joseph Teulère, ingénieur en chef des ponts et chaussées. » (Manuscrit de 100 pages.)

3° « Mémoire sur l'art de mettre les travaux maritimes à l'abri des coups de mer ou de leur donner la force de résister aux lames et aux brisants les plus furieux, ou nouvelle rédaction de mon essai sur la théorie des travaux maritimes, du 15 floréal an X (1802), que j'avais donné pour être examiné et pour engager messieurs les ingénieurs à diriger leurs vues vers cette partie très importante du service public, par Joseph Teulère, etc. » (Manuscrit de 25 pages.)

4° « Travaux antérieurs à l'exhaussement de Cordouan relatifs à l'établissement du réverbère en remplacement du charbon, dont on avait fait usage depuis 1717 jusqu'en 1782. » (Manuscrit de 15 pages.)

5° « Tour de Cordouan, son origine et les principales restaurations qu'on y a faites en divers temps. » (Manuscrit de 30 pages.)

C'est de ces deux derniers, qui se rapportent aux travaux de la tour, que nous allons nous occuper, en donnant les extraits qui nous paraîtront les plus intéressants à publier.

« Les rochers qui entourent la tour de Cordouan, dit Teulère (*f*) dans le quatrième manuscrit : « Travaux antérieurs à l'exhaussement de Cordouan » relatifs à l'établissement du reverbère en remplacement du charbon, dont » on avait fait usage depuis 1717 jusqu'en 1782, » et le banc de sable du côté de l'est ne permettent de l'approcher qu'aux époques des nouvelles et pleines lunes et avec des vents et des mers favorables.

» Il a donc toujours été très difficile d'aller à cette tour et aujourd'hui les difficultés sont au point qu'on craint de ne pouvoir pas l'aborder si le banc de sable d'atterrage, qui s'est considérablement étendu, ne finit pas par se partager. (Ce qui eut lieu vers la fin de 1783.)

» Dans tout le courant de l'année 1782, la barque des transports n'a pu faire que *trois voyages* de Royan à la tour, tous avec plus ou moins de difficultés; il est arrivé, dans plusieurs de ces voyages, que la barque s'est présentée deux et trois fois à demi-lieue de la tour sans pouvoir l'aborder.

» D'autres fois, on a été obligé de mouiller la barque à environ 1,200 toises de la tour, et de transporter les matériaux et effets avec un canot, qui avait un trajet d'environ 750 toises à parcourir avant d'avoir attrappé un banc de sable, qui découvre en mer basse et qui est encore éloigné d'environ 450 toises de la tour.

» Les matériaux et effets déposés sur le sable sont transportés hors du danger, sur la chaussée ou à la tour, au moyen d'une charrette ou binard tiré par des hommes, qui ont encore à traverser environ 250 toises de longueur de sable, quelquefois mouvant tel, que quatorze hommes ne peuvent pas traîner 900 pesant.

» Il faut absolument que tous les comestibles et tout ce qui est susceptible d'altération dans l'eau soient transportés à l'instant, au sortir du canot, à la tour, et les autres effets déposés sur la chaussée, car si on les laissait sur le sable on risquerait de les perdre, non seulement parce que la mer les couvrirait, mais encore parce qu'ils s'engloutiraient dans le sable, au point de ne plus reparaître.

» Tous les effets, jusqu'à cent pesant, sont transportés par des hommes depuis le lieu de l'échouage jusqu'à la tour; et pour avoir le temps de les transporter dans quatre heures de marée, ces hommes se mettent dans l'eau, c'est-à-dire qu'ils n'attendent pas que la mer soit tout à fait basse pour commencer leur travail. Ce dur service pour eux commence au mois de mars et ne finit qu'au mois de novembre; on sent aisément combien tout cela devient pénible et coûteux.

» Le ministre de la marine, instruit des dépenses et des fatigues que coûtait annuellement ce phare, s'est déterminé à en faire un où la consommation de l'année puisse être portée dans deux ou trois voyages au plus; où les gardiens n'auront plus le désagrément de se mettre dans l'eau, et où l'on sera assuré que le feu ne manquera pas d'aliment.

» Cette idée ingénieuse est due au sieur Sangrain, entrepreneur de l'illumination de Paris, qui a fait dans ce genre mieux que tout ce qui a paru jusqu'à ce jour, car on n'ignore pas que le phare fait en glaces, construit en Angleterre et destiné pour le Havre-de-Grâce, n'a présenté que l'agrément de multiplier les lumières sans produire aucun effet dans l'éloignement. Celui du sieur Bourgeois, annoncé dans les papiers publics de Paris, exposé à Meudon en 1779 et destiné pour la Russie, n'a rien produit; au lieu que ceux que le sieur Sangrain a établis présentent dans un beau temps un effet égal et même, dit-on, supérieur aux anciens feux.

» Ayant acquis une entière confiance par les peines et les soins qu'il apporte aux autres établissements de ce genre, muni d'un ordre du ministre, il est venu, en 1781, à la tour de Cordouan pour aviser au moyen d'établir son nouveau fanal au haut de cette tour.

» Il s'est adressé à moi, comme plus à portée de lui donner les renseignements dont il avait besoin. Ne pouvant pas faire la lanterne à Paris, attendu qu'il a fallu conserver les anciens gros fers, qui font toute la solidité de la *nouvelle lanterne,* nous nous sommes concertés ensemble; il se réserva la construction du reverbère et accessoires et me confia l'exécution de la lanterne, en me laissant le choix de la forme et de la solidité.

» Cette lanterne fut finie et le nouveau feu allumé le 12 novembre 1782, précisément à l'instant où nous n'avions plus de charbon pour allumer l'ancien, à cause des temps affreux qu'il avait fait pendant toute la campagne, puisque la barque des transports n'avait pu effectuer que trois voyages.

» Cette nouvelle lanterne donna à la tour 150 pieds de hauteur depuis le dessus du rocher jusqu'au sommet de la petite lanterne des gueules de loup, au dessus de la coupole du fanal.

» A la vue de ce nouveau feu les pilotes renouvelèrent les plaintes qu'ils avaient faites en 1717, lorsqu'on commença à suppléer au bois par le charbon minéral; il me fut ordonné le 10 janvier 1783 d'aller chercher les rechanges des phares des îles de Ré et d'Oléron pour les établir précairement à Cordouan, afin de voir s'ils produiraient un meilleur effet que les petites lampes déjà établies.

» Rendu à la tour, j'examinai la forme des plaques, la grosseur et la hauteur de la lumière, sa distance du sommet de la plaque et son inclinaison par rapport à l'horizon. Je trouvai partout des erreurs de catoptrique ou plutôt que le tout avait été fait d'après la plus aveugle routine.

» J'écrivis mes observations que j'envoyai à M. Sangrain, sans autre prétention que celle du bien-public et la perfection de ce nouvel établissement. Je fis mon rapport le 10 mars 1783, dans lequel j'indiquai les principales erreurs et j'invitai le sieur Sangrain à revoir son ouvrage; mais il garda le silence. Les plaintes contre ce nouveau fanal continuant toujours, il me fut ordonné de développer les principes, qui m'avaient guidé pour faire mon rapport.

» J'observai à M. l'Ordonnateur de la marine que c'était au sieur Sangrain de perfectionner son ouvrage; il insista et j'obéis, dans l'espoir que mon faible travail donnerait matière à des nouvelles découvertes en ce genre. »

. . . .

Le travail de Teulère est considérable et ses observations sont des plus ingénieuses; il fit successivement trois essais en déplaçant chaque fois la lumière du foyer de l'appareil à réverbères. Nous nous bornons à publier ses conclusions :

Dans le premier calcul, la force de la lumière, à 12,000 toises de distance, n'est plus que la 42,067,535e partie de ce qu'elle est à 2 toises 1 pied 7 pouces de distance de la lanterne, prise pour l'unité.

Dans le premier essai, cette force est augmentée jusqu'à devenir la 15,331,884e partie de ce qu'elle était à 3 toises 4 pieds 6 pouces de distance de la lanterne.

Dans le deuxième essai, elle est encore augmentée jusqu'à devenir la 4,806,150e partie de ce qu'elle est à 4 toises 4 pieds 2 pouces de distance de la lanterne.

Dans le troisième essai, en faisant tourner uniformément et lentement tout le système des plaques du troisième essai, « la force » de la clarté obtenue par ce mouvement sera la moitié de ce » qu'elle est contre les vitres de cette lanterne. »

C'est donc à ce troisième essai tournant qu'on doit s'arrêter jusqu'à ce que de nouvelles découvertes en aient fait imaginer un pour le remplacer. (26 mai 1783.)

Ce mémoire, présenté six jours après à M. de Castries par l'ordonnateur de la marine à Bordeaux, fut remis à l'instant à M. le chevalier de Borda, qui était présent, projet qu'il fit exécuter, dans la même année, au petit phare de Dieppe, et que les Anglais s'empressèrent d'imiter chez eux.

« Ce ne fut qu'en 1786 qu'on s'occupa des moyens de l'établir à Cordouan, M. le chevalier de Borda fit donner aux plaques le diamètre, la profondeur et le foyer que j'avais prescrits; mais il crut que des mèches de 15 lignes de diamètre seraient suffisantes pour ce phare. Le travail n'ayant pas été fait sous ses yeux, la lumière n'était pas placée au foyer des plaques, comme il n'avait pas prescrit de les y mettre lorsqu'on alluma ce fanal à Paris; je respectai le silence de ce savant et j'établis ce fanal tel qu'il était au haut de la tour exhaussée en 1790 et je prévins l'Ordonnateur de la marine à Bordeaux du jour de son installation. Il vint me voir le lendemain à la tour et me dit en riant : « Votre nouveau fanal est meilleur que l'ancien », ce qui me décida à descendre à terre pour en juger par moi-même.

» N'ayant pas trouvé ce feu tel que M. l'Ordonnateur me l'avait dit, je retournai le lendemain à la tour pour faire placer les lumières au foyer des plaques et je descendis à terre pour observer les effets de ce changement; mais je ne trouvai que cinq secondes de foyer brillant. J'écrivis de suite à M. le chevalier de Borda pour lui exposer la nécessité de donner aux mèches de 24 à 30 lignes de diamètre, comme je l'avais demandé; il me fit répondre par le Ministre, qui m'autorisa à faire tous les changements que je croirais nécessaires; dès que j'eus donné au fanal toute la perfection, dont les vices des plaques le rendaient susceptible, la grosseur de la lumière donnait une divergence de rayon de 30 degrés et comme la révolution du reverbère se fait en 6 minutes et qu'il y a trois colonnes de lumière, il suit que du passage d'un foyer à l'autre il y a 120 degrés et 2 minutes de temps, qui se composent de 30" d'obscurité, 30" de lumière croissante, 30" de foyer brillant et 30" de lumière décroissante.

» Je descendis à terre pour voir si les faits cadraient avec le calcul; je vis bien une lumière croissante, un foyer brillant et une lumière décroissante, mais point d'obscurité, ce que j'attribuai aux images factices de réflexion des rayons lumineux occasionnés par les vices des plaques.

» Je m'embarquai le lendemain pour aller faire mes observations en mer; je dis au pilote que je voulais ne mouiller qu'à cinq lieues au large de la tour; il me répondit que je ne verrai pas le feu à cette distance. « Si cela est, lui dis-je, il faudra revenir au charbon. »

» A cinq lieues au large de la tour, et à dix heures du soir, ce feu me parut aussi brillant que la veille, observé à trois petites lieues; il suit exactement les variations établies par le calcul.

» Je fis lever l'ancre pour aller au large jusqu'à perdre le feu de vue, ce qui n'eut lieu qu'à 6 lieues 2/3 de la tour. Comme la tangente menée du centre du feu à la surface de la mer n'a que cinq lieues, l'excédant est dû à la réfraction de la lumière. J'acquis donc la certitude que ce feu est beau et qu'on l'apperçoit au delà des dangers.

» De retour à terre, je priai l'Ordonnateur de la marine de nommer une Commission pour l'examiner et en faire la comparaison avec le feu de charbon.

» Cette comparaison présenta un phénomène singulier, qui était que lorsque le foyer du reverbère se présentait à nous, le feu du charbon paraissait s'éloigner considérablement de la tour, tandis que le foyer brillant semblait s'approcher considérablement de nous; mais dès que le foyer brillant s'éloignait pour faire place à la lumière décroissante, à laquelle succédait l'obscurité momentanée du reverbère, alors le feu à charbon paraissait revenir à sa place; mais il n'avait pas l'air de s'approcher de nous comme le reverbère.

» Un pilote qui survint fut questionné par un membre de la Commission sur le meilleur de ces deux feux : il répondit très laconiquement et sans hésiter : « C'est celui du haut ». Depuis cette époque il n'est pas venu à ma connaissance que personne se soit plaint de cette lumière si utile aux navigateurs. »

. . . .

Il n'est pas besoin, croyons-nous, d'insister : la lecture de ce manuscrit est la meilleure preuve de la priorité, qui appartient à l'ingénieur Teulère, de l'invention des lampes à double courant d'air à foyer circulaire, qui placées au foyer de réflecteurs paraboliques, en concentrant les rayons lumineux en masses parallèles, les renvoient en faisceaux. Teulère rendit enfin tout le système *tournant,* pour éviter la confusion stellaire, au moyen d'un mécanisme analogue aux mouvements d'horloge, de façon à produire des temps obscurs alternant avec des jets lumineux.

C'est par erreur donc qu'on attribua longtemps au célèbre chevalier de Borda l'invention des réflecteurs paraboliques et des phares à éclipses. (Voir sur le chevalier de Borda la note n° 143.)

. . . .

Nous passons au cinquième manuscrit : Tour de Cordouan, son origine et les principales restaurations qu'on y a faites en divers temps.

« Il reste donc prouvé, dit Teulère, que « depuis que les habitants de » *Cordoue* eurent établi le feu de Cordouan », il a été constamment entretenu pour éclairer les navigateurs, quelles qu'ayent été les avaries causées par la mer.

» Ces avaries durent être considérables en 1584 et l'importance de ce phare bien reconnue, puisque Henri III chargea Louis de Foix (*g*), architecte parisien, qui venait de construire le palais de l'Escurial en Espagne et de fermer l'ancien canal de l'Adour à Bayonne, d'en faire le projet, qui présentait le plus bel édifice de ce genre qu'on ait construit en Europe. Les marins n'en connaissent aucun d'une exécution aussi belle, dit Bélidor; il est seulement dommage, ajoute cet auteur, qu'on ait prodigué autant de luxe dans un endroit si isolé, si difficile et si dangereux, j'ajoute et qui ne permet de l'approcher qu'aux époques des pleines et nouvelles lunes pour y arriver et en sortir de jour, encore faut-il que le vent soit favorable et la mer belle.

. . . .

» On a dit que Louis XIV a fait réparer et restaurer cette tour à partir de ses fondements; mais tout annonce qu'on se borna à réparer le mur d'enceinte que la mer avait démantelé, car on n'apperçoit le « changement » d'aucune pierre, dans aucune partie de l'élévation de cette tour ».

» Cette tour a fait l'admiration des connaisseurs pendant plus d'un siècle, ajoute Belidor, mais le feu ayant calciné les trumeaux de la lanterne en pierre, on fut obligé de démolir cette lanterne en 1727. M. de Bitry, ingénieur en chef à Bordeaux, fit exécuter une lanterne en fer composée seulement de quatre poteaux couronnés d'un dôme et d'une boule au dessus, il fit faire au dessous un cone renversé pour réfléchir la lumière.

. . . .

» La tour de Cordouan est donc située sur une matte, nom que l'on donne aux rochers que la mer couvre, et non pas sur un *isle* où le mur d'enceinte serait aisément mis à l'abri des coups de mer, tandis que les brisants le frappent avec force toutes les fois que la mer est grosse et ce sont ces chocs terribles, qui ont donné lieu aux avaries énormes que ce mur d'enceinte a éprouvées, depuis la destruction des terres de cette isle, jusqu'à l'année 1776 que je fus chargé de sa restauration. Que conclure de la description qu'en a donnée M. Belidor, sinon qu'il ne l'a pas vue par lui-même et que celui qui lui a donné les renseignements n'a pas été exact?

. . . .

» L'inscription placée au-dessus du buste de l'architecte Louis de Foix porte en termes exprès : « qu'il a bridé les flots du grondeur élément. » Vingt-six années employées à ce travail, les chiffres de Henri III et de Henri IV et l'inscription de l'architecte devaient, sans doute, me tranquilliser sur l'unité de construction; mais l'objet était de trop grande conséquence pour négliger de vérifier les preuves écrites sur l'ouvrage même.

» En conséquence, je fis sonder cet ouvrage en plusieurs endroits et je pris des profils dans tous les sens. Les sondes me convainquirent que le massif sur le rocher, les voûtes de la cave et des citernes, la voûte et l'intérieur de la salle du rez-de-chaussée et celui des enfoncements intérieurs dans le massif, excepté une partie du mur de l'escalier en noyau, sont en pierre de taille ou moellons pris sur le lieu.

» L'extérieur étant en pierre tendre et l'intérieur pour le rez-de-chaussée en pierre dure, j'ai soupçonné que la construction avait plusieurs époques; pour m'en assurer je fis couper les enduits de toutes les ouvertures et trous qui existaient, et je m'apperçus que le revêtement en pierre tendre pour le rez-de-chaussée n'avait que dix-huit pouces d'épaisseur.

» Je fis creuser du côté des citernes et dans un réduit des gardiens jusqu'au revêtement extérieur, pour voir si ce revêtement était lié avec le massif, et pour savoir si cette tour avait été ronde ou carrée dans l'origine. Dans le premier cas le massif ne devait pas avoir été beaucoup altéré;

mais dans le second, j'avais à craindre qu'en arrachant la pierre de taille des angles, on eût altéré la solidité du massif et qu'on eût négligé de la rétablir en bonnes liaisons avec le revêtement extérieur.

» J'ai reconnu que l'ancienne tour était ronde, qu'elle avait, avant le revêtement extérieur, en pierre tendre, 47 pieds de diamètre et que ce revêtement n'était point lié avec le reste du massif pour la partie du rez-de-chaussée. Cette tour étant réduite à 40 pieds 4 pouces de diamètre au premier étage, l'ancien massif du rez-de-chaussée forme une retraite de 3 pieds 4 pouces de largeur au pourtour.

» Le revêtement du rez-de-chaussée pourra donc être réparé, alongé et même supprimé, si on le juge à propos, sans craindre d'altérer la solidité de la tour.

. . . .

» En agrandissant les réduits des gardiens au rez-de-chaussée et faisant une croisée à chacun, j'ai trouvé que le réduit, à côté de l'escalier, avait servi de chapelle provisionnelle, arrangée par Louis de Foix, la niche et les ornements, qui l'entouraient tenant du caractère du reste de l'ouvrage fait par cet architecte.

» Derrière cette architecture, j'ai trouvé un tuyau de terre réservé dans le massif, qui recevait les eaux du bassin supérieur pour l'usage du lavoir de cuisine, dont la chapelle occupait la place ; en détruisant ce lavoir, j'ai trouvé qu'il avait été mis à la place d'une ancienne cheminée, dont les pierres du manteau et de la hotte sont plus calcinées que ne le sont celles de la cheminée actuelle, qui a au moins deux siècles d'existence.

» Toutes ces découvertes m'ont convaincu que cette tour a reçu depuis son origine plusieurs changements considérables dans la partie supérieure, que par conséquent le massif du rez-de-chaussée, ainsi que celui du sol sur le rocher tel qu'il est aujourd'hui, « sont un ouvrage bien antérieur au » projet de Louis de Foix : « Le grondeur élément était donc bridé avant » lui. »

. . . .

Teulère proposa de surhausser la tour, mais l'ordonnateur de la marine lui répondit de se borner à présenter un projet de restauration sans exhaussement. — « Je serrai, dit-il, mon travail dans » mon portefeuille et je m'arrêtai à la restauration en proposant la » suppression de la troisième galerie sur la voûte de la chapelle » pour éloigner le poids du sommet de cette voûte. »

Ce projet complet, et admirablement dressé, en appliquant aux travaux de restauration de la partie supérieure de Cordouan les principes de la mécanique et les moyens de construction pour diminuer les efforts que les voûtes sont capables de faire sur les murs qui les soutiennent, fut adressé au ministre de la marine et remis à M. le chevalier de Borda, qui, voyant toutes les ressources qu'offrait la tour de Cordouan, proposa et fit rédiger un projet pour l'exhausser de 30 pieds, projet qu'il fit renvoyer à Teulère pour avoir son avis.

Celui-ci démontra que l'exhaussement de 30 pieds n'était pas suffisant; qu'élever la tour de 60 pieds serait un avantage inappréciable pour le bien du commerce et le salut des marins, mais qu'il lui paraissait indispensable de l'élever au moins de 45 pieds.

Les démonstrations de Teulère et les observations ingénieuses qu'il fit, notamment sur la hauteur des lames, dans son rapport, déterminèrent le ministre de la marine à soumettre à l'approbation du roi Louis XVI l'exhaussement de 60 pieds. Le 11 août 1787, Teulère reçut l'ordre de faire le devis de ce travail, qu'il exécuta dans les années 1788-1789.

Le 4 juin 1790, M. le Ministre de la marine écrivait à M. le Commissaire-général ordonnateur de la marine à Bordeaux :

« J'ai mis sous les yeux du Conseil de la marine, Monsieur, les mémoires, plans et devis que vous m'avez adressés concernant l'exhaussement de la tour de Cordouan.

» Si le Conseil a vu avec plaisir, par le compte qui lui en a été rendu, que tous les ouvrages, dont il s'agit, ont été exécutés avec une exactitude, une précision et une solidité, qui paraissent ne rien laisser à désirer, il n'a pas remarqué avec moins de satisfaction que le sieur Teulère, dont le talent et l'intelligence étaient appréciés d'après les divers mémoires qu'il a fournis précédemment, a prouvé, dans la direction de ces ouvrages, que ses connaissances théoriques répondent à son habileté dans la pratique de l'art de l'architecture. En conséquence, le Roi a bien voulu lui accorder une gratification de quinze cents livres.

» En annonçant cette grâce à ce sous-ingénieur des bâtiments civils, je lui transmets la satisfaction du Conseil et je lui mande que je saisirai avec bien du plaisir l'occasion de lui procurer son avancement, lorsqu'elle se présentera.

» Signé : La Luzerne (*h*). »

Nous ne pouvions mieux terminer la publication de ces deux précieux et importants documents qu'en reproduisant la lettre élogieuse de M. le comte de La Luzerne, ministre de la marine sous Louis XVI.

ROYAN

ET

LA TOUR DE CORDOUAN

Tiré à 130 exemplaires.

N°

INDEX

DOCUMENTS

SUR

LA VILLE DE ROYAN

ET

LA TOUR DE CORDOUAN

1200-1800

RECUEILLIS PAR

GUSTAVE LABAT

Membre de la Société des Archives historiques de la Gironde,
Lauréat de la Société de Géographie de Bordeaux, etc.

DEUXIÈME RECUEIL

BORDEAUX

IMPRIMERIE G. GOUNOUILHOU

11, — RUE GUIRAUDE, — 11

1888

LA PRISE DE LA VILLE
DE ROYAN

PAR SA MAIESTÉ SUR LES REBELLES

et ce qui s'est passé au Siege d'icelle.

SA MAIESTÉ ayant heureusement commencé son voyage par la deffaicte des troupes rebelles et ennemies, qui sembloient menacer le Poictou d'une ruine totale, sejourna quelque peu de temps à Aspremond (1) pour faire monstre à son armée, et de là commanda à ses trouppes de s'acheminer au plustost vers Royan (2), ville qui servoit d'azile à nos rebelles, qui, courans aux environs de Xaintes (3), endommageoient beaucoup cette contrée, prenans prisonniers et fourrageans toute la campaigne, et servoit mesme grandement cette ville aux Rochelois, pouvans se rafraichir et tirer forces vivres de ce costé la; c'est ce qui les a portés à faire tout ce qu'ils ont peu pour se la conserver, jusque là qu'à se venter que, si le Roy l'attaquoit, il en auroit bien pour huict mois, tant ils l'avoient bien munie et fortifiée d'hommes et de toutes choses nécessaires à un long siège; cela seroit bon si Dieu estoit pour eux, mais abhorrant tout à faict leurs desseins, puisque se contraires à ses commandemens, et si pernicieux et temeraires aux yeux de tous les gens de bien, ils travaillent en vain pour la deffence de leur cités; cecy paroist fort clairement en la prise de cette ville qui, en moins de quatre jours, s'est veue réduitte à rechercher la misericorde de son Roy.

Mais, pour parler plus particulierement de cette prise, je vous diray que, au premier jour, les approches se firent aux fauxbourgs où l'on mit en battrie six pieces de canon, et y alla t'on avec tant de courage que, des le lendemain, on se logea sur la contrescarpe du fossé; et des ce mesme jour le Roy voulut voir les batteries.

Le deuxieme jour de l'approche, deux pieces de canon furent posées sur le bord de la mer pour empescher le secours qu'eussent peu envoyer ceux de la Rochelle ([4]).

Le troisiesme, on fit encore une batterie de 3 pieces de canon qui endommageoient fort les courtines de la ville, s'y qu'en peu de temps elles furent reduites en pouciere.

Le 4 jour, fut mise la batterie de Mr de la Jaille ([5]), composée de trois pieces de canon, qui espouventa fort les rebelles.

Le 6 jour, l'assaut se donna sur les six heures du soir: les enfans perdus se coulerent le long de la mer et monterent sur un bastion, sur lequel un sergent du regiment de Navarre avoit monté un peu auparavant, ayant dit tout haut qu'il estoit bon de donner; et donna t'on des deux costés si vivement que peu s'en falut que la place ne fut emportée d'assaut; en un mot, ce bastion fut si courageusement attaqué que les ennemis, la plus part Holendois, ont esté contraincts d'advouer qu'aux guerres de Flandre et des Pays bas, on n'attaquoit point les places si vivement qu'en France; ce mesme jour, une mine joua qui endommagea quelque peu les nostres; mais les rebelles assiégés, se voyans proches de leur ruine, commencerent à songer à leur conscience, et ainsi demanderent à parlementer, ce que leur ayant esté accordé, on les mena vers sa Majesté, de laquelle ils obtindrent les articles suivans :

Le Roy donne la vie et la liberté à ses subiects, de quelque qualité et conditions qu'ils soyent, estant à presant dans Royan. Sa Majesté leur permet de se retirer par mer ou par terre, en toute seureté, là part où il voudront excepté en l'Isle d'Argenton et Médoc (6), et emporter ce qui pourront charger de leurs armes et bagage, excepté les canons et munitions de guerre et vivres.

Rendront tout ce qui appartient au sieur S. Seurin (7) et à ceux qui sont sortis avec luy, mesme les navires ou valleur d'iceux; voullant aussi Sa Majesté, qu'ils remettent en liberté les sieurs de Pousac, et autres prisonniers prins dans Royan, en quelque lieu qu'ils auroient esté conduicts, et pour seureté de ceste parole donneront des ostages.

Sa Majesté permet à tous ceux qui se voudront retirer à eux d'y vivre soubs le benefice de ses Edicts, apres avoir faict la declaration necessaire; et pour ce leur sera donné pasport, à ceux qui ne voudront ce servir de ceste grace promettant de ne porter point les armes contre le Roy.

Remettront la place, dans cinq heures du soir, entre les mains de ceux à qui plaira au Roy ordonner pour ce subject, et, des à ceste heure, en donneront des ostages.

Faict au camp devant Royan, ce 11 may 1622.

Les rebelles ayant quitté la place, le Roy a mis dedans bonne garnison pour tenir en bride les Rochelois.

En ce siege, se sont faict signaler plusieurs seigneurs, quelques uns desquels y ont perdu la vie; cest de quoy il ne se faut etonner, car les vaillans et courageux meurent ordinairement de cette sorte; entr'autres a paru la valeur de Monsieur le Mareschal de Vitry (8), qui a esté blessé d'un coup de pierre; Monsieur le Comte de Pongiro a reçu un coup de mousquet qui luy a couppé son baudrier; Monsieur du Mier, Monsieur le Baron de Vasse (9), le Baron de Matha (10), et quelques autres seigneurs y sont morts; au grand regret des bons François; à la verité, il seroit à desirer que tant de braves seigneurs s'espargnassent un peu : Mais quoy, ils sont si plains de zele et d'ardeur de servir le Roy qu'ils se mocquent de tous les hazards, comme s'ils estoyent composés de quelque matiere invulnerable; reste à nous eslancer nos prieres vers la Divine Majesté, affin qu'elle veille conserver notre bon Roy, qui prand tant de peine pour nous donner la paix.

FIN.

MÉMOIRE

SUR LE PORT DE ROYAN

PAR

M. DE BITRY

INGÉNIEUR EN CHEF

1726

MÉMOIRE sur le port de Royan, scitué à l'embouchure de la Gironde, fait par M. de Bitry (11), ingénieur en chef de Bordeaux et directeur des ouvrages de la tour de Cordouan.

Archives de l'ancienne Académie déposées à la Bibliothèque de la Ville.

Il est à remarquer que, depuis l'embouchure de la Riviere jusqu'à Bordeaux, il y a **22** lieux sans qu'il se trouve aucun port n'y rade capable d'y pouvoir tenir aucuns vaisseaux a couvert que celle de la fosse du Verdon (12), vis à vis de Royan, qui est si mauvaise que l'on est obligé, dans les grandes orages, de couper les cables sur les bittes et remonter la riviere à plus de dix lieues pour ne pas sansir n'y donner à la coste.

Cette rade a encor un autre deffaut en ce que les vaisseaux qui y sont moüillés ne sont pas maistres d'en sortir dans tous les temps, par la difficulté qu'il y a de parer la pointe de grave. J'ay vû, au mois de juillet dernier, cinquante navires rester plus de trois semaines sans pouvoir mettre dehors, ce qui arrive très souvent et particulierement en hyver; cette rade estant d'ailleurs moins praticables que jamais, et au risque de se perdre en peu d'années par un banc de sable qui s'y est formé et qui croist tous les jours.

Ayant assemblés tous les plus experimentés pilotes et navigateurs depuis Bordeaux jusqu'à la mer, ils ont trouvés, comme moy, qu'il n'y avoit que Royan où l'on put faire un port assuré contre les gros temps et plus commode pour l'entrée et sortie de la riviere, et qu'au moyen d'une médiocre dépense on sauveroit tous les ans quantité de bastiments qui se perdent faute d'un hâvre pour se mettre à couvert.

La dépense qu'il conviendroit faire, pour rendre ce port en estat d'y recevoir des bastiments en sureté, seroit de continuer une ancienne jettée (marquée sur le plan AB) déja commencée, de la longueur de septante toises sur vingt pieds d'épaisseur reduite et vingt quatre pieds de hauteur, montant à 933 toises cubes, à raison de cent livres la toise, reviendroit à la somme de quatre-vingt-treize-mille trois cent livres, et, avec les accidents imprévus qui peuvent arriver, reviendroit à cent mil francs, qui n'est pas la valeur de la perte d'un seul vaisseau marchand.

Cette longueur de 70 toises est suffisante pour mettre, tout au moins, le tiers de la conche ou ance, qui est tres grande, à couvert, parce que les coups de mer venant de l'ouest frapperoient obliquement le mur de la chaussée, suivroient leur direction et ne pouroient faire de retour dans le port; nos plus experimentés marins de Royan assurent qu'en moins d'un an il y auroit trois à quatre pieds de vaze molle qui serviroit de lit aux bastiments.

Cela donneroit une capacité assez grande à pouvoir mettre plus de cent bastiments, tant vaisseaux que barques à couvert des gros temps; et formeroit un havre qui auroit 12 pieds de profondeur dans la pleine mer des basses marées ou mort d'eau, et, par ce moyen, recevroit des vaisseaux de 80 jusqu'à 100 tonneaux; et au plein de la mer dans les grandes marées 15 pieds d'eau qui suffiroient pour y recevoir des vaisseaux de 150 à 200 tonneaux; et nottament dans les gros vents où la mer se trouve plus agitée, et que les bastiments ont plus besoin de se mettre en sureté, il y auroit 19 à 20 pieds d'eau; il est encor à remarquer que les navires forcés d'entrer dans le dit port trouveroient tous les secours necessaires pour les mettre en sureté, soit d'hommes ou de bastiments pour les decharger, au cas qu'ils fussent trop pesants pour monter dans le fond du port, ce qu'ils ne sauroient trouver au Verdon.

On tireroit de plus un gros avantage de ce port pour la sureté de la navigation de toute la rivière, dans les temps de guerre, en y tenant pendant toute l'année des frégattes légères, qui donneroient la chasse aux vaisseaux ennemis et les empescheroient de monter dans la riviere, d'enlever des navires jusqu'à Poüillac [13] et de faire des descentes comme ils ont fait les guerres précedentes.

Ce port ainsy mis en sureté, sa scituation à l'entrée de la riviere, son passage de La Rochelle, Rochefort [14], pays d'Aunix [15] et partie de la Saintonge à Bordeaux, produiroient un troisiesme avantage, en ce que plusieurs négociants et étrangers attirés par son commerce viendroient s'y établir et formeroient en peu d'années une ville considérable.

On tireroit un quatriesme avantage non moins important en y retablissant des marchés et foires, comme il y avoit anciennement, qui par leurs débits et consommation augmenteroient considérablement les fermes du Roy.

Fait à Bordeaux le 9 Avril 1726.

BITRY.

LETTRES ET NOTICE

DE

M. J. TEULÈRE

INGÉNIEUR DE LA TOUR DE CORDOUAN.

1789

Les lettres et la notice qui suivent sont extraites du tome XXIII des *Archives historiques de la Gironde.*

LETTRES de M. Teulère [16], ingénieur, à M. Combes [17], architecte, à Bordeaux.

Manuscrits de la Bibliothèque de la Ville.

Cinq lettres, qui intéressent la biographie des célèbres architectes bordelais Teulère, Combes, Gastambide [18], etc.. contiennent des détails d'architecture sur les travaux exécutés au phare de Cordouan [19], aux églises de Sulpice [20] en Saintonge, et du Verdon en Médoc, à la maison Aquart à Bordeaux, au voyage de l'armée bordelaise à Montauban, et aux autres événements politiques.

Mon cher ami,

Me voila enfin installé. Je suis passablement content de mes salopes, l'ouvrage ne va pas mal.

Pour avoir ma tranquilité, je me suis renfermé au couvent; j'ai encore réussi de ce côté la, et si les bons pères vouloient me faire diner à une heure et souper à huit, je me croirés le plus heureux des hommes; mais il me font diner à onze heures et souper à six, cela derrange mes affaires; ne pouvant pas tout avoir dans ce bas monde, il faut prendre patience.

J'étudie et je vois avec plaisir que je pourrai faire quelque chose avec de la patience, du tems et du courage; au total, je suis content de moi.

M. Gibouin [21] a repris ses fonctions et cela m'a fait grand plaisir. M. Girault [22] est placé à Dinan [23], en Bretagne. Notre chef gardien de la Tour a fait des extravagances, a mis l'épouvente dans le pays, est la cause qu'on a exposé des hommes pour aller voir ce qu'il y avoit d'extraordinaire et on a enfin vu, après plusieurs tentatives, que tout le mal consistoit en ce qu'il étoit mécontent d'un gardien et celui-ci lui dit : « J'ai fait mon service, je vous ai obéi en tout, et je suis prêt à le faire encore; je resterai, si vous voulês. »

Si ce gardien en chef avoit à faire à moy, je ne le chasserai pas, attendu qu'il n'a pour lui et sa famille que cette place; mais je lui ferai une mercurialle de laquelle il se rapeleroit longtems; j'ignore si M. l'ordonnateur [24] ne le renverra pas, il est certain qu'il le mérite.

Une dame de ce pays m'a fait prier trois fois d'aller manger sa soupe, j'ai deviné qu'elle vouloit me consulter pour suivre ses idées dans la restauration de sa vieille mazure, je m'i suis rendu très à bonheure pour l'entendre, l'approuver et m'en retourner de suite sans rien prendre chez elle.

Elle m'a beaucoup engagé à l'aller voir quant j'aurois quelque jour libre, je lui ai répondu que je n'étois dans le pays que pour affaire qui m'occupent tout entier, d'où il suit que m'en voilà débarassé, Dieu merci, et j'espère que la noblesse du pais respectera ma liberté, comme je respecte leurs titres.

Depuis que je suis seul il me semble que j'habite une nouvelle terre, ma tête est plus libre et il me semble qu'il ne me manqueroit rien si la tête de M. Sauvageot (25) vouloit être raisonnable et mettre le tems à profit; s'il ne le fait pas tampis pour lui.

Dites moy s'il fait quelques progrès, et s'il y a lieu d'espérer que je serois content de lui à mon arrivée.

Bien des respects à monsieur votre père, à madame votre mère et à mesdemoiselles vos sœurs, recommandés à monsieur Marcellin, travail et constance. Bien des choses à monsieur Delormel (26), et suis votre ami.

TEULÈRE.

Royan, le 5 février 1789.

Envoyés moi, je vous prie, du carmin en bâton ou du carmin en poudre, avec de la gomme arabique, un peu de vert de gris liquide, de la gomme gutte et du bleu, car je suis venu au combat presque sans armes.

A Monsieur, Monsieur Combes, architecte, ancien pensionnaire du Roy,
Rue des Capérans, près la fontaine du marché Royal, à Bordeaux.

Mon cher ami, j'ai donc enfin fini mon travail sur le môle de Royan. En vérité, je croyés qu'il m'auroit tenu plus longtems. La théorie qui devoit me conduire à la démonstration est si compliquée, et l'inconstance de la mer et des vents si variée, que j'avois peur de ne rien dire de satisfaisant; mais dès que j'ai été certain de la vitesse de la lame et de la progression que suit la mer en s'élevant, et que j'ai eu décomposé le terrible échafaudage de la théorie, tout le reste a coulé de source. Mon ouvrage n'est pas parfait; mais il est bon et nouveau dans son genre, je crois donc qu'il me fera honneur, surtout devant être examiné par des personnes qui connoissent parfaitement la théorie que j'ai mis en usage.

Vous me demandés des raisons sur l'ébranlement que le vent a occasionné à mon exhaussement de la tour. Il est possible de démontrer à la rigueur la force que le vent a dû employer pour opérer cet effet; mais ce seroit un travail pénible et inutile, contentés vous de savoir que l'ancienne tour que j'avois laissé subsister dans la nouvelle, a reçu une forte impultion de la part du vent et qu'elle la communiquée au pallier du nouvel escalier. Comme l'appareil de cet ouvrage est fait en spirale au pourtour intérieur de l'exhaussement, la clef de la trompe qui supporte le palier n'a pu se derranger sans communiquer son mouvement à tout l'ensemble, et il en est résulté que toutes les pierres ont branlé à la fois, depuis le haut jusqu'au patin de l'escalier; mais rien n'a bougé de place, si le vent avoit eu dix fois plus de vitesse, il n'auroit pas resté pierre sur pierre depuis le sommet de la voute de la chapelle jusques au sol de l'ancienne lanterne; mais une telle vitesse de vent n'a jamais existé, lors même des ouragants les plus terribles dont l'histoire fasse mention.

Donc mon ouvrage est solide; mais s'il avoit été de construction ordinaire, quoique de même forme, le mouvement s'étant communiqué du centre à la circonférence, je crois bien qu'il auroit fallu recommencer la besogne. Aujourd'hui que la vieille tour est démolie, les vents peuvent venir en foule, leur action ne pourra jamais être que de la circonférence au centre, ce qui sera justement l'inverse de ce qui est arrivé cet hiver, donc cet ouvrage résistera, à moins qu'un bouleversement total du globe ne vienne le renverser.

Gastambide, partant pour les Indes, compte sur nous pour exercer sa place en son absence; la chose est possible, il faut la faire de manière qu'à son retour il retrouve ses affaires dans le même train qu'il les a laissées. Il va pour chercher de l'or; mais il peut arriver un malheur qui le lui fasse perdre au port; s'il n'avoit pas la ressource du travail à son arrivée, il ne résisteroit pas à ce double accident, donc encore un coup il faut lui ménager cette corde à son arc.

Quant je serai à Bordeaux, je vous débarrasserai de toute la peine, mais en attendant menés le train, vous le devés à l'amitié et à l'humanité.

J'ai reçu votre lettre avec plaisir, il faut espérer que la maison de M. Aquart, en bon train, vous en procurera d'autres, et que vous pourrés vivre honnorablement au centre de votre famille, malgré le proverbe, que nul ne passe pour prophète dans son pays.

Je suis véritablement faché que la fatuité empêche le petit Sauvageot de profiter du tems que je lui donne, ce sont ses belles et bonnes affaires, il perdra l'avantage qui lui étoit promis, tant pis pour lui; mes peines seront perdues tant pis pour moi; mais ce qu'il y a de certain, c'est que ne pouvant plus le voir s'il ne change pas, il doit s'attendre à faire son paquet le jour que je me rendrai à Bordeaux pour m'i fixer à demeure.

Quand vous aurés occasion de voir M. Plassan (27), je vous prie de l'engager à prier M. Prévost de Lacroix (28) d'exiger que le jeune homme lui apporte chaque quinze jours un certificat des professeurs, et si d'après ces certificats M. l'ordonnateur voit que les progrès ne sont pas en raison du tems, que M. Plassan me fasse le plaisir d'engager M. l'ordonnateur à renvoyer ce drolle à sa mère; ce sera une peine de moins pour moi.

Je me serois rendu aujourd'hui à la tour si les vents n'avoient pas passé au sud, changeront-ils et pourrai-je mi rendre demain, je l'ignore. Bien des respects chez vous et des compliments à nos amis. Adieu.

TEULÈRE.

Royan, le 29 avril 1789.

A Monsieur, Monsieur Combes, architecte, ancien pensionnaire du Roy, Rue des Capérans, près le marché Royal à Bordeaux.

(Ma lettre du 27 juillet n'a pu sortir de la tour que le 4 août.)

Mon cher ami, votre lettre du 7 au 16 juillet m'a fait un sensible plaisir, j'étois déjà inquiet de n'en point recevoir; quand on travaille à de vieilles masures, la moindre négligence nous donne beaucoup de peine, et je vois avec plaisir que ce n'est pas cette raison qui vous a retenu.

M. Turenne, ancien curé de Saint-Sulpice en Saintonge (29), est à Bordeaux chez sa belle-sœur, Mme Ve Turenne, marchand graisseux, porte de la Grave; allés le voir, dites lui que vous êtes mon ami, parlés lui du sanctuaire de sa paroisse, fait à ses frais. Il vous donnera trente certificats pour un, priés le d'ajouter à sa déclaration que cet ouvrage n'a pas été fait sous mes yeux, que le maçon a fait comme il a voulu en se conforment néanmoins à mon projet. Il vous dira qu'il n'i a point de charpente, que la tuile creuse est posée à bain de mortier sur le dos de la voute; il vous dira encore que le reste de l'église, qui paroit aussi ancienne que l'église Sainte-Croix de Bordeaux (30), est également sans charpente, que la couverture en tuiles creuses est parconséquent sur la voute ou sur le remplissage des reins, et posée sans mortier, que ce n'est que cette année que la paroisse s'est décidée à faire réparer cette couverture sur les mêmes principes du sanctuaire que M. Turenne a fait construire, et j'ajoute : le témoignage de M. Turenne ne doit paroitre suspect à qui que ce soit.

Votre ex-gardien tient d'une rude manière à ce que vous mettiez leur église dans le cas d'être incendiée quelque jour, par l'incendie des maisons voisines. Il est pourtant raisonnable, pourquoi veut-il vous engager à faire une sottise.

Faisant bâtir à côté vous deves connoitre maintenant à quelle profondeur il vous faudra décendre pour fonder votre église, et je pense que vous n'avés pas manqué d'ajouter ou de diminuer dans votre dernier devis la plus ou moins valeur des fondations.

Vos détails sur les affaires du tems m'ont mis au courant de tout ce qui s'est passé jusqu'au 13 juillet. Je vois avec plaisir que les François se montrent tels qu'ils sont, que nos députés ont enfin aboli cette humiliante distinction d'ordres, pour y substituer le titre unique et vrai de Citoyens, je vous avoue que je ne m'attendois pas à cette heureuse révolution, elle s'est opérée, Dieu en soit loué.

On nous a tant parlé d'une constitution, qui n'existe pas, qu'enfin nous en aurons une qui sera de poids, devant être faite par des hommes qui ont pour eux l'expérience des siècles passés et les lumières du présant. Les étrangers verront avec étonnement sans doute que nous ne sommes pas plus légers qu'eux, et que nous savons faire le bonheur de notre nation sans employer leur férocité.

Je n'ai reçu votre lettre que le 24 à mon arrivée à Royan, je l'ai lue chez M. Gibouin, entouré de bourgeois et de trois ou quatre Anglais. La manière dont vous avés rendu cela a fait trouver vos détails aussi intéressants que s'ils eussent été nouveaux. On a loué surtout vos réflexions, enfin on m'a demandé qui m'écrivoit tout cela; j'ai répondu sans affectation c'est un de mes amis, architecte à Bordeaux. Donnés vous du linge, car les éloges ne tarissoient pas.

Ainsi quand vous n'aurés rien de mieux à faire, continués vos descriptions, il vous en reviendra de l'encens et des remerciements de ma part; mais ne sacrifiés pas à cela un tems qui vous soit prétieux ailleurs, alors deux mots pour moi suffiront.

Vous me voyés à Royan vendredi au soir pour recevoir votre lettre et rentré dimanche à la tour, vous m'allés demander qu'elle raison m'i a conduit. La voici : J'apprends vendredi matin que la voute de la chapelle du Verdon veut tomber, je parts sur le chant; cette chapelle construite dans le tems sans charpente, étoit également couverte sur voute, mais j'étois loin de soupsonner que les reins de cette voute n'étoient garnis depuis la naissance qu'en sable pur très fin; car on avoit eu soin de passer le dessus en pierre dure posée sur mortier et recouvert le tout en tuiles creuses. L'appareilleur ayant découvert tout un côté de cette chapelle et voyant qu'il ni avoit que du sable dans les reins, il a ôté ce sable et la remplacé avec de la maçonnerie; cette manœuvre auroit été excelente s'il avoit mené les deux côtés à la fois; mais ayant garni un côté d'un bout à l'autre, l'équilibre entre un massif de maçonnerie et du sable a été rompu; la voute, construite en très mauvaise pierre de La Roque [31], et n'ayant que très peu d'épaisseur, s'est derrangé au point que deux fois 24 heures plus tard elle se seroit infailliblement écrasée. J'ai ordonné de travailler de suite sur l'autre côté, et pour consolider le tout le plutot possible, j'ai fait partager la longueur de cette chapelle en quatre parties égales et fait établir de suite un petit massif sur chaque point de division, j'ai recommandé à l'appareilleur de continuer à établir des massifs au milieu des divisions déjà faites, jusqu'à ce qu'il est totalement garni ces reins, et de me marquer ce que cela aura produit. Je me suis retiré sur le chans.

Vous me demandois où j'en suis de ma tour, je n'ai plus que dix-huit pieds à monter. Sur ces dix-huit pieds, nous en ferons huit sans beaucoup de peine ni retard, à moins que le mauvais tems qui nous talone ne soit de durée, ce que nous ne devons pas craindre étant dans la plus belle saison de l'année, mais les dix pieds restants seront un morceau bien difficile et bien dangereux. Difficile en ce que, il faudra emmancher les cercles qui recevront et retiendront les supports de la lanterne en fer, avec la voute rampente, la trompe du palier et la voute sous le phare. Dangereux en ce que la corniche exigera des pierres de sept pieds de longueur à huit pieds et que nous n'aurons que très peu d'espace pour nous remuer; ne pouvant pas avoir des échafaudages en dehors si ce n'est des échafaudages volants qu'il faudra ôter de suite crainte du vent.

C'est ici qu'il me faut faire des rondes souvent répétées pour éviter les négligences assez ordinaires aux manœuvres et même aux maçons. La moindre imprudence peut saccager notre ouvrage et couter la vie à une vingtaine d'ouvriers; car nous sommes soixante-dix hommes rassemblés à un point, s'il tomboit quelque chose de la haut, il est presque impossible qu'il ne tuat quelqu'un. Je suis tranquile sur le passé, mais l'avenir m'épouvante; chacun a ses soucis dans ce bas monde, comme vous voyez, mais cela ne m'a pas empêché de donner une cocarde blanche, bleu et rouge à chacun de nos gens à mon arrivée dimanche après-midi. J'ai commencé par notre aumonier, qui me charge de vous dire bien des choses, ainsi qu'à M. et Mme Combes [32].

J'ay passé ma revue sur les magasins; l'aumonier a été surpris de voir tant d'hommes à la tour, il ne les avoit jamais vus tous ensemble et sur une ligne. Cette innocente récréation a duré jusqu'au soir, malgré la pluie; car vous saurés que mes soldats ne craignent pas l'eau. Je leur ay demandé s'ils oseroient aller au feu pour défendre leurs foyers, la patrie et le monarque qui nous gouverne; ils m'ont répondu qu'ils iroient partout avec moi.

M. l'ordonnateur a accordé au sieur Sauvageot de finir ses cours, à condition qu'il en obtiendroit mon agrément; le gaillard, trop fier pour se soumettre à me le demander, s'est endormi la dessus. J'ai répondu à M. l'ordonnateur que je ne tenois pas à cette soumission, mais je l'ai supplié d'avoir la bonté de le faire conduire à Rochefort du 20 au 30 du prochain au plus tard; j'espère qu'il me fera la grâce de me débarasser d'un jeune homme que je ne puis plus souffrir, soit dit entre nous.

J'ai promis à notre Indien, avant son départ, d'aller occuper son appartement, à mon arrivée à Bordeaux, si je voyés pouvoir sortir de Bacalan [33], sans perdre l'espoir d'obtenir mon logement en ville. J'ai prié M. Plassan de vouloir bien dire à Mme Pérot [34] que mes affaires ne me permettent pas d'y aller, que je la prie en conséquence de louer l'appartement à qui elle jugera à propos, et que je payerai le retard si elle a perdu en comptant sur moi. Je vous prie de voir M. Plassan à cet égard et de me marquer que tout est fini en payant cette somme.

Si M. Plassan ne veut pas se charger de cette mission (vous ne devés n'y ne pouvés le faire), marqués le moi de suite afin que je le fasse moi même.

Ma parolle n'a été que conditionelle, mais si Gastambide l'a donnée comme politesse, ce que je ne crois pas! il n'est pas juste que sa sœur en soit dupe.

Bien des respects chez vous et bien des choses à nos amis. Tout à vous.

TEULÈRE.

Ma lettre partira quand il plaira à Dieu.

Du 27 juillet 1789.

A Monsieur Combes, Bordeaux.

Mon cher ami, il faut que vous soyés malade ou furieusement occupé, pour rester un grand mois sans me donner de vos nouvelles, mais j'imagine que vous cherchés à faire une lettre de trente-six pages sur les affaires du tems, soit en extrait, soit en réflexions. La matière est abondente; mais pourquoi n'en détacheriés vous pas quelque partie de tems en tems afin de me tenir en haleine.

Si vous m'eussiés dit par exemple la nature a fait tous les hommes égaux, la loi vient de reconnoitre cette égalité, la France est une terre libre et l'homme l'étant dans l'état de nature, la loi vient de le déclarer tel, dès qu'il mettra le pied sur cette terre heureuse, je vous aurai répondu l'humanité n'est donc plus une chimère; la raison a donc enfin repris son empire, réjouissons nous d'être hommes et Français.

Nous n'avons pas été vite depuis le premier du mois; il ne nous est pas encore arrivé d'accident fâcheux, mais je tremble pour l'avenir. Au reste je me porte bien, je fais mes rondes très souvent, et j'espère que nous finirons sans accident.

M. l'Archevêque de Bordeaux (35) est donc ministre de la justice, qu'en disent Messieurs du parlement de Bordeaux? M. Durand (36) ne doit pas être faché que M. de La Tour-Dupin (37) soit ministre de la guerre.

Bien des choses, je vous prie, à tous nos amis et suis tout dévoué.

TEULÈRE.

Du 19 août 1789.

A Monsieur Combes, Bordeaux.

Mon cher ami,

On pose le dernier plancher du côté de la rue Mautrec, les croisés sont montées et fermées par leurs platte-bandes; cette semaine, nous allons donner une bonne tournure à cette partie, les deux murs de la cour n'ont pas été montés parce que j'ai apperçu que le mortier étoit fendu à un joint de la corniche sur l'arcade, dans laquelle est la descente de cave où on met la chaux éteinte. J'ai fait laisser cette partie pour voir si cette lézarde feroit des progrès, mais j'ai vu avec plaisir qu'elle n'augmentoit pas.

Nous reprendrons cette partie lorsque les murs de la rue Mautrec seront finis.

Toutes les architraves et corniches du péristille sont posées.

J'espère faire placer une partie de votre grande corniche dans le courant de cette semaine; on travaille aux deux retours, je les fais crochetter et lier avec les pierres du mur mitoyen en les faisant charger à mesure afin d'éviter la bascule.

Il n'est point arrivé d'accident, j'espère qu'il n'en surviendra pas pendant votre absence. J'ai fait le role de la paye de vos ouvriers, ainsi tout va bien, soyés tranquile de ce côté la.

J'ai prié M. Moreau, le jour de votre départ, de dire à M. Aquart (38) que j'aurai l'honneur de l'aller voir de votre part le mercredy matin pour lui annoncer que vous m'aviés chargé de suivre les travaux en votre absence; tout cela s'est bien passé entre M. Aquart et moy, il ne m'a pas témoigné la moindre surprise de ce que vous étiés party sans le voir, malgré que ce soit une sottise de votre part, à nous deux soit dit.

Vous n'ignorés pas que tout ce qu'il y a de braves gens dans Bordeaux (et il y en a beaucoup) s'intéressent singulièrement au succès de l'armée bordelaise à Montauban, et nos officiers du génie, très capables de donner des détails circonstanciés de cette marche et des suites qu'elle pourra avoir, ne daignent pas mettre main à la plume pour donner à leurs corps le moindre signe de vie. Tout le monde écrit, excepté eux, qui pourroient si bien détailler les faits, les exposer avec prudence et en tirer des conséquences satisfaisantes pour les deux parties, tandis que la plus part des lettres qu'on écrit icy portent le caractère de la passion ou de la légèreté; les uns ont dit le crime est peint sur la figure des députés de Montauban [39], les autres, ils sont coupables et ils ont peur; d'autres nous raserons la ville, et tout cela attriste les braves gens; il faudra sans doute que les coupables soient punis; mais c'est à la loi à prononcer, et nos braves Bordelais ne doivent nullement se mêler de cette punition. Ils vont porter des parolles de paix, faire tout ce qu'ils pourront pour ramener les esprits égarés, ils se présentent en force suffisante pour intimider les traîtres, mais ils ont annoncé qu'ils ne feroient nullement usage de leurs forces, si ce n'est qu'il ne soit pas possible de faire autrement, encore ménageront ils tout ce qu'il sera possible de ménager. Ecrivés tous les trois au corps, je vous en prie, et tachés de mettre vos lettres à la poste de manière qu'elles ne restent pas en arrière.

Vous m'avés écrit le 20 de La Réole [40], j'ay reçu votre lettre le 26. Vous m'avés écrit du Port-Sainte-Marie [41] le 24, j'ai reçu votre lettre le 29; vous avés écrit de Moissac [42] le 26 à monsieur votre père et il a eu sa lettre plutôt que moy.

Je désire bien sincèrement que votre mission soit bientôt faite, car je crains que plusieurs de nos braves patriotes se trouvent incommodés du genre de vie qu'ils mènent auquel ils ne sont pas accoutumés; mettés vous le moins mal que vous pourrés, ménagés votre santé, la tête ne vaut rien quand le corps souffre.

Ci-inclus une lettre de Paris que je crois être de M. Peyre [43]; je vous l'envois pour vous mettre en même de lui répondre militairement.

Bien des compliments à nos braves camarades M. Darbelet [44] et M. Thiac [45], joués bien votre role, nous partageons vos succès et j'enrage de ne pouvoir pas en partager la fatigue, elle me seroit plus supportable que beaucoup d'autres, y étant très accoutumé et surtout ayant toujours eu la précaution de ne contracter aucune habitude; je me nourris avec se que je rencontre et je dors partout où l'on veut, sur de la paille, sur du bois, sur des cordes et même sur du fer. J'ai bien peur que quantité de nos braves patriotes qui n'en peuvent pas dire autant tombent malades, soit par l'échauffement de la route, la mauvaise nourriture et le manque de repos dans des lits qui ne sont pas faits pour eux.

Mais j'espère que tout le mal se bornera là et que vous ne brulerés pas une amorce, si ce n'est pour vous réjouir et vous féliciter d'avoir porté le calme dans une ville qui avoit l'air de vouloir dévorer ses habitants.

M. Dumas [46] s'est expliqué sur le compte de M. Courpon [47] de la manière la plus flatteuse, M. Courpon dit tout ce qu'il peut dire à l'honneur et à l'avantage de nos braves Bordelais; il a, dit-on, dit aussi un mot de nos braves ingénieurs qui sont sous ses ordres, ainsi tout nous dit jusqu'à ce moment, il faut espérer que le bien s'oppèrera, que vous cuillerés des lauriers bien plus flatteurs que ceux qu'on accorde à celui qui a ravagé une province et détruit quelque ville.

Si vous avés vu mon frère ou si vous le voyés en revenant, je vous prie de me dire comment vous l'avés trouvé; il est malheureux et le diable veut que je ne puisse rien faire pour luy.

Tout le monde se porte bien chez vous, ils me chargent de vous dire bien des choses de leur part.

Adieu et suis votre ami.

TEULÈRE.

Tous nos moines font leur profession de foi. Les Minismes [48] sont allés en corps à la municipalité demander à être admis à prêter leur serment civique. L'adresse des Bénédictins [49] est la plus mauvaise, on voit qu'ils tiennent encore fortement aux biens de ce monde, je doute que cela leur fasse honneur. Nos jeunes abbés sont actuellement occupés à rédiger leur adresse, il faut espérer qu'elle sera au moins bonne, car ils n'ont pas de bénéfices à regretter. L'agence aristocratique diminue tous les jours comme vous voyés, il en reste cependant encore, mais ils sont si izolés qu'ils n'osent pas souffler. L'administration de la Marine s'est très bien montrée dans cette circonstance. Je suis bien faché de n'en pouvoir pas dire autant du commissaire des classes de Montauban.

A Monsieur Combes, à Montauban.

LETTRE de M. Teulère à M. Bergevin (50), directeur de la Marine, à Bordeaux.

Manuscrit de la Bibliothèque de la Ville.

L'Ingénieur en chef des ponts-et-chaussées, chargé de la direction des travaux maritimes du 5e arrondissement, au citoyen Bergevin, *commissaire principal de la Marine à Bordeaux.*

Citoyen,

Vous avés eu la bonté de me faire passer la copie de mon brevet d'ingénieur et la lettre du ministre qui en remonte l'époque au 1er octobre 1784, comme ces pièces ne sont pas encore inscrites et que l'arrêté du 17 ventose an 8, qui nous régit à quelques modifications près, ne parle de moi que comme élève ingénieur des bâtiments civils, et ingénieur en chef du 25 pluviose an II, je désire rappeler au ministre de la marine et faire connoitre au ministre de l'intérieur mes services, afin que mes camarades sachent quels sont mes droits.

En conséquence, faite moi le plaisir de faire chercher au secrétariat l'ordre que Lagrandville (51) me donna ou dut me donner du 1er au 10 janvier 1783 de me rendre à Cordouan pour constater si les plaintes des marins contre le nouveau phare étoient fondées et aviser aux moyens de les faire cesser. Le premier rapport que je fis est du 10 mars 1783, et mon système des reverbères tournant à plaques paraboloïdes, tel qu'il est exécuté à cette tour, est du 26 may 1783, instant du départ de M. Lagrandville pour Paris qui le remit lui même au ministre Castries; mais je n'ay besoin que de la copie de l'ordre du 1er au 10 janvier 1783, que je veux citer, et si vous ne le trouvés pas, M. Lagrandville doit se rappeler de cela, puisque je faillis perdre la vue dans cette mission, je vous prie d'en faire faire un et de lui faire signer.

En 1784, j'ignore l'époque, je reçus ordre de M. Tirol [52] d'aller à Libourne avec le citoyen Courçon [53], sous-directeur des vivres, pour examiner l'attelier des salaisons et en faire le projet de restauration sur le terrein Mathieu; je reçus ensuite ordre de faire un projet pour l'objet des salaisons sur le terrein Baccaris un peu au-dessus de l'établissement Mathieu, et enfin l'ordre me fut donner de projetter l'établissement des vivres de la marine à Bacalan tel qui est exécuté.

Je vous prie de faire faire la recherche de ces ordres et des lettres du ministre qui approuvent ces divers projets, surtout le dernier que je veux citer.

En l'an 1er, j'ignore l'époque, le ministre Monge [54], n'ayant pas d'ingénieur constructeur à Bordeaux, me chargea des constructions navales ordonnées dans ce port, je vous prie de me faire expédier la copie de la lettre du ministre qui me concerne à cet égard.

Sur les observations des ingénieurs constructeurs suivant ce que (je présume) le ministre demanda que je prévinse lorsque j'aurais monté les frégates en bois tord. Je vous prie également de me faire passer la copie de cette lettre.

Comme les frégates que j'avais tracées et montées en bois tord n'étoient pas encore nommées lorsque je reçus l'ordre de me rendre à Rochefort pour y continuer mes services, je vous prie de me dire leur nom; c'était les deux premières frégates qui ont été continuées par le citoyen Setmevert [55].

Daignés jetter les yeux sur le *Bulletin des lois* (n° 44), 3me série, n° 311 du 17 ventose an 8, vous verrés sur le tableau qui y est joint que mes collègues ont cité tous leurs pas et toutes leurs démarches depuis leur entrée à l'école et qu'ils ont gardé le plus profond silence sur ce que j'ay fait, de la est résulté que plusieurs de mes camarades des ponts-et-chaussées ont dit qu'a donc fait Teulère pour être directeur; et c'est peut-être ces plaintes qui m'ont valu d'être mis hors ligne sur l'Annuaire républicain, il est donc juste que je réclame contre un oubly qui m'avilit sans l'avoir mérité.

Pour accélérer ma réclamation auprès des ministres de la marine et de l'intérieur, je prends la liberté de vous adresser l'état de mes services que je vous prie de certifier et de faire inscrire au bureau de l'inspecteur en ajoutant la date de la dépêche du ministre qui me charge des constructions.

Salut et respect.

TEULÈRE.

NOTICE sur la tour de Cordouan par M. Teulère, ingénieur de la Marine et associé du Musée.

Manuscrit de la Bibliothèque de la Ville.

Personne n'ignore que sans la tour de Cordouan, située à l'entrée de la rivière de Bordeaux, il seroit très difficile, pour ne pas dire impossible, de faire passer sans nauffrage un seul bâtiment à travers les dangers multipliés qui obstruent l'entrée de cette rivière; cette vérité incontestable nous dispense d'entrer dans aucun détail à cet égard.

La construction primitive de cette tour remonte à plusieurs siècles. Les anciens fondements qui existent encore et les restaurations qu'on a faites en divers tems en sont la preuve; mais celle qu'on remarque le plus, paraît avoir été la plus considérable; aussi a-t-on dit que cette tour avoit été reconstruite en entier depuis 1584 jusqu'en 1610, sur les desseins de Louis de Foix, architecte français [56]. Les vers gravés en l'honneur de cet architecte portent qu'il a bridé les flots du grondeux élément, c'est vouloir tromper la postérité, car les écrits peuvent se perdre, une inscription reste; mais j'en possède un qui porte que Gilbert Babin [57] étoit commissaire ordonné aux fortifications et répartations de cette tour en 1554 et j'ai trouvé dans l'ouvrage même des preuves que les parties exécutées sur les desseins de Louis de Foix ne sont qu'un revêtement pour toute la partie du rez-de-chaussée.

Le massif de ce rez-de-chaussée étant en pierre de taille ou moelon pris sur le lieu, fait voir que lors de l'établissement de cette tour, la mer ne couvroit pas la place qu'elle occupe actuellement; mais qu'elle en étoit très près, puisqu'on établit en même tems des citernes pour ramasser les eaux qui tomberoit sur cet édifice.

Le commerce a toujours eu un très grand intérêt à la conservation de cette tour et le gouvernement n'a jamais cessé d'y apporter une attention particulière. Louis XIV, à qui elle avoit été dédiées en 1665 par la province d'Aquitaine, l'a faite entretenir avec tous le soin possible. Louis XV a fait construire la lanterne en fer qui a existé jusqu'en 1781, et pour faciliter de plus en plus la navigation, il a fait établir neuf balises sur les deux côtes de Saintonge et du Médoc.

Mais Louis XVI a surpassé tous ses prédécesseurs, en ordonnant la reconstruction de tous les anciens magasins, l'établissement des nouveaux, la reconstruction de plusieurs balises, l'entretiens des autres, les réparations de l'aumônerie du Verdon, l'entretien du mur d'enceinte de la tour, les réparations au corps de cette même tour, et enfin son exhaussement dont je vais rendre compte le plus [brièvement] qu'il me sera possible.

En 1786, la partie supérieure de cette tour menaçant d'une ruine prochaine, M. Prévost de La Croix désira avoir un projet de restauration pour cette partie; après avoir pris des profils dans tous les sens, je fis l'application des principes de la méchanique à cette construction; le résultat de mon travail fut qu'il falloit s'occuper le plus promptement possible de cette restauration, attendu que les murs qui soutenoit le phare n'avoient pas le quart de la force nécessaire pour résister aux efforts de la surchage; que la multiplicité des fers qui l'avoit garantie jusqu'alors étoient extrêmement diminués par la rouille, et qu'on devoit craindre qu'ils ne finissent par casser au premier instant.

Ce rapport fut approuvé par le gouvernement, et il fut décidé que cette partie seroit non-seulement restaurée, mais encore exhaussée de trente pieds de plus. Ce projet me fut adressé pour l'examiner et y faire les changements que le local pourroit exiger.

La distance entre la tour et les dangers les plus éloignés étant connus de même que celle où la hauteur de la tour se perdoit à l'horizon, j'ai démontré comme on le voit sur la coupe ci-jointe, que pour donner à cette tour tout l'avantage dont elle est susceptible, il falloit l'élever de soixante pieds de plus; je fis en conséquence un projet auquel on donna des éloges; mais des raisons d'économie forcèrent d'altérer la forme et de diminuer les épaisseurs des murs.

Il fut décidé que cet exhaussement de soixante pieds seroit fait en cône tronqué tout uni, et que pour ne pas charger la voute de la chapelle, l'escalier seroit fait en bois.

Ce dernier projet, adopté par le Roi, me fut renvoyé pour en dresser le devis.

Je me permis d'ajouter à ce cône un piédestal formant attique; pour le bas, de faire des croisées ajustées dans le genre des anciennes; de faire une corniche pour le tout qui fut analogue au reste, comme il paroit à la vue prespective ci-jointe, et pour compenser la force des murs, j'ai fait exécuter un escalier en pierre de taille, vouté au pourtour intérieur des murs de ce cône.

La spirale qui résulte de la voute de cet escalié et sa liaison intime avec les murs forme de cette masse un tout inébranlable.

Dans le compte que j'ai rendu de ce travail, j'ai prouvé que les anciens murs sont capables de supporter un exhaussement seize fois plus considérable que celui exécuté, sans craindre qu'il s'écrasat sous la surchage, et j'ai démontré, conformément à la théorie du choc des fluides, que la masse de cet édifice a une résistance quatorze fois plus considérable que ne pourroit être le choc du plus terrible ouragan connu jusqu'à ce jour.

NOTES

(1) Aspremont, petite ville de Poitou avec titre de marquisat, possédée par une branche de la maison de Rochechouart.

(2) Royan, petite ville de Saintonge, prise par les protestants en 1586; — elle fut assiégée en vain par le duc d'Épernon en 1621, mais prise par Louis XIII en 1622.

La terre et seigneurie de Royan, érigée d'abord en marquisat, octobre 1592, en faveur de Gilbert de La Trémoille, puis la ville et le marquisat en duché par lettres d'avril 1707, en faveur d'Ant.-Fr. de La Trémoille.

Saintonge *(Santonia)*, province avec titre de comté, capitale Saintes, aujourd'hui comprise dans le département de la Charente-Inférieure; elle était divisée en haute Saintonge, capitale Saintes, et basse Saintonge, capitale Saint-Jean-d'Angély.

(3) Xaintes. Saintes, capitale des Santones, puis de la Saintonge, aujourd'hui sous-préfecture du département de la Charente-Inférieure.

Pendant les guerres de religion, elle fut tour à tour au pouvoir des protestants et des catholiques; livrée à ces derniers en 1569, elle fut prise par Soubise l'année suivante; Condé s'en empara en 1651.

(4) La Rochelle, capitale de l'Aunis, aujourd'hui chef-lieu du département de la Charente-Inférieure.

En 1568, la ville se donna aux protestants, dont elle devint le refuge et le boulevard jusqu'à sa prise, le 29 octobre 1628, après un siège mémorable, par Louis XIII et Richelieu.

(5) La Jaille (de), d'une ancienne famille bretonne, qui s'est distinguée jusqu'à nos jours dans la carrière des armes.

(6) Médoc. Tout le pays compris entre les marais de Bruges et de Blanquefort, dits *marais de Bordeaux,* et la pointe de Graves.

(7). Saint-Seurin, gentilhomme qui a joué un rôle à l'époque des guerres de religion; ses descendants habitent encore le château de Saint-Seurin-d'Uzet, entre Mortagne et Royan, sur la côte de Saintonge.

(8) Vitry (maréchal de), Nicolas de L'Hospital, marquis, puis duc de Vitry, maréchal de France, né en 1581.

Il prit part sans éclat aux guerres de religion et, dans une querelle avec le cardinal de Sourdis, s'étant emporté jusqu'à le frapper de son bâton, il fut arrêté le 27 octobre 1627 et enfermé à la Bastille, d'où il ne sortit qu'en janvier 1643.

Il mourut l'année suivante 1644.

(9) Vassé (baron de), d'une ancienne maison du Maine.

(10) Matha (baron de), ou Mastas, branche de la maison de Montberon en Angoumois.

(11) Bitry (Barrelier de), ingénieur en chef du Château-Trompette, chevalier de l'ordre militaire de Saint-Louis, ancien capitaine au régiment de Rouergue; reçu à l'Académie royale des sciences de Bordeaux en 1715, mort en 1742.

En 1726, de Bitry proposa un plan pour l'agrandissement du quai de Bordeaux, de la Cour des Aydes à la porte d'Espau.

En 1727, il dirigea des travaux à la tour de Cordouan; il y demeura trois semaines et fut visité par l'intendant Boucher. Les ouvrages exécutés sous les ordres de Bitry sont décrits dans le *Mercure de France*, du mois de septembre 1727.

Voir, pour l'indication des nombreux mémoires qu'il rédigea, les notes manuscrites de Marie-Vital-Auguste Laboubée à la Bibliothèque de Bordeaux et le Catalogue des manuscrits de cette bibliothèque, par M. Jules Delpit. — Celui que nous publions *in extenso*, a été analysé par l'abbé Baurein dans ses *Variétés bordelaises*, tome I, page 68.

(12) Le Verdon, commune du département de la Gironde, arrondissement de Lesparre, mouillage des navires sortant de la rivière ou y rentrant.

(13) Pouillac (Pauillac), petite ville ayant un port sur la rive gauche de la Gironde où s'allègent les gros navires qui remontent à Bordeaux; — c'est le point le plus important du Médoc.

(14) Rochefort, ville maritime et place forte de l'Aunis, aujourd'hui sous-préfecture du département de la Charente-Inférieure; au XVIe siècle la seigneurie en appartenait à la maison de Soubise; les catholiques la prirent en 1577: — les Rochelais s'en emparèrent pendant la minorité de Louis XIII.

Ses établissements maritimes ne datent que de Louis XIV, après l'abandon de Brouage.

(15) Aunix (Aunis) (pays d'). Ce pays était un des deux *Pagi* dont se composait dans l'Aquitaine seconde la cité des Santones.

Vers 1534, le calvinisme s'y montra et entraîna ce pays dans toutes les guerres de religion du XVIe et du XVIIe siècle.

L'Aunis fut compris, en 1790, dans le département de la Charente-Inférieure, dont il forme la partie nord-ouest.

(16) Teulère (Joseph), ingénieur en chef des ponts et chaussées, né en 1730, à Montagnac en Agenais, mort à Bordeaux, rue Poudiot, n° 8, le 29 décembre 1824; il fit partie de l'Académie de peinture, sculpture et architecture civile et navale de Bordeaux, où il fut admis en 1790; de la Société du Musée et de l'Académie des sciences, belles-lettres et arts. (Voir son éloge, par M. Jouannet, dans les *Actes de l'Académie de Bordeaux*, p. 69, et la *Notice sur le phare de Cordouan*, Bordeaux, Feret et fils, 1884, in-8° de 30 p.)

En 1866, l'ancienne rue Poudiot reçut le nom de Teulère.

(17) Combes (Guy-Louis), ingénieur-architecte, né vers 1758 à Podensac, disent tous les biographes, mort à Bordeaux le 7 mars 1818, ancien premier grand prix de Rome en 1781, correspondant de l'Institut de France en 1796, membre de l'Académie des sciences, belles-lettres et arts de Bordeaux. (Voir sa notice à la suite des *Salons bordelais au XVIIIe siècle*.)

(18) Gastambide (Jacques), architecte, né à Bordeaux vers 1759, mort dans la même

ville, le 26 avril 1839, fils d'un maître maçon, qui avait reçu ses lettres de maîtrise en 1771. Gastambide fut admis, comme agréé, à l'Académie des arts de Bordeaux en 1786, et, l'année suivante, il exposa, au Salon de cette ville, six vues d'après les monuments antiques et modernes, mais, en 1793, il est porté comme absent sur la dernière liste des académiciens, publiée par l'*Almanach historique.*

La lettre de Teulère à son ami Combes explique cette absence par le départ pour les Indes de leur confrère.

(19) Cordouan (la Tour de). Cette tour est bâtie sur un rocher à deux lieues et demie O.-S.-O. de Royan. — Lat. 45° 35′ 14″ N. — Long. 3° 30′ 39″ O. — Variation 19° 10′ O. en 1868. L'abbé Expilly s'exprimait ainsi, plus d'un siècle avant :

« Jusqu'en 1720 la tour de Cordouan avait été sous la direction des intendants de » La Rochelle; mais attendu que la nécessité de son feu regarde uniquement la sûreté » du commerce qui se fait à Bordeaux, on chargea de la direction de cette tour » M. Boucher, alors intendant de Guyenne, qui, sur les ordres de M. de Maurepas, la fit » réparer et mettre dans l'état de perfection où elle est.

» Il y a un gouverneur pour la tour de Cordouan, dont les appointements se lèvent » sur un certain droit, qui se lève à Blaye sur tous les vaisseaux qui entrent dans la » Garonne. — La partie de ce droit qui revient au gouverneur et qui forme ses appoin- » tements monte à 1,320 livres par an. » *(Diction. géog., hist. et politique des Gaules et de la France.* — 1762-70.)

Aujourd'hui la Tour de Loys de Foix, dont Joseph Teulère conserva l'élégant rez-de-chaussée, décoré de si gracieuses colonnes d'ordre dorique, a une hauteur totale de 63 mètres et est terminée par une lanterne lenticulaire du système d'Augustin Fresnel, dont le feu tournant de minute en minute a une portée de 27 milles.

(20) Saint-Sulpice, en Saintonge, commune près de Royan, sur la route de Mornac.

(21) Gibouin, propriétaire à Royan.

(22) Girault, ingénieur en Bretagne à la fin du XVIIIe siècle; il résidait à Dinan.

(23) Dinan, ville de Bretagne, aujourd'hui sous-préfecture du département des Côtes-du-Nord.

(24) L'Ordonnateur. On désignait ainsi l'ingénieur en chef.

(25) Sauvageot, fils d'un conducteur des travaux du collège de la Madeleine, en 1777.

(26) Delormel, imprimeur hydraulicien, homme de lettres.

(27) Plassan, beau-frère de Teulère.

(28) Prévost de Lacroix (Louis-Anne), né à Louisbourg (Canada) le 4 mai 1750, décédé à Paris, rue Verte, le 26 vendémiaire an VI (17 octobre 1797.)

D'abord cadet de la marine, il entra en 1767 dans le commissariat; il était en 1789 commissaire général de la marine à Bordeaux.

Le 23 germinal an V, il fut proclamé député de la Gironde au Conseil des Cinq-Cents.

(29) Turenne, ancien curé de Saint-Sulpice en Saintonge, à Bordeaux chez sa belle-sœur Mme veuve Turenne, marchand graisseux, porte de la Grave.

(30) Sainte-Croix de Bordeaux, ancienne église des Bénédictins, dans le style du XIe au XIIe siècle.

(31) La Roque. Les coteaux de la Roque, dans le Bourgès, longent le fleuve de la Gironde à partir du Bec-d'Ambès jusqu'à Blaye.

C'est une des contrées du département qui fournit le plus de pierre pour les constructions de la ville de Bordeaux et des environs.

(32) Combes (M. et Mme), le père et la mère de l'architecte, ami de Teulère.

(33) Bacalan (Établissement des vivres de la Marine à) :

Érigé de 1785 à 1788, d'après les plans de Teulère, par un architecte nommé Bergerac, disent les anciens guides du voyageur à Bordeaux.

Ce faubourg de Bacalan tire son nom d'un ancien membre du parlement de Bordeaux, qui fit partie de la jurade.

(34) Mme Perot, propriétaire de la maison où Teulère logeait à Bordeaux, — elle était sœur de l'architecte Gastambide.

(35) Champion de Cicé, né à Rennes en 1735, archevêque de Bordeaux en 1781, membre de l'Assemblée nationale en 1789 et nommé garde des sceaux le 3 août de la même année. — Il mourut archevêque d'Aix en 1810.

(36) Durand (Gabriel), architecte, primitivement appareilleur en chef des travaux du Grand-Théâtre de Bordeaux sous la direction de Louis; il naquit à Mathius sur la côte, au diocèse de Bayeux, le 12 mars 1750 et mourut à Bordeaux le 8 mars 1814.

(37) La Tour du Pin (Jean-Frédéric, comte de), né à Grenoble en 1727, ministre de la guerre sous Louis XVI, mort sur l'échafaud révolutionnaire le 28 avril 1794 ; il fit construire le château du Bouilh, près de Saint-André-de-Cubzac, par l'architecte Louis, en 1786.

(38) Aquart (André), négociant, 4e et 2e consul de la Bourse de Bordeaux, directeur de la Chambre de commerce en 1771, installé jurat le 22 août 1785.

Il fit construire, sur le cours de l'Intendance, par l'architecte Combes, le bel hôtel, dont le balcon est supporté par deux tritons, sculptés par Deschamps, ancien membre de l'Académie des arts.

Maintenant la propriété de M. le baron Sarget de Lafontaine.

(39) Montauban, ancienne et importante ville, aujourd'hui chef-lieu du département du Tarn-et-Garonne.

(40) La Réole, chef-lieu d'arrondissement de la Gironde, sur la rive droite de la Garonne, à 51 kilomètres de Bordeaux, anciennement nommée *Regula*, de la règle de saint Benoît, introduite au xe siècle dans le monastère de cette ville, dont quelques dépendances existent encore.

(41) Port-Sainte-Marie, petite ville sur la Garonne, aujourd'hui chef-lieu de canton de l'arrondissement d'Agen (Lot-et-Garonne).

(42) Moissac, ville de Quercy, actuellement sous-préfecture du département de Tarn-et-Garonne.

Il y avait à Moissac une célèbre abbaye d'hommes fondée par Clotaire II, et qui fut sécularisée au xviie siècle.

(43) Peyre (Antoine-François), architecte, né à Paris le 5 avril 1739, premier grand

prix d'architecture en 1762, contrôleur des bâtiments du Roi, admis à l'Académie d'architecture en 1777, membre de l'Institut lors de sa création, mort à Paris le 7 mars 1823.

(44) Darbelet. Il fit, à Bordeaux, en compagnie de Desgranges et de Chalifour, le 16 juin 1784, la première ascension aérostatique; une seconde eut lieu le 26 juillet de la même année. (Voir la relation de ces deux voyages aériens dans le *Recueil des ouvrages du Musée de Bordeaux*, 1787, p. 112.)

(45) Thiac (Pierre-Jean-Baptiste), ingénieur-architecte, né à Bordeaux vers 1765, mort dans la même ville le 14 février 1815. (Voir la notice à la suite des *Salons bordelais au* XVIIIe *siècle*.)

(46) Dumas-Boisgrammont, président de l'administration centrale du département de la Gironde, mort en 1805 à Eysines, près de Bordeaux.

(47) Courpon (N.), major-général de la garde nationale bordelaise, qu'il commandait au mois de mai 1790, lors de l'expédition de Montauban.

Il existe dans la collection de M. Jules Delpit un petit portrait de Courpon, gravé par J.-B. Parié; au bas de ce portrait se lisent huit vers apologétiques, par M. Édouard Marandon.

(48) Minimes (les), ordre religieux fondé en Calabre, vers 1436, par saint François de Paule et qui reçut son nom, comme un titre de plus grande humilité que celle des frères mineurs.

On sait que François de Paule fut appelé en France par Louis XI et que Charles VIII le retint près de lui et protégea particulièrement les religieuses de l'ordre des Minimes. Ceux de Bordeaux s'établirent dans un couvent qui leur avait été donné par les jurats, sous Henri IV, en 1608, et qui était primitivement occupé par des religieuses de Sainte-Monique. C'est sur l'emplacement du couvent des Minimes qu'a été construite, en 1833, la caserne de gendarmerie.

(49) Bénédictins (les). L'abbaye des Bénédictins, dont on attribue la fondation, à Bordeaux, en 650, au roi Clovis II, était contiguë à l'église actuelle Sainte-Croix, située à l'extrémité sud-est de la ville; c'est dans l'ancien couvent que fut installé, en 1794, l'hospice des Vieillards.

(50) Bergevin, directeur de la Marine à Bordeaux, à la fin du XVIIIe siècle.

(51) Lagranville, ingénieur en chef, attaché en 1783 à l'administration de la Marine à Bordeaux; il partit pour Paris au mois de mai de la même année.

(52) Tirol. Il fut commissaire-ordonnateur de la Marine à Bayonne.

(53) Courçon, sous-directeur des vivres de la Marine, à la fin du XVIIIe siècle.

(54) Monge (Gaspard), né à Beaune en 1746. Dès sa toute jeunesse il donna des preuves d'une intelligence hors ligne pour les mathématiques et les sciences exactes.

Il fut reçu membre de l'Académie des sciences en 1780 et devint ministre de la Marine en 1793.

C'est Monge qui suivit l'armée d'Égypte en qualité de chef de l'expédition scientifique.

Les événements de la Restauration troublèrent son intelligence et hâtèrent ses derniers jours; il mourut à Paris en 1818.

(55) Stemevert, ingénieur-constructeur de la Marine.

(56) Louis de Foix, ingénieur du roi, né vers le milieu du XVIe siècle, mort vers 1606. (Voir la notice de M. Tamizey de Larroque, publiée dans la *Revue de Gascogne*, en 1864.)

M. Ernest Gaullieur prépare une étude plus complète sur le phare de Cordouan et l'ingénieur Louis de Foix, à l'aide de documents inédits.

(57) Babin (Gilbert), ingénieur-architecte du XVIe siècle, qui travailla, antérieurement à Louis de Foix, à la Tour de Cordouan. On ne possède aucun renseignement biographique sur Babin, et c'est seulement dans la notice de Teulère que le nom de cet ingénieur nous est révélé sous le titre de: *Commissaire ordonné aux fortifications et réparations de la Tour de Cordouan, en 1551.*

Bordeaux. — Imp. G. Gounouilhou, rue Guiraude, 11.

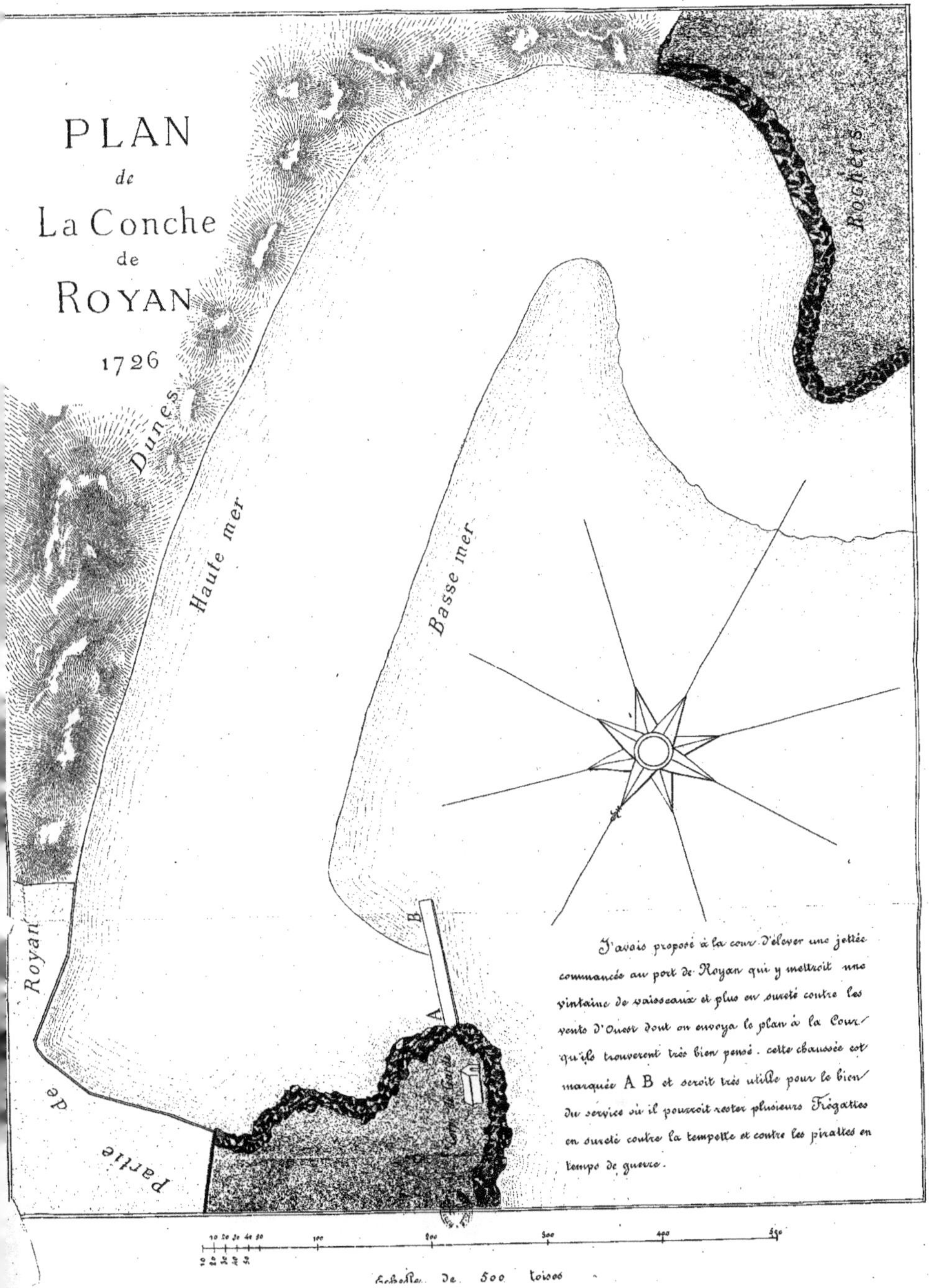
PLAN
de
La Conche
de
ROYAN
1726
Dunes
Haute mer
Basse mer
Rochers
Royan
Partie de
B
A
J'avois proposé à la cour d'élever une jettée
commancée au port de Royan qui y mettroit une
vintaine de vaisseaux et plus en sureté contre les
vents d'Ouest dont on envoya le plan à la Cour
qu'ils trouverent très bien pensé. cette chaussée est
marquée A B et seroit très utille pour le bien
du service où il pourroit rester plusieurs Frégattes
en sureté contre la tempette et contre les pirattes en
temps de guerre.
10 20 30 40 50
100
200
300
400
500
Echelle de 500 toises

DOCUMENTS

SUR

LA TOUR DE CORDOUAN

MENTION du premier constructeur des églises de Soulac, Saint-Nicolas de Grave et de Cordouan.

N° I
IXe siècle.

Bibliothèque nationale. Man. franç., XIIIe siècle, n° 5714, f° 39, r°, col. 2.

A Saint Nicholas de Grava sevelirent lo lur ou degrez de l'outer, e qui giest li bons hom qui fit l'eglise de Solac e de Grava e de Cordan per lo comandament Karla (1).

PRO HEREMITA turris capelle de Nostre-Dame de Cordam.

N° II
8 Août 1409.

T. Rymer : *Fœdera, Conventiones*, etc., tome IV, page 156.

Rex, omnibus ad quos, etc., Salutem.

Sciatis quod cum carissimus avunculus noster, Edwardus, bone memorie, nuper princeps Wallie, infra magnum mare, super introitu de Gerond, quamdam turrim et quamdam capellam Beate Marie, una cum aliis domibus et substantiis de petra, ut puta Bikenes, ac alias res ad vasa ibidem, de civitate nostra Burdegalie transeuntia, salvo conducendum, et ea absque deterioratione sive periculo de rokkes et sabulorum custodiendum, fundari

N° II et stabiliri fecisset; que quidem turris et capella ac alie res per magnas venti et aque tempestates adeo rupte sunt et prostrate quod totus idem locus, prout informamur, in via perditionis existit.

Jamque intellexerimus quod Galfridus de Lesparra, heremita predicti loci qui Nostre-Dame-de-Cordani nuncupatur, et predecessores sui, heremite ibidem, duos grossos sterlingorum, sive valorem inde, de moneta nostra Aquitanie, de qualibet navi et vase, cum vino ad civitatem nostram predictam ducendo carcata, ab antiquo tempore habuerint; qui quidem duo grossi ad onera dicti heremite non sufficiunt, ut accepimus.

Nos, ad hoc considerationem habentes, de gratia nostra speciali concessimus, quantum in nobis est, prefato Galfrido alios duos grossos sterlingorum, sive valorem inde, de moneta nostra Aquitanie, percipiendos, quamdiu nobis placuerit, de qualibet navi sive vase vino carcato, exnunc per dictum locum a civitate nostra predicta transeunte, ultra illos duos grossos perantea, ut predictum est, concessos; volentes quod dictus heremita habeat et percipiat dictos quatuor grossos per manus constabularii et contrarotulatoris nostrorum castri nostri Burdegalie, sive eorum locumtenentium pro tempore existentium.

In cujus, etc.

Teste Rege apud Westmonasterium, VIII. die augusti.

Per breve de privato sigillo.

LETTRES de Henri IV, roi d'Angleterre, en faveur de l'ermite de la tour de la chapelle de Cordouan.

(Traduction de la pièce précédente.)

Le Roi [2], etc., à tous ceux qui ces lettres verront, Salut.

Sachez que notre grand oncle Édouard, prince de Galles [3], fit établir et édifier dans la grande mer (l'Océan), à l'entrée de la Gironde, une tour avec une chapelle dédiée à la vierge Marie, ainsi que d'autres maisons et dépendances en pierre, pour diriger en sécurité les vaisseaux et navires partant de notre ville de Bordeaux et les préserver du danger des rochers et des sables.

Cette tour et cette chapelle sont tellement détériorées par la fureur des vents et les tempêtes de la mer que, selon nos informations, elles sont en danger de ruine complète.

Nous savons que Geoffroy de Lesparre, ermite de ce lieu qui s'appelle : Notre-Dame-de-Cordouan, et ses prédécesseurs ont, depuis très longtemps, l'habitude de lever deux gros sterling(4), ou la valeur en monnaie d'Aquitaine, sur chaque navire ou vaisseau portant du vin dans notre dite ville; mais nous reconnaissons que ces deux gros ne suffisent pas aux charges dudit ermite.

Pour ces motifs, de notre grâce spéciale, nous concédons audit Geoffroy, indépendamment des deux gros sterling qu'il perçoit déjà, deux autres gros sterling, ou la valeur en monnaie d'Aquitaine, à percevoir, pendant tout le temps qu'il nous plaira, sur chaque vaisseau ou navire chargé de vin(5) venant de notredite ville (de Bordeaux) et passant par ledit lieu de Cordouan.

Nous voulons que ledit ermite reçoive lesdits quatre gros sterling des mains du connétable et du contrôleur de notre château de Bordeaux ou de leurs lieutenants.

Donné à Westminster, le 8 août.

COMPTE des trésoriers de France. N° III

Revue de Gascogne, tome IX, 1868. Communiqué par Ph. Tamizey de Larroque. 1410.

Paguat à Jauffrion, de Lesparra, hermitan de Na Da de Cordoan, la soma de dos francs, losquos losd. seignors jurats auen ordenat que lo fossen balliats per amor de Diu et obs. de la fortification de la tor de Cordoan.

N° IV
15 Avril 1472.

TAXE pour réparer et entretenir la tour de Cordouan sur le rivage de Soulac, en Guyenne, où deux ermites, fondés par le pape Grégoire IX (6), allument le fanal pour la sûreté des vaisseaux.

Bibliothèque nationale, départ. des manuscrits, ancien f° 2895, aujourd'hui 20855 des *Fonds français,* fol. 117.

A tous ceulx qui ces presentes lettres verront et orront.

La garde et executeur du scel et contrescel establiz aux contractz en la ville et cité de Bourdeaux pour très haut, très puissant et excellent prince monseigneur duc de Guyenne (7), Salut.

Savoir faisons que le quinziesme jour du moys d'avril l'an mil cccc. soixante-douze, maistre Jehan Naudin, notaire et secretaire de mondit seigneur, nous a tesmoigné luy avoir veu, leu et de mot à mot perleu certaine requeste escripte en parchemin, ensemble deux subscriptions des gens de la Chambre des comptes dudit seigneur faictes et escriptes ou pié de ladite requeste, saines et entières en seelz, seigns et escripture; desquelles requeste et subscriptions l'une après l'autre la teneur s'ensuit :

A Messeigneurs des comptes, supplient très humblement les pauvres hermites de Notre-Dame-de-Cordouan : comme il soit ainsi que de bonne memoire, saint Gregoire pape neufvesme, pour le temps de son pontifice, ediffia et construa une belle tour dedans la mer près des limites et des rivages de Soulac es pays de Guyenne et en icelle institua deux hermites qui vacant nuit et jour en oraisons envers Dieu pour le bien commun, et aussi icelle tour est guide et conduite à tous navires alans et venans es parties de par deça, qui souventefoiz les garde de pericliter, aussi que tousjours jusques à présent a esté tenue bien reparée et bien traitée par les roys de France qui par cy-devant ont esté, laquelle tour et esmolumens d'icelle qui provient d'iceulx navires chascun an en grant somme viennent et sortent au domaine de Monseigneur le duc de Guyenne et soit ainsi que, depuis aucun temps en ça, icelle tour est venue en grant ruine, tellement que iceux hermites n'ousent habiter en icelle et leur convint vaguer sa et la, et pour chascune foiz qu'ilz passent ou repassent la mer pour aler à icelle tour, il leur convent payer ung escu; pourtant iceulx pauvres hermites ce voiains ont eu recours à Dieu et aux aumosnes du bon peuple chrestian, desquelles aumosnes ont amassé aucuns deniers qu'ils ont converty en fuste qui est à présent devant cette ville de Bourdeaux pour convertir à la reparation de ladite tour. Toutefoys lesdites aumosnes, ne aussy la faculté d'iceulx pauvres hermites ne suppetent pas à la totalle réparation d'icelle tour, et si provision n'y est donnée en brief qui facilement de présent se pourroit donner moyennant la somme de cent escus avec les aumosnes du bon peuple chrestian, icelle tour pourra ruir et tomber à perpétuaulté, qui seroit un tres grand grief préjudice, domage et periclitation desdits navires, diminucion du domaine de mondit seigneur et du service divin. Quelle requeste pareille et de semblable effect a esté par lesdits hermites presentée à messieurs du Conseil, lesquels l'ont renvoyé par devers vous pour avoir connoissance du contenu en icelle, et ce fait, donner telle provision sur ce qui de raison appartiendra. Ce considéré il vous plaise de vostre benigne grace et en avant regir à tout ce que dit est; aussi qu'il est de nécessité à iceux pauvres supplians avoir ung petit vaisseau pour passer et repasser à ladite tour, voir et visiter les comptes, livres et autres enseignements qui vous pourront donner cognoissance touchant ladite matière et surtout leur donner cette provision que aviserez par raison et selon équité leur appartenir. Et ce faisant, vous ferez bien et aumosne charitable et serez participans à jamais en bonnes prierres et oraisons desdits hermites. N° IV

Videantur compota et referantur. Actum ad binellum primi aprilis anno Domini M. CCCC. LXXII°. Audita relatione certificetur. Ainsi signé : Daniel.

In compotis magistri Johannis Artaud, nuper computabularii Burdegale, pro anno finito M. CCCC. LV°, fit mentio per quoddam arrestum ibi per manum camere computabularii Regis Parisiis scriptum, super capitulo recepte custumarum vinorum in quo legitur? quod, pro qualibet navi vinum oneranti in portu Burdegale, levantur VI. solidi turonenses pro turre de Cordoacum, prout per duplum dicti compoti in camera compotorum domini nostri Ducis Aquitanie retenti a manu dicte camere computabularii Regis signati constitit. Dominus Johannes Augerii, quondam thesaurarius Francie, tempore deffuncti regis Karoli septimi in partibus Aquitanie, dicebat quod recepta dicta custume de VI. solidis turonensibus pro

N° IV lanterna turris de Cordoagni debet implicari in reffectione dicte turris et in victu cujusdam heremite existentis in dicta turri, pro accendendo ibidem qualibet nocte quamdam candelam ad dandum lumen navigatoribus et aliis navigantibus per mare venientibus ad portum Burdegale; et quamvis constabularius fecisset ibi receptam, tamen non debebat implicari ad commodum Regis et quod ita esset non inveniebatur fieri recepta in compotis Edwardi Hull. militis, constabularii pro IIIIor annis et XII. diebus finitis ad Sanctum Michaelem M. CCCC. XLVI., nec et fit mentio in antiquo libro Umbrarie, signato : A, inter custumas non declaratas. Actum in dicta Camera, die XIIII. mensis aprilis, anno millesimo CCCC. septuagesimo secundo post Pascha. Ainsi signé : Adam, J. Galier.

De par les gens des comptes de monseigneur le duc de Guyenne au comptable de Bourdeaux, salut. Comment par la requeste cy-dessus escripte nous ait esté exposé par l'ermite de la tour de Cordoan, suppliant que pour l'entretenement et reparation de la tour dudit lieu, la vie d'un hermite estant en icelle et pour tenir par chascune nuyt une lanterne sur ladite tour, a alumer et radresser les marchans et navigans venans au port de ladite ville de Bourdeaux, y ait certain droict a prandre et recevoir sur les navires venant audit port; lequel droict qui est de six solz tournois pour vaisseau est de présent appliqué au domaine de mondit seigneur; par quoy la reparacion est discontinuée faire en ladite tour, tellement qu'a ceste occasion ledit hermite n'ouse habiter en icelle; qui est grand interest et péril ausdits marchans, si sur ce de remede convenable n'est pourveu. Pour ce est-il que actendu ce que dessus est certifié et que es anciens livres ou memoire est fait des coustumes de Bourdeaux n'est compris ledit droit de six solz tournois pour vaisseau chargeant vin oudit port, aussi la relacion dudit maistre Jehan Artaud, qui a certenné que ledit droict de six solz tournois pour chascun vaisseau venant oudit port doit estre appliqué es choses dessus dites, et que ou temps qu'il exerceoit ledit office de comptable, il recut ledit droict au proufit du Roy par certain temps, par ce qu'il n'y avoit point de hermite résidant en ladite tour, et des deniers d'icelluy droict fit faire certaine reparation necessaire en icelle; consideré aussi que entretenant ladite tour et lumiere en icelle et le bien et prouffit de mondit seigneur, l'utilité de la chose publique et seurté des marchans venans oudit port, vous mandons que doresenavant, des deniers venuz et yssus et qui viendront et ysteront à cause de ladite coustume, vous baillez, employez, distribuez, pour la reparation de ladite tour, la somme qui à ce sera necessaire, selon le raport qui par le maistre des œuvres sur ce vous sera fait, et le surplus desdits deniers baillez et delivrez pour l'entretenement de ladite lanterne et alimentation dudit hermite par chascun an; et par raportant ces presentes ou vidimus d'icelles en forme authentique pour une foiz tant seulement, avec quittance et certiffication sur ce souffisant, lesdites sommes ainsi bailliées et distribuées par vous seront allouées en voz comptes et rebatuz de vostre recepte sans aucune difficulté.

Donné à Bourdeaux, le XIIIe jour d'avril, l'an mil CCCC. LXte douze apres Pasques. Ainsi signé : Daumier, et de son seing manuel cy-mis, auquel nous donnons et adjoustons foy à ce present transcript ou vidimus avons mis et apposé en tesmoignage de verité ledit seel que nous gardons, les jour et an que dessus.

CERTIFICAT relatif aux réparations de la tour de Cordouan et des châteaux Trompette et du Hâ. N° V

11 Août 1552.

Archives de l'Empire : K, 91, n° 10[1]. Original sur parchemin. *Archives historiques de la Gironde,* tome VII. Communication faite par M. Tamizey de Larroque.

Jehan de Dailhon (8), conte de Lude, chevallier de l'ordre, lieutenant général pour le Roy en Guienne, en absance du roy de Navarre (9), certiffions au Roy (10), nostre sire, et toutz qu'il appartiendra que suyvant les lettres dudict seigneur et de monsieur le conestable (11), nous avons faict partir en poste de la ville de Bourdeaulx, mestre Nicolas Bresson (12), contrerolleur des repparations en Guienne, le premier jour de novembre mil cinq cenz quarante-neuf, exprez pour aller devers ledict sieur, porter le desseingt de la tour de Cordouan avec l'adviz du lieuttenent en la senneschaucée de Guyenne, mestre des œuvres, masson en icelle, des repparations nécessitéez en ladite tour; pourter aussi par commendement

N° V dudict sieur le desseingt des chasteaux Trompette et du Haa en ladicte ville de Bourdeaulx, avec l'adviz des officiers, mestre des œuvres, masson et autres des repparations nécessiteez aux dicts chasteaux, ensemble l'estat de la recepte de la cottisation par nous faicte sur les mananz et habitantz de Bourdeaulx, avec la despence faite desdits dennyers pour les fortifications, réparations et advitaillement desdictz chasteaux de la ville de Bourdeaulx, ensemble pour la construction de la frégatte dict *Roberge,* appellé le *Croissant de Bourdeaulx,* que lesdictz habitantz estoient par les commissaires deputez pour les esmotions popullaires survenues en Guyenne, en l'année mil cinq cens quarante-huict, condempnez faire à leurz despenz; lesquelz estatz, recepte et despence par comandement de mondict sieur le conestable ont esté veuz et arrestez par monsieur mestre Jehan Bertrand, ayant lorz la superintendance des finances du Roy, à présent garde des sceaux dudict sieur pour la vérification desdictz estatz de recepte et despence; et pour faire respondre ung mémoire pour les affaires du Roy au gouvernement de Guyenne, qui a esté respondu au Conseil privé dudict seigneur, le quatorziesme de février mil cinq cenz cinquante-ung; pour lever les expéditions contenues audict mémoire a vacqué ledict Bresson, despuiz ledict premier jour de novembre jusques au vingt-sixiesme dudict mois de fevrier, qu'il est revenu en poste sanz que pour raison des postes pour l'aller et retour, ni despence du séjour par luy faict, ni fraiz pour lesdicttes expéditionz luy ait esté baillé, ni ordonné aulcune chouse dont ayens eu cognoissance, que vingt escuz que mondict sieur le conestable luy a faict bailler par le trésorier de l'espargne; au moien de quoy nous aurionz despuiz employé en l'estat de noz parties extraordinaires pour le service du Roy, arrestées en juillet mil cinq cenz cinquante, les postes, séjour, despence et fraiz pour lesdictz expéditionz faictz par ledict Bresson, desquelles postes, sejour et despence l'article nous a esté fait et mis au droict d'icelluy : neant, pourquoy demende ledict Bresson sanz en estre payé ni satisfaict, dont il nous a requiz la présente certiffication pour luy servir partout où il appertiendra.

Faict à Bourdeaulx, ce unziesme jour du mois d'aoust mil cinq cenz cinquante-deux.

JEHAN DE DAILLON.

CERTIFICAT relatif aux réparations de la tour de Cordouan et des châteaux Trompette et du Hâ.

N° VI
30 Septembre 1552.

Archives de l'Empire : K, 91, n° 10[2]. Original sur parchemin. *Archives historiques de la Gironde,* tome VII. Commmuication faite par M. Tamizey de Larroque.

Jehan de Daillon, conte de Lude, chevallier de l'ordre, lieutenant général pour le Roy en Guyenne, en l'absence du roy de Navarre, certiffions à nos seigneurs du Conseil privé du Roy et à tous autres qu'il apertiendra, que aprez que monsieur le Connestable a esté departy de ceste ville de Bourdeaulx pour donner ordre et pourveoir au faict des fortifficationz, réparationz et advitaillements des chasteaulx Trompette et du Ha, ordonnées estre faictes aux despenz des mananz et habitanz dudict Bourdeaulx, suyvant le jugement donné par les commissaires sur ce depputez par ledict sieur, par lequel lesdictz habitantz estoient tenuz et condamnez faire à leurz despens lesdictes fortifficationz, reparationz et advitaillemenz, et, à faulte d'avoir trouvé homme qui se soit comparu ni presenté pour faire l'estat de controlleur desdictes reparations, nous aurions provision et, jusques autrement en feust ordonné, remis à faire le controlle des dictes fortifficationz, reparationz et advitaillemenz maistre Nicolas Bresson, et luy en aurions, suyvant le pouvoir à nous donné par ledict sieur, faict expedier noz lettres de comission en date du vingt-deuxiesme jour du moys de novembre mil cinq cenz quarante-huict, depuyz lequel jour et temps ledict Bresson a vacqué au faict de ladicte commission, ordinairement luy ou ses commiz, leur bon et fidel debvoir, sanz ce qu'aucun se soit presenté pour l'empescher durant ledict tempz qu'il a esté besongné au faict desdictes fortifficationz, reparationz et advitaillemenz ; durant lequel tempz il a, comme controlleur ayant esté continué par lettres patentes du Roy, faict le controlle susdict et de la reparation par le Roy ordonnée estre faicte, ez années mil cinq cenz cinquante et cinquante et ung à la tour de Cordouan, et le continuer ladicte charge par luy et ses comis, que dict est, sanz ce que pour ce, par le Roy, nouz ne autre luy ayt esté faict estat, mandement, taxation ne payement, pour luy ne ses commis dont ayenz este advertiz, en ce qu'il a servy audict estat de controlleur, ez reparationz et fortifficationz faictes aux despenz dudict sieur; et double continuer ladicte charge pour raison de la provision faicte par le Roy au moys de may dernier, à ung nommé Pierre Custos, pourveu de l'office de controlleur general des fortifficationz et reparationz du payz et duché de Guyenne, à quattre vingts livres de gaiges par an, par la resignation de Arnault Custos, son père, qui durant le tempz et depuyz que ledict Bresson a esté institué, continue à exercer ladicte charge, n'a vacqué, assisté et ne s'est ingeré de fere ledict controlle des dictes reparationz ni fortificationz desdictz chasteaulx Trompette et du Ha, et tour de Cordouan, et moings s'est opposé à la publication et reception des lettres de commission dudict Bresson, levées et enregistrées au greffe de la court de la seneschausée de Guyenne, et serment par luy presté en presence des advocat et procureur du Roy en icelle, que nous ayons sceu, dont à icelluy Bresson, requerant, avonz donné ce present acte pour luy servir et valloir en temps et lieu ce que de raison. En tesmoing de ce, nous avons signé les presentes de nostre seing et faict sceller du scel de noz armes.

A Bordeaulx, ce dernier jour de septembre l'an mil cinq cenz cinquante deux.

JEHAN DE DAILLON.

N° VII

Juillet 1564.

LETTRE de Charles de Coucy, sieur de Burie (13), à Catherine de Médicis (14).

Bibliothèque nationale : *Fonds français*. Communication faite à la *Revue de Gascogne*, tome XVI, par M. Tamizey de Larroque.

Madame, j'ay par ci-devant et de longtemps escript au Roy pour ung affaire, qui est merveilleusement de grande importance et de quoy je m'assure, Madame, vous avez ouy parler, c'est de la tour de Cordouan, qui est un grand cart de lieue dans la mer, laquelle tour sert de guyde aulx navires qui entrent et sortent de cette rivière. Elle s'en va par terre s'il n'y est pourveu qui seroit un dommaige malaisé à réparer. J'ay envoié la visiter, mais c'est bien tart pour commancer à y besoingner à bonne fin, mais seullement faudroit pour ceste annéo ranparer un coing de ladite tour pour empescher le flau de la mer et ceste reparation la ne scauroit couster qu'environ deux cens frans. Je croy, Madame, que Vostre Majesté ne prandra à déplaisir si je commande au contable de ceste ville fornir ceste somme qui est fort nécessaire, et pour la mettre, l'année qui vient, en estat qu'il n'y faudera plus toucher de cent ans, il est besoing d'y faire despence de quatre à cinq mille livres et donner ordre, dès le commencement de l'année, de recouvrer les estoffes, qui sont nécessaires. Vostre Majesté y pourvoira comme il luy plaira.

On ne toucha pas à la tour de Cordouan, sans aucun doute, car l'érudit M. Tamizey de Larroque publie aussi dans la même *Revue* la lettre suivante de Blaise de Monluc ([15]), du 23 août 1566, renouvelant, à deux ans de distance, les plaintes du sieur de Burie.

LETTRE de Blaise de Monluc au roi Charles IX.

N° VIII
23 Août 1566.

Aussy, Sire, le maistre des fortifications et réparations de ce pays avec vos officiers en la seneschaussée de Guyenne m'ont remonstré que la tour de Cordoan s'en va de tout en ruyne et perdition, qui est un très grand intérêt pour vous, Sire, et pour les marchans et navires. Et m'ont dit qu'il y a homme qui avoit fait marché avec la baron de La Garde ([16]) de la remettre en bon estat, moiennant environ quatre mil livres, sur quoy il a jà receu cent escus; mais qu'il n'y touche point et qu'il est nécesaire que ladicte somme entière luy soit fournie et délivrée. Je le vous ay bien voullu escrire, Sire, afin qu'il vous plaise, Sire, y donner ordre, car il en est plus que besoing. Il vous a esté escrit plusieurs autres foys, comme lesdicts officiers m'ont dit; mais ladicte tour est si près de tomber qu'il est nécessaire de convertir en c'est endroict la longueur en diligence.

N° IX

17 Novembre 1576.

EXTRAIT des registres secrets du Parlement de Bordeaux.

Bibliothèque municipale : reg. de 1573 à 1579, p. 328, v°. Communiqué par M. A. Communay.

Du 17 novembre 1576.

Ledit jour, est venu Desaigues [17], procureur-général du Roy, qui a dit et remontré avoir receu des lettres pattantes du Roy par lesquelles ledit seigneur veut et entand que durant le tamps d'un an, à commencer du premier jour de ce mois, il soit pris 10 sols tournois sur chacune bale de pastel et laine qui sera chargée sur la rivière de Gironde pour transporter tant dedans que dehors le royaume, pour les deniers qui proviendront dudit impost estre emploiés pour la réparation de la tour de Cordouan, suivant l'ordonnance qui de ce en sera faite par M. de Lagorse [18], trésorier de France en la généralité de Guienne, ——— requérant qu'il plaise à ladite cour voir lesdites lettres et délibérer sur icelles au premier jour.

Sur quoi eue délibération, a esté arresté que au premier jour sera delibéré sur lesdites lettres.

N° X

5 Janvier 1580.

MÉMOIRE présenté au Roi [19] par le duc de Biron [20].

Bibliothèque impériale de Saint-Pétersbourg : Documents français, n° 78. Communiqué aux *Archives historiques de la Gironde*, t. XIV, p. 124, par M. Éd. de Barthélemy.

Sire, ayant par plusieurs fois visité les courtines de ceste ville, j'ay trouvé les murs sy ruynez que s'il n'y estoit pourveu, bientost il y auroit danger d'y voir très grandes breches en divers endroictz, qu'a esté cause que j'ay souvant commandé aux juratz y pourvoir, lesquelz m'ont faict toucher au doigt qu'il leur estoit impossible pour avoir sy peu de deniers communs, qu'ilz ne peuvent suffire à supporter les charges ordinaires qui leur croyssent sur les bras de jour à autre; ilz m'ont remonstré que lorsqu'ilz avoient le revenū de la grande et petite coustume, qu'est à présent levée par les officiers et fermiers que Vostre Majesté y a ordonné, ilz bastissoyent et preparoyent leurs murs, qui sont de grande estendue, et quelques bolevars qui sont encore sur pied; mais que leur deffailhant les moyens, ilz pensoyent estre excusables. Sur quoy ilz m'ont faict ouverture vous faire très humble requeste de leur remettre en main pour fayre les reparations necessaires à leurs murs, ou le revenu de l'une des coustumes qu'ilz levoyent auparavant l'an XLVIII, ou faire effectuer le don qu'il pleut au feu roy Charles, vostre frère, leur fayre et accorder, qu'est tout le revenu de vostre contablerye en ceste ville pour la somme de soixante mille livres chazcun an, qu'ilz forniront en vostre espargnie, et neantmoins emploieront le surplus, s'il y en a, à la reparation necessaire des murs. M'ont semblablement remonstré que de tout temps et ancienneté, les mayre et juratz de ceste ville, quand il falhoit fayre quelque assemblée en l'ostel commun d'icelle, il n'estoit de coustume que aucuns conseilhers de vostre court y assistassent pour y presider. Toutesfois, l'an LXVII., quelques ungs de ladicte court se voulant introduyre ou les siens en la maison de ladicte ville par authorité, trouvarent moien de faire ordonner que ès assemblées generalles et elections de juratz, il y auroit deux conseilhers d'icelle pour y assister, ce que le corps de ville a pensé ne porter aucun profit à vostre service, ny au repos public de ladicte ville, ny encore moins empescher les brigues qui se pourroyent faire; mais au contraire, s'est veu par ce moyen s'en estre faict, dont les affayres se sont mal portés les années dernieres, et en ayant veu la cognoissance ilz m'ont requis vous supplier, comme je fais très humblement, qu'il vous plaise, Sire, les continuer en leurs anciens privilleges et coustumes; les descharger desormais de demander à ladicte court commissayres quand il fauldra faire lesdictes assemblées ou qu'ilz procederont à l'eslection de nouveaulx juratz, sinon comme conseilhers, ainsin que à la maison de ville de Paris. N° X

Vous asseurant, Sire, que ceulx qui sont du vray corps et conseil de vostre mayson de ville vous sont très humbles et très fidelles subjectz, comme il s'est veu despuis mon arrivée. Aussy, Sire, m'ont-ilz requis vous supplier que désormais les deniers communs de ladicte ville destinez

N° X pour l'entretenement de l'ordre et police et gages des officiers d'icelle, ne puyssent cy-après estre saysis pour les deniers qu'il plaira à Vostre Magesté imposer sur les habitans d'icelle pour quelque causes que ce soit; attandu que telle saysie ne peut revenir qu'au retardement de vostre service et de la police, et au dommage publicq de ladicte ville; veu aussy qu'il y a plusieurs officiers des finances de Vostre Magesté qui ont très grandz gaiges et sont obligez à faire les diligences.

Sire, sur l'embouchement de ces rivières, les rois voz predecesseurs ont fait bastir au milieu de la mer une tour qu'on nomme de Cordouan, où elles ont voullu qu'il y eust ung hermite qui fut tenu tenir ung fanal au sommet d'icelle, toute la nuit, pour l'adresse de la route des nefz qui viennent surgir en cest havre, ou qui s'en retournent d'icelluy. Et est advenu que par le peu de soings que l'on a eu de la reparer, bien qu'à cause de ce il se leve plusieurs grands droitz en vostre contablie sur les navires qui chargent vin en cest havre, est tellement ruiné que aulcun hermite n'y oze n'y peut habiter, et portant n'y a poinct de fanal, d'où s'en sont ensuyvis infinis naufrages, au grand dommage du commerce, retardement et diminution de vos deniers. Ce qu'ilz ont pensé estre de leur debvoir en fayre très humble remonstrance à Vostre Magesté, affin que par icelle il y soit pourveu suyvant son bon playsir.

C'est en partye ce que les juratz et habitans de ladicte ville m'ont remonstré, et parce que j'ay pensé leurs susdictes requestes estre raisonnables, ensemble autres qu'ilz feront à Vostre Magesté, pour le bien de vostre service et repos publicq de ceste ville et païs, par leur procureur et sindic qu'à ces fins ilz envoient vers Vostre Magesté, je l'ay bien voulue suplier, comme je fais très humblement, leur faire tant de bien et de faveur que de leur accorder leurs susdictes requestes; ce qu'accroistra d'aultant plus l'obligation et devotion qu'ilz ont au service de Vostre Magesté.

Sire, je suplie très humblement le Createur vous donner en très parfaicte joie et santé très heureuse, très contente et très longue vye.

Vostre très humble et très obeissant subjet et serviteur.

BIRON.

De Bordeaulx, ce v^e de janvier 1580.

ENTÉRINEMENT par les Trésoriers de France à Bordeaux des lettres-patentes du Roi, nommant Louis de Foix architecte de la tour de Cordouan.

N° XI
6 Juillet 1582.

Archives départementales de la Gironde, série C, registre du Bureau des finances. Communication faite à la *Revue de Gascogne*, tome IX, par M. Tamizey de Larroque.

Les président et tresoriers generaulx de France establis à Bordeaux,

Veu par nous les lettres patentes du Roy données à Paris, le 1er jour de mars dernier passé, signés: par le Roy estant en son Conseil : Pinart, ausquelles ces presentes sont attachées soubz le scel du bureau de la tresorerie generale de France audit Bordeaux, et seing du greffier d'iceluy, par lesquelles et pour les causes y contenues, ledict sieur ayant veu nostre advis sur la ruyne et decadence de la tour de Cordouan, assize à l'entrée de la grande mer, qui servoit de guide et conduicte aulx navires et vaisseaulx entrans et sortans à la riviere de Gironde, par le moyen d'ung phanal alumé de nuict au hault d'icelle, et sur les moyens plus propres pour la réédiffication, après avoir sur ce pourveu selon le nécessaire, a commis et depputé Me Loys de Foix, ingenieur, pour aller et se transporter sur ledict lieu, et où les vestiges sont et demeurent encore pour y faire le dessaing, et ordonner ce que verra, jugera et cognoistra estre bon et necessaire pour rebastir, redresser et reediffier ladicte tour, et la remettre en tel estat qu'elle puisse servir à l'effect selon et ainsi qu'elle faisoit auparavant ladicte ruyne, au meilleur mesnage et moindre despence que fere se pourra, et ordonner la despence estre faicte par ses certiffications esguallement et noz ordonnances, ou de l'ung de nous, et suivant icelles le payement faict, tant des ouvriers que manouvriers, qui y travailleront, que de matieres et estoffes necessaires, barques, bapteaulx, engins et autres despences extraordinaires qu'il convient à telz ediffices, et ce par les mains du receveur-general des finances audict Bordeaux, estant en exercice, qui s'en rendra comptable comme des autres deniers de sa charge; et afin que ledict Loys de Foix aye meilleur moien de s'entretenir en la conduicte dudict œuvre, luy a ordonné trente trois escus ung tiers par mois d'estat et entretenement,

N° XI durant le temps qu'il sera employé à la conduite dudit œuvre, à prendre sur les deniers provenans de l'imposition de Sa Majesté a ordonné estre faicte pour ladicte reparation, qu'il nous est mandé luy faire payer, bailler et delivrer par chacun mois par ledict receveur-general de finances, à commencer du premier jour de janvier de l'année présente, jusques à la perfection de ladicte tour, attendu qu'il a vaqué à la visitation d'icelle et faict les desseings, qui ont esté representés à Sadicte Majesté, laquelle s'a reservé à luy pourvoir de tels honurs et recompenses qu'elle jugera estre raisonnable pour ses services et fidellité en ce qui concerne l'utillité publique de grande valeur, ainsi qu'il est amplement declairé par lesdictes patentes.

Veu aussi la requeste dudict de Foix touchant à la verification d'icelles;

Consentons, en tant qu'à nous est, l'intérinement et accomplissement desdictes lettres, pour estre icellui de Foix payé de ladicte somme de xxxIII. livres I. tiers par chacun mois, durant le temps qu'il sera employé et vaquera au faict des reparations de ladicte tour de Cordouan, à commencer dudict premier jour de janvier dernier passé, et de fere par ledict de Foix les desseings, et nous certifier de tout ce qui sera necessaire pour ladicte réédiffication, suivant lesdictes patentes, sans toutesfois qu'il puisse fere ou accorder aulcun marché, ne pris faict, ny ordonnance pour l'achapt des estoffes, matieres et autres choses necessaires pour icelle réédiffication en rapportant pour ledict receveur-general coppie desdictes patentes, deuement collationnées et quictance sur ce suffizante, ladicte somme de xxIII. livres I. tiers sera passée et allouée en la despence de son compte par nos seigneurs et frères, nos seigneurs des comptes à Paris, que nous prions de ce fere.

Faict audict bureau, le VI[e] jour de juillet mil V[c]. quatre-vingts-deux.

SUPPLIQUE au Roi par les maire et jurats de Bordeaux au sujet des réparations à faire à la tour de Cordouan.

N° XII
31 Août 1583.

Extrait de la pièce justificative n° 2 à l'appui du Mémoire : *Réflexions sur la vie et le caractère de Montaigne*, par M. le vicomte Alexis de Gourgues (*Actes de l'Académie de Bordeaux*, 17e année, 1855).

Sire,

Les maire et jurats gouverneurs de vostre Ville et cité de Bourdeaulx vous remontrent tres humblement que ores que cy-devant, tant pour eulx que pour les habitants de la seneschaussée de Guienne, les tous vos tres humbles et naturels subjects, ils aient faict entendre bien au long aulx sieurs commissaires deputtés par Vostre Maiesté au paiz et duché de Guienne, leurs plainstes et doléances concernant les foulles et surcharges qu'ils ont souffert et souffrent journellement, ausquelles ils s'asseurent que Vostre Maiesté, uzant de sa débonnairetté et inclination royalle et paternelle, pourvoiera sy prudament et avec telle equitté que le repos universel de ce royaulme et soulagement des habitants d'icelluy s'en ensuivra. Touteffois de tant que despuis le départ desdits sieurs commissaires, nouvelles occasions et accidents sont survenus à la grande foulle du peuple et que l'expérience, maistresse des chozes, a faict cognoistre plus a clair combien les nouveautés en tous estats sont pernicieuses, il plaira à Vostre Maiesté prendre en bonne part que les dits maire et jurats, en adjoutant à leurs dictes premières remonstrances et doléances, vous représentent avec toutte humillitté certains articles concernant le bien de vostre service et soulagement de vos subiets, affin que, par mesme moien, ils reçoivent le fruit et allégemens qu'il vous plaira leur impartir de vostre clemence et misericorde, à laquelle seulle apres Dieu ils ont recours.

Et en premier lieu, jaçoit que par les ordonnances anciennes et modernes de Votre Maiesté conformes à la raizon, toutes impositions doibvent estre faictes esgalement sur toutes personnes, le fort portant le foible, et qu'il soit tres raizonnable que ceulx qui ont les moiens plus grands, se ressentent de la charge plus que ceulx qui ne vivent qu'avec hazard et de la sueur de leur corps; touteffois il seroit advenu, puis

Nº XII quelques années et mesme en la présente, que les impositions qui auroient esté faictes par vostre auctorité, oultre le taillon et cents et gaiges des présidiauls, tant pour les extinctions de la traicte foraine et subvention, reparation de la tour de Cordoan, paiement de la Chambre de justice et frais de l'armée de Portugal, suppression des esleus, que reste des années précédentes, les plus riches et oppulentes familles de ladicte ville en auroient esté exemptes pour le privillege prétendu par tous les officiers de justice et leurs veufves, officiers de voz finances, de l'élection, vissénéchaulx, lieutenans, officiers de la vissénéchaussée, officiers domestiques de Votre Majesté et des Roy et Royne de Navarre, officiers de la chancellerie, de la monoye, de l'artillerie, mortepaies des chastaux, et avitailleurs d'iceulx; et d'abondant, par arrest de vostre cour du parlement sollennellement prononcé le sixième jour d'apvril de la présente année, tous les enfans des présidens et conseillers de vostre cour auroient esté declarés nobles et non subjets à aucune imposition, de façon que desormais, quand il conviendra imposer quelque taxe ou imposition, il fauldra qu'elle soit portée par le moindre et plus pouvre nombre des habitants des villes, ce qui est du tout impossible, sy par Vostre Maiesté il ni est pourvu de remedes convenables, comme lesdits maire et jurats l'en requierent très humblement.

Plaira aussy à Vostre Maiesté considerer que ores que les sommes destinées pour la réparation de la tour de Cordoan quelques soit, la plus grande partie d'icelles ayent esté levées et mizes en mains de vostre receveur général, ce néantmoins il n'a esté encore aucunement touché à ladicte reparation, ny pourveu aux preparatifs d'icelles, comme la necessité le requeroit. Et de tant que l'argent destiné pour cest effect pourroit estre emploié ailleurs, au grand préjudice du public, plaira à Vostre Maiesté ordonner inhibitions estre faictes aux sieurs trézoriers généraulx et receveurs susdits de ordonner des dites sommes ou icelles emploier ailleurs que à l'effet auquel elles sont destinées, scavoir est : à ladite reparation, pour quelque cause et occasion que ce soit, et que le réglement estably par ces lettres patentes de Votre Majesté, sur la distribution desdits deniers, scavoir est qu'elle sera faicte par ung des sieurs presidents de la cour du parlement, ung desdits sieurs trésoriers, et le maire de ladicte ville, ou à son défault ung desdits jurats, sera gardé et observé selon sa forme et teneur. Et néantmoins afin que le commerce ne soit retardé et vos droits diminués, pourvoir que au plustost il soit procedé à la dicte reparation, sellon les moyens qu'il vous a pleu y establir.

Par les privilleges octroiés par les rois très chrestiens à la dicte ville et confirmés naguère par Vostre Maiesté, etc.

Faict à Bordeaulx en jurade, le dernier de aoust mille cinq cens quatre vingt-trois.

MONTAIGNE (21), DALESME (22), GALOPIN (23), PIERRE REGNIER (24), DE LAPEYRE (25), CLAVEAU (26).

CONTRAT pour la tour de Cordouan passé avec Me Louis de Foix.

N° XIII
2 Mars 1584.

Actes de l'Académie des Sciences, Belles-Lettres et Arts de Bordeaux, 1855, p. 485.
Communication de M. le vicomte A. de Gourgues.

Me Louis de Foix, valet de chambre et ingenieur ordinaire du Roy, a soubz l'autorité et bon plaisir de S. M. et de monseigneur Jacques, Sr de Matignon (27), comte de Torigny, marechal de France et lieutenant-general pour Sadite Majesté au gouvernement de Guienne et par l'advis de messires François Nesmond (28), chevalier, conseiller du Roy en son Conseil privé et president en sa cour du parlement de Bordeaulx ; Ogier de Gourgues (29), Sr baron de Vayres, Arvayres, conseiller, maître d'hôtel ordinaire de Sa Majesté, president et tresorier-general de France au bureau des finances, estably audit Bourdeaulx, et de messires Michel de Montaigne, chevalier de l'ordre dudit seigneur et maire de ladicte ville de Bourdeaulx, à ces presentes et acceptant comme commissaire à ce deputé par Sadicte Majesté, a promis de faire, parfaire bien et duement les ouvrages necessaires pour la reedification et construction de la tour de Cordouan, suivant les articles en après declairés et après les proclamations suivantes duement faites :

N° XIII Articles de ce qu'il convient faire pour la reedification de ladite tour de Cordouan, assize au milieu de la riviere de Gironde, à l'entrée de la grand mer, entre la ville de Royan et Notre-Dame de Soulac, à trois lieues loin de terre de chacun costé et à vingt-cinq lieues loin de ladicte ville de Bordeaulx; laquelle dicte tour est tumbée en ruynes par l'impetuosité de la mer, ainsi qu'il a apareu au Roy par les procès-verbaulx sur ce dressés par messieurs les president et tresoriers generaulx de France, establys audict Bordeaulx, et sur lesquels Sa Majesté a ordonné que ladicte tour sera reediffiée et mise en l'estat qu'elle puisse servir de guide et fanal au ________ de mer comme elle faysoit auparavant, ainsi qu'il s'ensuyt :

PREMIEREMENT.

Il convient faire un grand bastardeau de charpenterie, lequel sera d'assemblaiges ayant trois palissades en la rotondité d'icelluy et lié et contigu par cent cinquante paulx de differente longueur, assavoir de vingt cinq pieds la tierce partie, de vingt pieds l'autre tierce, et de quinze pieds le reste, sur douze poulces de large et dix d'espoisseur; estant lesdits paulx liés et attachés, tant par le devant que par le derriere, de trois cent traverses de vingt pieds de long chacune et de huit poulces de large sur six d'espoisseur, avec six cent liaisons de demi-pied d'espoisseur sur sept poulces de large; qui serviront de double ceinture pour tenir lesdictes palissades, tant au milieu dudict bastardeau que au dedans et au dehor d'icelluy, pour garder que l'eau de la mer ne puisse passer à travers dans le lieu où il convient faire le fondement de ladicte tour, dont tous les paulx seront frapés à coups de mouthon, tant qu'ils pourront entrer dans terre.

Audict bastardeau y aura six cens paulx ou ecluses de differentes longueurs pour servir aux trois palissades, assavoir la tierce partie de vingt-cinq pieds, l'autre tierce de vingt pieds, et le reste de quinze pieds sur huit poulces de large, chacun de six poulces d'espoisseur; tous lesquels paulx seront baptus et frapés à coups de mouthon, et joincts les uns contre les autres, si bien que l'eau ________ . .

Le tout de bon boys de chaisne ________ longueur, si le besoing le requiert, pour empescher que l'eau des plus grands maréaiges de l'année ne les puisse surpasser dans l'œuvre où il convient faire le fondement. N° XIII

DEUXIEMEMENT.

Et ledit bastardeau sera remply de pierre seiche en la largeur de trois toises, qui sera esgualement tout à l'entour selon sa pente et talus, pour donner force à la charpente, afin qu'elle ne se puisse esbranler à la tourmente de la mer jusques à la perfection de ladicte œuvre.

TROISIEMEMENT.

Et pour rendre perpetuel ledict bastardeau, fauldra couvrir les trois palissades, chacune en son endroist, d'un rang de grandes pierres de taille de cinq à six pieds de long sur deulx pieds de large et dix-neuf poulces d'espoisseur; lesquelles pierres seront posées sur les paulx et escluses, à l'entour d'icelluy bastardeau; lequel sera aussy garni par le pied du dehors contenant trois cent pieds de sircuit, de grandes pierres de taille tout à l'entour par le devant pour servir de defense audict bastardeau, et garder que ladicte charpente ne soyt batue ni descouverte à la tourmente de la mer pour la conservation d'icelle; et à ces fins, la premiere palissade ne sortira de terre que de neuf pieds, la seconde palissade du milieu ne sortira que six pieds hors de terre, et la troisieme, qui est celle du dehors, ne sera eslevée que de deux pieds hors de terre, à cause du tallus et pente dudict bastardeau.

QUATRIEMEMENT.

Ledict de Foix sera tenu de laisser, après tous les œuvres de ladicte tour faicte et parfaicte ledict bastardeau en pareil estat bon et convenable ———— et ensemble forme ———— figure designé, d'aultant qu'il est bien entendu ———— bastardeau sont et demeurent toujours par cy-après en bon estat et bien entretenu pour la conservation de ladite tour et du bastiment d'icelle ———— afin de la couvrir et defendre des vagues et impetuosités de la mer, et que ledict bastardeau serve toujours, à l'advenir, de defense et protection du corps et edifice de ladicte tour et plateforme d'icelle à l'encontre de l'injure du temps et de l'eau.

N° XIII

CINQUIEMEMENT.

La montée et grand escalier principal qui passera pardessus ledict bastardeau venant de la mer pour monter sur la plateforme sera eslevé de pierre de taille par surs le tallus de ladicte tour en la haulteur de neuf pieds, ayant de large cinq pieds, et à chacung costé dudict escalier y aura une muraille qui servira de garde fol depuis le bas jusques en hault, et au bout dudict escalier y aura un pont levys entre la premiere porte et le corps de ladicte tour.

SIXIEMEMENT.

Et après estre faict et construit ledict bastardeau en la manière susdite, faudra netoyer et faire le vuidage si bas que l'on puisse trouver la terre ferme ou solide, tellement que aulcun paul ny fer ny puisse aulcunement entrer, si la nature de l'eau le peult permettre, afin que l'on puisse juger si ladicte precainte sera sufisante pour asseoir les fondemens de la tour, et à cette fin, ledict de Foix sera tenu en advertir mondict seigneur le mareschal de Matignon et messieurs les commissaires deputés par Sa Majesté pour veoir et visiter le lieu et place desdits fondemens, avec tels experts qu'ils voudront choisir et mesner aux despens du Roy; et au cas que ce dessus ne se puisse faire de netoyer et parfondir si bas que l'on vouldroit, fauldra remplir ladite crucainte pour ledit fondement contenant soixante pieds de diametre de deux mil pilotis, ou plus si tant y en echoit, qui seront de la longueur convenable pour entrer dans la terre, ou y seront poulsés à coups de mouthon tant qu'ils pourront plus entrer, jusques à la superficie de l'aire et niveau de ladicte place et ysle de Cordoan; lesquels pilotis seront tous de boys de chaisne et auront douze poulces de diamètre esgualement que sous trois pieds de sircuit; leurs pointes et la première assiete sera de taille sur ledit pilotis.

SEPTIEMEMENT.

Le fondement de ladicte tour aura soixante pieds de diamètre, soit sur pilotis ou aultrement, qui sont cent quatre-vingt pieds de sircuit dans l'enclos dudict bastardeau qui environnera ledict fondement et sera la première retraite faicte à fleur de l'aire ou ligue terre de ladicte ysle; là on commencera à prendre le talus en la haulteur de neuf pieds sur neuf pieds de distance, jusques au corps de la plateforme, qui aura quarante pieds de diametre, le tout massif dans les fondemens en la haulteur de vingt pieds; puis ladicte ligue terre jusques au premier aire qui sera sur ladicte plate forme, sans y comprendre la profondité dudict fondement, et sera le tout revestu de grandes pierres de taille de cinq à six pieds de long depuis le bas jusques au hault, et le dedans de la ________ de blocage à chaulx et à ciment, ascavoir sur la tierce partie de chaulx, la tierce de sable et l'autre tierce de ciment; le tout detrempé avec eau doulce et non sallée, affin que la ________ en soyt plus durable et meilleure, sauf touttesfois que dans ladite plateforme et au milieu d'icelle sera la cisterne telle que ci après sera desduicte. N° XIII

HUITIEMEMENT.

A l'entour du hault de ladicte plateforme y aura un parapet ou garde fol en la hauteur de six pieds d'espoisseur, qui sera soustenue par boutils et consolles en maniere de corniches tout alentour de ladite plateforme qui servira de closture à l'allée qui aura six pieds de large entre le corps de la tour et ledict garde fol, auquel y aura des fenestres grillées par intervalles avec des ________ autour de ladicte plateforme.

NEUVIEMEMENT.

Et au dessus de ladicte plateforme sera eslevé au beau milieu d'icelle le corps de la tour de quarante pieds de hault, sans y comprendre les vingt pieds, puis ladicte ligue terre ________ jusques au premier aire, qui est au dessus de ladicte plateforme, qui seront environ douze pieds que cette dicte nouvelle tour sera eslevée plus que n'estoit l'ancienne, ainsi qu'il appert aux vestiges qui en sont demourées.

DIXIEMEMENT.

Ladicte tour ________ et aura de diamètre trente pieds de dehors en dehors, qui seront quatre-vingt-dix pieds de sircuit, et aura de vuide par le dedans dix-huit pieds en tout ________ sans aucun empeschement de la vis; laquelle vis, pour y monter et descendre, sera faite toute de pierre

N° XIII de taille, ayant neuf pieds de vuyde de diametre en dedans et trente pieds du dehors en dehors, avec quatre-vingts marches ou degrès de pierre dure en ladicte haulteur de quarante pieds.

ONZIEMEMENT.

Le parement du dehors de ladicte tour sera de pierre de taille depuis le bas jusques en hault et le dedans des espoisseurs de ladicte tour sera de blocaige à chaulx et sable, seulement en la corniche avec le parapet ou garde fol d'en hault, et somité de ladicte tour sera aussi de pierre de taille en la haulteur de quatre pieds et deux pieds d'espoisseur, ayant alentour audict garde fol quelques fenestres pour donner clairté entre la converture et le dessus de la derniere voulte den hault.

DOUZIEMEMENT.

Ladicte tour aura troys voultes l'une sur l'aultre, dont la premiere sera eslevée du premier ayre ou pan de la susdite plateforme en la haulteur de vingt pieds, dans lequel premier étage sera le four avec une cheminée qui servira de cuisine.

TREIZIEMEMENT.

La seconde estaige sera aussi voultée en la haulteur de dix pieds aiant aussi sa cheminée pour servir à la chambre du milieu, qui sera de dix-huit pieds en tous œuvres, auquel estaige et au troisieme y aura privées avec le tuiau qui descendra jusques au bas.

QUATORZIEMEMENT.

La troisieme estaige ———— meme haulteur de dix-huit pieds estant voultée, ayant aussi cheminée pour y pouvoir loger et habiter celui qui fera le guet à ladicte tour, ayant aussi ladite chambre dix-huit pieds en ous carrés.

QUINZIEMEMENT.

Ladite tour sera couverte de plomb qui sera assise sur une bonne forte charpenterie, qui sera faite en piramide surbaissée de douze pieds de hault seulement pour ne offusquer la lanterne qui sera edifiée de pierres de taille sur ladicte vis. N° XIII

SEIZIEMEMENT.

Ladicte lanterne pour tenir feu et fanal de nuit sera assise au dessus de ladicte vis, comme dict est en la haulteur de dix pieds plus hault que ne sera le parapet ou garde fol jusques à la corniche de son dosme, ayant ladicte lanterne six arcades de pierre de taille alentour d'icelle garnies de vitres et barres de fer pour les tenir, afin que les vends et pluyes ne puyssent esteindre ledict feu durant la nuit; laquelle lanterne sera assise et regardera du costé de la grande mer pour estre aysement descouverte par les navigateurs, lequel feu sera plus hault eslevé que la pointe de la piramide de ladite couverture.

DIX-SEPTIEMEMENT.

La cisterne aura six pieds de diametre de vuide sur douze pieds de hault, qui sera voultée et revetue tout alentour de pierre de taille et couverte pour y tenir les eaux doulces qui descendront du ciel et entreront dans ladite citerne par les conduicts et souspiraulx qui en seront dressés, dont on descendra ________ ung petit escalier de trois pieds de large et de vingt-quatre marches.

DIX-HUITIEMEMENT.

Toutes les portes et fenestres qui seront à la construction dudict batiment seront garnies de pierres de taille au parement du dedans, estant puis après garnies de fenestres et portes de menuyserie, vitres, grilles et ferrures, ainsi que à tel edifice apartiend.

DIX-NEUVIEMEMENT.

Et pour tout cy-dessus faire et parfaire bien et duement ledict de Foix sera tenu fournir tous lesdicts materiaulx, tant bois, pierre, chaulx, ciment, sable, eau doulce que autres estoffes de fer, plomb, cordaiges, engins, mouthons, grues, guindaiges, barques garnies de leurs voiles et equipaiges, baptaulx pour porter les pierres et aultres materiaulx, journées des maistres charpentiers et massons, mariniers, manœuvres,

N° XIII journaliers, que toute autre chose à ce convenable pour rendre ladite tour de Cordouan bien et duement faicte et parfaicte la clef à la main et habitable comme dict est.

VINGTIEMEMENT.

Et oultre sera tenu ledict de Foix faire sur lesdicts pries et marches les logis necessaires pour retirer et faire coucher à couvert tout le nombre d'ouvriers qui travailleront à ladicte tour de Cordoan pendant le tems qu'ils y seront employés, sauf toutesfois questant ladicte œuvre parachevée toute la ________ desdits logis, hôtels, cordaiges, ferremens et toutes autres choses, des engins, barques et ustenciles, et tous apareils cy dessus nommés qui se trouveront lors rester seront et demeureront audict de Foix comme siens propres, sans aulcune difficulté.

VINGT UNIEMEMENT.

Et pour memoyre perpetuelle du Roy, sera faict un sien pourtraict de mabre blanc à sa semblance jusques à moitié corps, lequel sera mis et posé dans une demye niche qui sera sur le portal du corps de ladite tour, et au dessus d'icelluy portal une table de mabre dans laquelle sera engravé le nom de Sa Majesté et l'année de l'édification en grand lettre romaine, à sa louenge de ladite edification.

VINGT-DEUXIEMEMENT.

Et aux deux costés de ladite tour, tant à dextre que à senestre, y aura deux tables de mabre blanc chacune de trois pieds de long sur ung pied de large, en l'une desquelles tables sera engravé le nom de monseigneur le maréchal de Matignon et de messires les commissaires, en l'autre table sera engravé aucuns beaux carmes françois qui serviront pour instruction de maintenir le pied, fondement et entretien d'icelle tour; pour la rendre perpetuelle à jamais.

(Monseigneur le maréchal et messires les commissaires ont commandé de rayer cet article.)

VINGT-TROISIEMEMENT.

Pour l'entretenement du present contract et articles, ledict de Foix sera tenu comme il a promis fournir tous lesdits matériaulx, tant bois, pierre, chaulx, sable et aultres choses ci dessus déclairées, moyennant la somme de trente-huit mille escus sol. N° XIII

VINGT-QUATRIEMEMENT.

Qui sera payée, baillée et delivrée audit de Foix par messieurs les receveurs generaulx des finances en Guienne, leurs commis, et par les ordonnances de monseigneur le mareschal ou desdits sires commissaires, ou l'un d'eulx, en deulx années, ascavoir les deux-tiers cette présente année, desquels lui en sera baillé et payé comptant sur ce present contract la somme de dix mil escus sol, et le reste desdits deux tiers paiable par mois, et l'autre tiers desdits trente-huit mille escus sol paiables au douze mois de l'année prochaine, que l'on comptera mil cinq cens quatre-vingt-cinq, par esguales portions; et pour le regard des cinq mille escus de sa dite recompense luy sera payée, assavoir deux mille cinq sens escus, dans les trois prochains quartiers de ladite presente année, montant huit cent trente-trois escus, un tiers pour chacun d'iceulx, et les deux mil cinq cens escus restans au commencement de chacun des quatre quartiers de ladite année prochaine, qui est à raison de six cent vingt-cinq escus par quartier, sans prejudice toutes fois audit de Foix de ses gaiges ordinaires de quatre cens escus par an, à luy ordonnées par lettres patentes du Roy du premier jour de mars mil cinq cens quatre-vingt-deux, signées par le Roy, et plus bas Pinart, scellées et verifiées par messieurs les presidens et tresoriers géneraulx de France establis audit Bourdeaulx, le sixieme de juillet audit an mil cinq cens quatre vingt-deux, signées Delalane; lesquels gaiges luy seront paiés par MM. les receveurs generaulx ou leur commis et deputes, à commencer du premier jour de janvier mil cinq cens quatre-vingt-deux, et à continuer jusques à l'entière perfection de ladite œuvre, le tout en bons et valables paiement qui ayènt cours ________ toujours metre et exposer au pris et ordonnances du Roy librement ès lieux où il faut travailler et achapter lesdites estoffes, sans auculne difficulté, et en faisant ledit paiement aux termes et en la qualité susdite, et faire l'advance au commencement de chacun desdits mois pendant lesdites deux années. Et a esté par expres dict et accordé que sur ledict

N° XIII prix de l'ouvraige, ledict de Foix sera tenu prendre sur soy et precompter sur lesdicts deniers le marché qui a esté cy devant faict par lesdicts commissaires, avec Me Jehan de Fontaines (30), masson, pour la pierre qu'il a promis fournir pour la construction dudict œuvre, et que l'argent qui luy a esté advancé sera précompté sur et tant moings dudict premier paiement qui sera faict audict de Foilx, et du surplus qui reste audict de Fontaine, ledict de Foix sera tenu le parachever de paier aux termes accordés et en deschargier le Roy comme lesdits sires commissaires. Et en ce faisant, ledict de Foix a promis et promet de bonne foy et s'oblige au Roy, en presence de messeigneurs cy dessus nommés de faire et parfaire ladite tour de Cordoan dans lesdites deux années, et sera l'ouvraige et edification veu et visité par mondit seigr le maréchal ou lesdits sires commissaires ou ceulx qui leur plaira cometre et deputer, et ordinairement toutes fois et quand que bon leur semblera, et de moys en moys pour le moyen, pour voir et recognoistre si ledict œuvre se faict et continue selon ledict pacte, et si elle se poursuit bien et diligemment sans aulcun defaut ou interruption et afin que à mesure que ladicte besoigne se fera et advancera, le payement en——————mois en mois; comme dessus est dict. Et au cas où lesdits sires receveurs generaulx n'ont pas fonds pour satisfaire auxdits payemens, aux termes, conditions et qualités susdites, et que à faulte de ce l'œuvre seroit discontinuée, qui causeroit non seulement la ruyne et perdition de l'œuvre commencée, mais le desgast de toutes les barques, baptaulx, engins et artifices qui coustereient plus de quatre mil escus à refaire——————et en ce cas, après en avoir adverty monsieur le maréchal et lesdits sires commissaires, et qu'il ne luy feust sur ce dument pourveu, ledict de Foix pourra librement cesser ladite besoigne, sans qu'il luy soit rien imputé de la faulte et domaige qui pourront advenir, et au cas que ledict de Foix auroit desjà advancé ladicte œuvre, à raison des deniers qu'il pourroit avoir touchés. Et ne sera tenu de remettre la main à ladite œuvre que auparavant raison et recompense ne luy soict faicte de la deterioration qui en sera advenue à cause dudit empeschement, tant audict œuvre que au susdict engin et attelaiges; et oultre luy sera prolongé le terme de deux ans d'aultant de temps que ladite œuvre aura esté discontinuée, et tout ci dessus sera faict, passé et alloué, tant par les ordonnances de monseigneur le maréchal que desdits sires commissaires ou l'un deulx, sans auculne forme ni solennité de justice ni de finance, car ledict de Foix ne pourroit, ne vouldroit autrement se charger de l'entreprise dudict œuvre. Et pour la perfection et continuation d'icelle et pour icelle œuvre parfournir et parfaire, le dict Sr de Montaigne, maire, et messieurs les jurats de la presente ville, l'assisteront pour le service du Roy, selon qu'il les en requerra, et tiendront la main que ledict de Foix ne soict contrainct pour aucune chose, pour aucuns droits de coutumes ou aultres deus au Roy ou à ladicte ville, que l'on pourroit prendre tant sur les vivres que toutes aultres sortes de materiaulx pour ladicte œuvre. Attendu que c'est une œuvre royale necessaire à tout le pays de Guienne pour la commerce et navigation libre de tous les marchands et marchandises et pour la seureté des navires et aultres vaisseaulx de mer entrant dans la rivière de Gironde, et qu'elle se faict aux depens du publicq ——————— Et advenant que pendant la construction et parachevement dudict œuvre, il advint guerre en Guienne, et que par force et viollance ledict de Foix fust prins prisonnier et mis à ranson par les ennemys du Roy; qu'en ce cas, sa rancon et de ses gens qui pourroient être prins et mis à rancon avec luy, sera payée aux despens de Sa Majesté et rembo urs des pertes que luy et les siens pourroient faire en ladicte prinse tant en soy que de ses meubles, et que par ladicte force et viollance de guerre et aultres accidents qui pourroient advenir, il fust aulcunement contrainct par empeschement que luy pourroient faire les ennemys du Roy———— pour recouvrer toutes les estoffes, engins et matieres requises pour ladicte œuvre qui sont en la terre ferme pour porter en ladicte isle de Cordoan ———— qu'en ce cas, ledict de Foix ne pourra estre contrainct———— tant de la———— dudict œuvre, perte et domaige qui en pourroit advenir, si monseigneur le maréchal et lesdits sires commissaires, ensemble lesdits sires maire et jurats du corps de ville, ne luy treuvent et donnent main forte———— pour cet effect et pour seurement y pouvoir travailler, et que le temps et jours de la discontinuation luy soient aussi prolongés en son terme de deulx ans, pour laquelle discontinuation ledict de Foix aura recompense du Roy du temps qu'il y aura perdu et de la deterioration de touts les apareils.

N° XIII

N° XIII

VINGT-CINQUIEMEMENT

Et se par contagion et maladie de peste qui pourroit survenir entre les ouvriers pendant ledict temps audict lieu de Cordoan, et que à ce moyen ils ne puissent continuer ledict œuvre, ledict de Foix ne pourra estre contrainct jusques à ce que ladicte maladie et contagion a prins fin, attendu qu'il ne pourroit trouver ouvriers qui voullussent aller travailler à cause du hazard de leur vie. *Lequel temps aussi de ladicte discontinuation advenant________prolonge en sondict terme de deux ans, selon que monseigneur le maréchal et mesdicts sires commissaires verront estre à faire ________ pour lequel temps de ladicte discontinuation et perte de temps dudict sieur de Foix, icelluy de Foix en sera recompensé par le Roy.*

(Sur l'original, les mots en *italiques* étaient raturés et la marge portait l'indication suivante :

Cette rature, qui commence : *pour lequel temps,* et finit : *recompensé par le Roy,* a esté tracé par commandement de mes dits sires.

Signé : DE FOIX.)

VINGT-SIXIEMEMENT

Et se pendant ledit temps ledict de Foix vient à deceder, en ce cas ledit œuvre et ce qui y aura esté faict jusques au jour de son deces, sera visité et estimé par gens de bien à ce experts et deputés par lesdits sires commissaires pour juger et estimer, sur leur conscience, si l'œuvre et fondements qui auront lors ja esté faicts seront en bon estat et ce qui y restera à parfaire d'icelle, et s'ils trouvent que ledict de Foix ait trop prins d'argent, qu'il soit rendu par ses heritiers, comme aussi en cas semblable soient rendus et payés à sesdits heritiers ce qui leur pourra rester estre deub audict jour de son deces des deniers de ladicte nature, sans aulcune forme ou figure de proces, que du seul jugement desdits experts gens de bien par devant monseigneur le marechal ou lesdits sires commissaires qu'il veult aprouver et non d'aultres.

VINGT-SEPTIEMEMENT

Et afin qu'il n'y ait aulcune faulte ni changement audict œuvre, ledict de Foix sera tenu dresser ung modelle en boys de la forme dudict œuvre reduict à la meme proportion contenue auxdicts articles, pour estre ledict modelle dans la maison et hotel de ville dudict Bordeaulx et y avoir recours quand besoing sera, lequel sera tenu rendre dans deux moys prochain venans.

VINGT-HUITIEMEMENT

Et pour ce que monseigneur le marechal et mesdits sires les commissaires ont advisé de comettre un homme expert pour assister à la construction dudict œuvre, afin d'avoir esguard si les estoffes et materiaulx seront conformes auxdicts articles, ils y comettront tel qui leur plaira.

Faict et passé audict Bordeaulx, au logis de monseigneur le marechal, en la presence de mesdits seigneurs les commissaires, le deuxieme jour de mars mil cinq cent quatre-vingt-quatre.

Ainsi signé : MATIGNON, F. NESMOND, DE GOURGUES, MONTAIGNE, LOYS DE FOIX.

N° XIV
18 Mars 1584.

LETTRE du maréchal de Matignon au roi Henri III.

Bibliothèque de l'Institut: *Collection Godefroy*, vol. CCLX. *Archives historiques de la Gironde*, tome III, page 211. Communication faite par M. Tamizey de Larroque.

Sire,

Par la responce qu'avons eue du roy de Navarre par le retour de Praillon (31), que yavionz envoyé monsieur de Bellievre (32) et moy, il nous a donné toute assurance de partir de Pau dans le XVIII. de ce moys pour aler à Nérac y recevoir la Royne sa femme, à quoy le Roy (dit) qu'il ne differera plus, ayant esté satisfaict de tout ce qu'il desiroit de la sortie des garnisonz. Ledit de Praillon nous a rapporté aussy avoir entendu dudit roy de Navarre qu'après avoir esté à Nerac, il est resolu d'aller en Foix et jusques en Languedocq, sy Vostre Majesté l'a agreable, pour y apporter tout ce qu'il pourra pour la paix, et que, en attendant, il y envoye le sieur de Chatillon (33) pour cest effect. Sur le pretexte des lettres-patentes qu'a obtenues Maillac (34) pour faire convocquer les estatz de ce pais pour l'audition des comptes de deniers qu'il a maniez..., ils se sont assemblez à Moissac (35). Puisque par les commissaires ordonnez par Vostre Majesté pour la redifficalion de la tour de Cordouan, et moy, avoit esté ordonné au recepveur-general pour deslivrer dix mil escuz à maistre Loys de Foix, qui a entreprins l'œuvre, le trésorier des reparations est intervenu, qui c'est opposé, disant que cella depend de l'exercice de son office de manyer lesdits deniers; à quoy les maire et juratz de ceste dite ville estants opposés, nous avons ordonné et ordonnons audit tresorier general de fournir audict maistre Loys ladite somme, attendant qu'il playse à V. M. en ordonner. Il me semble qu'il n'est besoing que les debniers passent par tant de mains, et qu'il suffira, puisque c'est ung prix faict et par contract, que le recepveur general les paie audit maistre Loyz par quittances de luy endossées sur le contract, suppliant Dieu, Sire, qu'il donne à V. M. en très parfaicte santé, très longue et très heureuse vie.

Vostre très humble et très obeissant subject et serviteur.

MATIGNON.

A Bordeaux, ce XVIII. mars 1584.

Nº XV

30 Avril 1585.

LETTRE du maréchal de Matignon au roi Henri III.

Bibliothèque nationale. Manuscrits : *Fonds français*, vol. 15569, p. 177. Copie du temps. Traduction d'une lettre chiffrée, qui est à la page 173. Communication faite par M. Tamizey de Larroque.

Sire, il avoit pleu à Vostre Majesté m'escripre qu'elle envoieroit ung commandement aux tresoriers de France en ceste generallité pour faire delivrer l'argent qu'il seroit necessaire emploier de deça pour vostre service et la conservation de ceste province, là ou je recongnois de jour à aultre que les affaires se brouillent beaucoup dadvantage que je n'esperois, et je n'y puis remedier que avec de la despense, à quoy je doubte que les

N° XV

deniers de ceste generalité me pourroient suffire parce qu'ilz ne s'y levent point en la pluspart des recettes comme m'a faict entendre l'auditeur Coisnard (36), estans ceulx de Brouage (37), Royan (38), Blaye (39) et Bourg (40) maistres de ceste rivière, s'il n'y est promptement pourveu. Ilz commancent desjà avec les pataches et gallions qu'ilz ont armés à y faire des courses et suis contrainct d'en faire armer pour la conservation des marchands qui trafficquent en ceste riviere, les pillent et rançonnent. J'avois envoié à Cordouan ung jurat de ceste ville avec des expers pour visiter l'œuvre que maistre Loys a entreprins, comme ils retournoient et ledict maistre Loys, ceulx de Bourg les ont prins prisonniers et les detiennent à présent (41). Lanssac (42) a fait mener les principaulx catholiques de Bourg à Royan. Il en tire ce qu'il peult. S'il y avoit moyen et qu'il pleust à Vostre Majesté de faire venir les deux gallions qui sont à Nantes en ceste riviere, ce seroit le moyen de l'asseurer. J'envoye ordinairement vers le roy de Navarre pour tousjours le solliciter qu'il ne face lever ny assembler aucunes forces. Il m'a mandé qu'il ne le fera sans l'exprez commandement de Vostre Majesté, mais ceulx qui sont les plus proches de luy ne sont en ceste opinion. Ils font fortifier Bergerac (43), dont tout le peuple des environs se plainct à moy pour les violences dont ils usent pour les y faire aller travailler, et ont resolu de faire le semblable en austres villes qu'ilz tiennent, mesmes Favas (44) faict fort travailler à sa maison dont tous les gens de bien s'en scandalizent. J'en ay adverty aussi le roy de Navarre, et comme s'il n'y pourvoit les catholiques s'esleveront, mesmes que dans les villes ilz courrent sus à ceulx de sa religion. Tout ce que je y puis faire c'est d'y tenir la main si ferme à les contenir que je crains m'en rendre suspect, avec les bruictz et placartz que font courir ceulx qui sont mal affectionnez au bien de vostre service, que je veulx faire entrer le roy de Navarre en ceste ville par le chasteau Trompette (45), qui sont ceulx qui ont autrefois manié et cuidé perdre ceste ville par le moyen de la confrairie qu'ilz avoient mise sus. Il y en a eu des principaulx qui ont esté si impudens me dire que pour contanter ce peuple je debvois faire murer la porte du chasteau Trompette qui est hors la ville. Je leur ay faict trop rude responce pour tascher à congnoistre qui sont les principaulx autheurs de ce desseing, qui n'est que pour mectre ceste dicte ville

N° XV du tout hors de vostre obeyssance. Auparavant que me saisir du chasteau Trompette, j'avois mandé les trois compagnies du regiment du sieur d'Oraison(46) que j'ay faict loger près de ceste ville, où je les tiendray jusques à ce que je voys que les choses y soient plus asseurées qu'elles ne sont. Le sieur de Gourgues (47) vous y sert très fidellement. Je supplie très humblement Vostre Majesté luy en escrire une bonne lettre, mesmes à l'archevesque (48), presidens voz advocatz et procureur, maire et juratz. Les principaulx doubtent fort les remuemens qui s'y preparent chez ce peuple, pour les exemples qu'ilz en ont veu par le passé, mais j'espère si bien faire chastier le premier qui y mectra la main, que les autres craindront d'attenter rien contre vostre auctorité. J'ay presentement veu des lettres que le roy de Navarre a escriptes à des gentilzhommes pour envoier ceulx de leurs paroisses travailler à la fortiffication de Bergerac et mande que c'est par l'exprez commandement de Vostre Majesté ce qu'il en fait.

A Bordeaux, ce dernier jour d'avril 1585.

PASSAGE NON CHIFFRÉ DE LA LETTRE ORIGINALE.

Je suis fort pressé des sieurs de Fontenilles (49), Sainct-Orens (50), Bajourdan (51) et Barranault (52) pour le paiement du second quartier de leur compaignie, dont il avoit pleu à Vostre Majesté me commander les asseurer qu'ilz en seront payez après avoir tenu garnison ung mois ou six sepmaines, comme ilz ont faict aussy des aultres capitaines d'hommes d'armes de ce pays qui desirent faire monstre comme ont faict les aultres. Il plaira à Vostre Majesté me commander ce que je leur en doibs respondre. J'espere que ceulx qui tiennent maistre Loys de Foix le mettront en liberté, voyant l'œuvre qu'il a entreprins estre sy important pour tout le public et qui demeuroit du tout et la grande despense qui s'y est faicte jusques icy perdue, sy l'on failloit à continuer de travailler, ce qui ne se peult sans sa presence. Je sollicite tant qu'il m'est possible sa delivrance, mesme pour l'envoier à Bayonne pour ce qui est besoing de faire.

LETTRE présumée de Louis de Foix.

N° XVI
30 Avril 1585.

Archives municipales de Bordeaux. Communication faite à la *Revue de Gascogne*, tome IX, pages 494 et 495, par M. Tamizey de Larroque.

Monseigneur, encores que par la suffisance et fidelité du porteur vous ayez moyen d'entandre au vrai l'estat de la tour de Cordoan et que l'interest particulier que y prenez puisse estre supply par le rapport des trois experts signé d'eulx et dont ils vous pourront fere récit de bouche, si est-ce que j'ai cuidé estre de mon debvoir de vous certiffier par ceste mienne lettre (puisque je ne le puis fere en présence à cause de l'emprisonnement de ma personne procurée par Masparrault ([53]), exécutée, comme il dict, de volunté du sieur de Lanssac ([54]) que le contenu au rapport que je vous ay envoyé est en tous ses poincts certain et véritable, auquel j'adjousterai, pour ainssin l'avoir veu à l'œilh, cogneu et entendu, deux choses : l'une que l'ouvrage dudict porteur apporte et apportera à ceulx qui les veoyent en l'estat qu'il est une grande et notable admiration singulierement parce qu'il semble qu'il y ait ung grand combat entre l'esprit, invention et fabrication de l'homme et nature, et que l'homme l'ayt surmontée; l'autre que je croy et demeure persuadé que ce n'est pas l'homme qui y a mis la main et qui a obtenu ceste victoire, mais que c'est Dieu par beaucoup de raisons et entre autres pour une que j'ay remarquée qui a esté en ce qu'estant deux cens et tant d'hommes qui travaillent audict ouvrage, les tous de diverses humeurs, nations et vacations, je puys tesmoigner parce qu'il est vray qu'il est impossible de veoyr une obeissance plus grande, ung silence et taciturnité, une assiduyté de travailh plus volontaire et de cueur, abstinence de renyements et blasphemes et autres choses semblables dont coustumierement les artisans font bon marché, toutes lesquelles choses me font juger que Dieu y duict et met la main à ce phare ou phanal, tant intéressant et important à toutes les nations du monde qui y ait et pour le salut et conservation de leurs biens et navires, non-seulement pour la route du pays de Guyenne, mais pour venir rechercher par le moyen de la guyde dudict phanal, se

N° XVI remestre aux costes d'Espaigne et autres routes. C'est ce que j'avoy à vous dire et représenter de bouche, mais ne le pouvant faire à cause de l'emprisonnement sur dessus je vous supplie très humblement, Monseigneur, que puisqu'il est ainssy et pour faire service au Roy et vostre commandement et par la nécessité de ma charge, j'ay esté prins et suys detenu prisonnier par ceulx qui par raison et justice me debvroient asseurer en ma liberté, il vous plaise pourveoir à ce que je sorte de ceste ennuyeuse et injuste prison, en quoy faisant vous fairez chose digne de vostre grandeur et augmenterez la volunté à tous les bons serviteurs du Roy de tousjours bien faire et d'hazarder tout pour le service que nous debvons naturellement à Sa Majesté, sur l'assurance que nous prandrons de n'estre laissez et abandonnez en tel inconveniant et necessité que la mienne par vous, Monseigneur, et vos semblables qui avez toute puissance et commandement. Donques je supplie très humblement vostre grandeur m'excuser si pour le présent estre ma nature amye de laconisme, j'ay faict ceste cy trop longue, et imputez cela tant au singulier désir que j'avoy de vous faire entandre l'estat de la tour de Courdouan estre tel qu'il ne reste qu'à fonder sur ung des plus beaulx fondements qu'il est possible de veoir, que pour l'affection que j'ai aussy d'estre mis en liberté et hors des mains et garde de trois ou quatre grands suysses et autres soldatz arquebusiers qui nous ont suivy et observé jusques icy comme si nous estions des voleurs meurdriers, assassins et guetteurs de pas.

Monseigneur, je supplie de toute ma dévotion et volunté le Créateur vous donner en très bonne santé longue et heureuse vie.

De Bourg, ce dernier d'apvril 1585.

REQUÊTE présentée par Louis de Foix, afin d'avoir des commissaires pour visiter l'œuvre par lui faite à la tour de Cordouan.

N° XVII
25 Septembre 1591.

Archives départementales de la Gironde, s. B. Parlement de Bordeaux. Communication faite aux *Archives historiques de la Gironde*, t. XXIII, par M. Roborel de Climens.

Veu par la Cour la requeste luy à elle présantée par Loys de Foix, valet de chambre et ingénier du Roy, entrepreneur de la nouvelle édification de la tour de Cordoan, tendant afin d'ordonner que les commissaires députés par ledict sieur pour visiter ladicte œuvre se transportent dans brief délay audict lieu de Cordoan pour faire la visite, estimation et évaluation, suyvant l'arrest du Conseilh privé du Roy, afin d'éviter plus grandes ruynes, qui pourroient cy-après advenir audict œuvre; copie d'arrest donné au conseilh privé dudit sieur, du neufiesme de juillet mil v^{c}. quatre-vingt-huict; conpie de lettres patentes dudict jour; aultre copie de requeste présentée aux maire et juratz de Bourdeaulx par ledict de Foix, du vingt-neufiesme may dernier; aultre copie de requeste; arrest du vingt-sixiesme avril dernier; requeste presentée au Roy par ledict de Foix du second d'aoust dernier avec les lettres-patentes dudict jour par lesquelles ont mandé au sieur Matignon, mareschal de France, intendant de ladicte œuvre, attendue ses occupations qu'il peult avoir et ne pouvant aller audict lieu de Cordoan, il ait à députer quelcun en son lieu et place; et après avoir oys sur ce les maire et juratz de la présante ville, qui ont dict estre malaisé et quasi impossible d'assembler tous les commissaires que le Roy a commis et député pour veoir et visiter ladicte œuvre de Cordoan, le nombre desquels par nécessité estoit besoing de supplier ledict seigneur vouloir retrancher et mesmes en ce temps ou la pluspart d'iceulx commissaires estoient absens de la présante ville et occupés à aultres affaires concernant le service du Roy, supplians ladicte cour en vouloir sur ce faire remonstrances audict seigneur, attendu mesmement la distance dudict lieu de Cordoan, qui est de trois journées de ceste dicte ville; requerons au surplus estre enjoinct audict de Foix de mettre par devers eulx les modèles qu'il a faict de ladicte œuvre de Cordoan.

Ladicte Cour, attendeu la remonstrance desdicts maire et juratz et les difficultés de faire acheminer si grand nombre d'intendans et commissaires pour faire la visite de ladicte œuvre de Cordoan distant trois journées de la presante ville et l'occupation de plusieurs desdicts intendans et commissaires important grandement au service du Roy et conservation de ladicte ville, ordonne que ledict de Foix se retirera devers ledict seigneur pour lui en faire remonstrances et luy estre pourveu selon son bon plaisir, et en oultre faisant droict sur le requisitoire desdits maire et juratz, ordonne ladicte cour qu'iceluy de Foix remettra dans trois jours devers eulx les modèles qu'il a faicts de ladicte œuvre de Cordoan.

DAFFIS [55], DE RAEMOUND [56].

N° XVIII

4 Mars 1592.

COMPTES des trésoriers généraux.

Archives départementales de la Gironde, c. 3886, f° 190, v°. Communiqué par M. Alexandre Gouget.

Composition de la Commission chargée de recevoir les travaux de la tour de Cordouan, exécutés par l'ingénieur Loys de Foix :

Loys Baradier, maître des réparations pour le Roy en Guyenne;

Pierre Ardoyn, maître des œuvres;

Étienne Arnaud, maître maçon;

Jacques Guillemain, maître architecte;

Loys Cothereau, maître maçon;

François Gabriel, maître voyeur en la duché d'Alençon.

Par ordonnance rendue le 15 février 1592 par Nesmond et Geneste, trésorier général de France en Guyenne, il fut accordé une somme de *65 escus* aux suppliants pour leurs salaires, journées et vacations pendant 10 jours employés à la visite et estimation de ladite œuvre à raison de « 1 escu 1/2 pour Baradier et pour les autres 1 escu par jour ».

LETTRES-PATENTES ordonnant qu'une somme de 50,000 écus sera payée à Louis de Foix, pour l'achèvement de la tour de Cordouan.

N° XIX
8 Novembre 1594.

Archives historiques de la Gironde, vol. XXIII. Communiqué par M. Communay.

Henry, par la grace de Dieu, roy de France et de Navarre, à nos amés et feaulz conseillers, les presidens et tresoriers generaulx de France en la generalité de Guienne, establye à Bourdeaulx, salut.

Par arrest, donné en nostre Conseil le dixiesme jour de septembre mil cinq cens quatre-vingt-treize, nous aurions ordonné à Me Loys de Foix, nostre ingenieur ordinaire, la somme de trante-six mil escuz tant pour l'ouvraige jà faict en la construction de la tour de Cordouan que par les pertes et degatz advenuz par les guerres, domaiges et interestz, iceux voiages et recompenses dudit de Foix du passé, et qu'elle luy seroyt paiée oultre les sommes par luy receues, et pour ce qui reste affaire pour le parachevement de ladite œuvre, suivant le modèle arresté par les commissaires et intendans d'icelluy et mis en l'hostel de nostredite ville de Bourdeaulx, qu'il luy sera semblablement payé cinquante mil escus, lesdites sommes payables en trois années et les prendre et lever ainsy ou il estoyt indiqué par ledit arrest, à la charge que dans ledit temps ledit de Foix seroict tenu randre ladite œuvre entiere et parfaicte, ensemble la plate-forme de ladite tour, pour assurance de quoy en seroyt passé contract avec luy, ausquels dès lors nous en aurions faict despecher les provisions que l'affaire requeroyt, pour, par vous, proceder aux impositions pour ce ordonnées, et après ledit contract auroyt esté passé en nostredit conseil, mesmes est approuvé et rattifié par noz lettres du neufviesme juillet dernier, registrées en nostre chambre des comptes le vingtiesme dudit mois. Et sur les remonstrances naguieres à nous faictes par les maire, jurats et habitans de nostredicte ville de Bourdeaulx, Cadillac (57), Libourne (58) et autres villes de la seneschaussée de Guienne, par autre arrest du quinziesme d'octobre aussy dernier, le subside de Royan, ensemble le convoy estably audit Bourdeaulx ont esté par nous estainct et abolys et au lieu d'iceulx ordonnés ung nouveau subside sur

N° XIX les marchandises passans et desendans au havre dudit Bourdeaulx, et condroit de paier des premiers deniers qui en proviendront par Me Henry de Laussade [59], commis à la recepte d'icelluy, les sommes particulieres declarées audit arrest aux personnes y denommées entre autres audit de Foix celle portée par ledit contract passé avecq luy pour le parachèvement de ladite tour, lequel est cy attaché avecq ledit arrest du quinziesme d'octobre.

Pour ces causes, voulons, vous mandons et expressément enjoignons, conformément audit contract et arrest, tenir la main par le reglement ordonné par icelluy les sommes que nous entendons estre levées sur ledit nouveau subside soyt exécuté, observé et entretenu sans enfraindre et faire paier ledit de Foix par ledit de Laussade de la susdicte somme de trente-six mil escuz contenue en son contract à mesure que lesdicts deniers se leveront et que les paiements en soient faicts sur les quittances du recepveur-general en Guienne qui sera en exercice, lequel en comptera en vertu des quittances du tresorier des reparations dudit pais, lequel tresorier rapportera celles dudit de Foix en nostre chambre des comptes suivant l'arrest d'icelle du treiziesme apvril mil cinq cens quatre-vingt-neuf pour eviter le divertissement et affin que ladite œuvre ne soyt delaissée, à faulte d'en satisfaire et qu'il en advienne domaige au publicq, ledit paiement sera acelleré audit de Foix suivant nostre intention. A quoy faire et obeir vous ferés constraindre en cas de reffuz tous ceulx qui pour ce seront à constraindre par les voyes et constrainctes en tel cas accoustumé et comme pour nos deniers et affaires, nonobstant oppositions ou appellations pour lesquelles ne voulons estre differé et quelzconques mandementz, deffenses et lettres à ce contraires. Et rapportant par celluy ou ceulx de noz comptables à qui il pourra toucher les presentes ou vidimus d'icelles pour une fois et les quittances dudit de Foix; voullons ce qui luy aura esté paié et la cause susdite estre passé et alloué en la despance de leurs comptes et rabateu de leur recepte par nos amez et feaulz les gens de nos comptes à Paris, auxquels nous mandons et ordonnons ainsy le faire sans aulcune difficulté, car tel est nostre plaisir.

Donné à Saint-Germain [60], le huictiesme jour de novambre, l'an de grace mil cinq cens quatre-vingtz-quatorze et de nostre regne le sixiesme.

Par le Roy en son Conseil:

FORGET (61).

DÉLIBÉRATION des trésoriers-généraux en Guyenne, réduisant d'un tiers le compte présenté par Louis de Foix.

Nº XX
Avril 1595.

Archives historiques de la Gironde, vol. XXIII. Communiqué par M. Communay.

Les president et tresoriers-generaulx de France en Guienne : veu par nous les lettres-pattantes du Roy, données à Saint-Germain le huictieme jour de novembre mil cinq cens quatre-vingtz-quatorze, signées, par le Roy en son Conseil, Fourget, obtenues et à nous presentées par Me Loys de Foix, vallet de chambre et ingenieur du Roy, par lesquelles et pour les causes y contenues ledit seigneur veult, nous mande et expressément enjoingt conformément au contract faict avec ledit de Foix pour la construction de la tour de Cordouan, et arrest du quinziesme d'octobre dernier, tenir la main que le reglement ordonné par icelluy des sommes que S. M. entend estre levées sur le nouveau subcide estably en ceste ville, pour l'exécution de ceulx de Royan et du convoy, soit executé, observé et entretenu sans l'anfraindre et faire payer ledit de Foix par Me Henry de Laussade, commis à la recepte dudit subcide, de la somme de trente-six mil escus, contenue audict contract, à mesure que les deniers se leveront, et que les payemens en soyent faictz sur les quitances du receveur general en Guienne, qui sera en exercice, lequel en comptera en vertu des quitances du tresorier des reparations dudit pais, lequel tresorier rapportera celles dudit de Foix en la Chambre des comptes, suyvant l'arrest d'icelle du treizieme avril mil cinq cens quatre-vingtz-neuf, pour eviter le divertissement et affin que ladite œuvre ne soit dellaisée à faulte d'y satisffaire ou qu'il n'en advienne dommage au public, que ledit payement soit acceleré audict de Foix suivant l'intention de

N° XX

Sadite Majesté, et à ce faire contraindre tous ceulx, qui pour ce seront à contraindre par les voyes et contrainctes accostumées en tel cas, comme par ses deniers et affaires, nonobstant oppositions en appelations pour lesquelles ne veult estre differé, ainsi qu'ils contiennent lesdictes lettres; veu aussy les arrestz du Conseil de Sadite Majesté des dixieme septembre mil cinq cens quatre-vingtz-treize, et quinsiesme octobre mil cinq cens quatre-vingtz-quatorze; coppie du contract faict avec ledit de Foix du vingtiesme jour de juillet audit an mil cinq cens quatre-vingtz-quatorze, et lettres-patantes pour l'exécution d'icelluy, avec l'arrest de la chambre des comptes, signé de Lafontaine[62]; la requeste à nous presentée par ledit de Foix aux fins de la verification desdites lettres, et nostre ordonnance mise au pied d'icelle du quatrieme avril dernier, par laquelle est ordonné que lesdites lettres et pieces y mentionnées seroient monstrées et communiquées audit de Laussade pour y venir dire au prochain bureau ce que bon luy semblera; la remonstrance des maire et jurats dudit Bourdeaulx baillée par forme d'opposition à la verification desdites lettres, contenant que sy ledit de Foix se feust contenté de son premier modelle, ladicte besogne seroit jà parfaicte, icelluy de Foix satisffaict et la province soulagée; mais ayant changé son desseing après plusieurs visites faictes dudit ouvrage, le tout feust envoyé par le Roy aux sieurs commissaires depputés pour pourveoir au parachèvement de ladicte besoigne, lesquel sur les plaintes dudit de Foix et dommaiges et interetz par luy pretandus, tout examiné, fut arresté pour le parachevement dudit œuvre sellon le dernier modelle mis en l'hostel-de-ville, il seroit de rechef baillé audict de Foix vingt-cinq mil escus payables sur toute la province et quinze mil escus pour ses pertes dommages et interestz, sauf audit de Foix d'obtenir plus grande recompense de Sa Majesté pourveu que la province n'en fust chargée, dont fust par lesdits sieurs commissaires donné advis à Sadite Majesté, le sixiesme avril M. V. C. IIIIxx. douze, au prejudice duquel ledit de Foix ne pouvoit ledict nouveau contract sans les oyr comme y ayans le principal interest et se faire adjuger cinquante mil escus pour ledict parachèvement et trente mil escus pour ses dommaiges et interestz, comme excessive et très prejudiciable à tout le pais, n'estant possible qu'il puisse supporter une telle charge puisqu'il avoit esté adjugé par lesdits sieurs

N° XX

commissaires et par ledict maistre qui avoient veu ladite besogne que ladite somme de vingt-cinq mille escus estoit suffisante; au moyen de quoy ledit de Foix ne se peult ny doibt prevalloir de plus grande somme, estant ladite somme de cinquante mil escus seulle plus que suffisante, tant pour ledit parachevement que pour tous les dommaiges et interestz pretendus par ledit de Foix, qui sont dix mil escus plus qu'il ne luy avoit esté accordé; ne pouvant d'ailleurs ledict subcide estre surchargé pour les grandes sommes jà assignées sur icelluy, qui reviennent à près de trois cens mil escus, tant pour le remboursement des fermiers de Royan, du convoy Bourgeois de ladicte ville. S. de Caudelley, et gaiges de la court de parlement de Bourdeaux; pour lesquelles raisons ledit de Foix se doibt contenter de ladite somme de cinquante mil escus, offrant, ores qu'il y eut dix mille escus davantage qu'il n'est porté par ladite deliberation, d'en paier leur cotte part, empechant, ladicte besogne parachevée, que ledict de Foix ne puisse obtenir du Roy plus grande recompense pour ses pretendus dommages et interestz, pourveu que ce ne soit sur cette ville et province. Veu aussi ladite deliberation faicte au conseil, tenu au chasteau Trompette dudict Bourdeaux, en laquelle n'est accordé audit de Foix que la somme de vingt-cinq mil escus pour le parachevement de ladicte besogne, et quinze mil escus pour ses dommaiges et interestz, desquelles sommes ledit de Foix s'est contenté lors de ladite deliberation et accord et promis moyennant icelles de parachever ladicte tour.

Attendu que ledict de Foix s'est contenté desdictes sommes de vingt-cinq mille escus pour ledict parachèvement et quinze mille escus pour ses dommaiges et interestz et que lesdites lettres patentes du Roy du huitiesme jour d'octobre mil cinq cens quatre-vingt-treize nous est mandé imposer en trois années sur les seneschaussées d'Agennois, Condomois, Perigord, Les Lannes (63), Guienne et Bourdellois pour le mesme effect trente-trois mil trois cens trente trois escus et ung tiers, dont on a esté imposé les deux tiers en l'année derniere et la presente et l'autre tiers doit estre imposé en la prochaine; davantage que pour mesme occasion il a esté imposé quinze mil escus sur le pays de Xaintonge ne pouvans entrer en la veriffication desdictes lettres-pattantes,

Faict à Bourdeaulx, au bureau des finances en Guyenne le ___ jour d'apvril mil cinq cens quatre-vingt-quinze.

Signé : De Pontac (64), Causse (65) et de Gourgues (66).

N° XXI
16 Septembre 1595.

NOMINATION de Pierre de Brach et de Gratien d'Olyve, jurats de Bordeaux, pour aller visiter les travaux de la tour de Cordouan.

Archives municipales de Bordeaux. Communication faite à la *Revue de Gascogne,* tome IX, pages 537 et 538, par M. Tamizey de Larroque.

Le sabmedi seziesme jour de septembre 1595, sur la proposition faicte en jurade dans la maison commune de la ville de Bourdeaux qu'il estoit nécessaire, tant pour la charge et mandement exprès que monseigneur de Matignon, mareschal de France, avoit donné à son despart aux sieurs juratz de ladicte ville de députer l'un d'eux pour aller à la tour de Cordoan pour voir l'avancement de la structure de ladite tour, que eussy pour contenter le peuple en sa plaincte de la grande levée de deniers qui se fait et se continue de si longtemps sans intermission, bien que l'œuvre soit intermise, ont esté nommés et depputtez par lesdictz sieurs juratz Pierre de Brach, advocat en la cour de parlement de Bourdeaux, et Gracien d'Olyve, juratz de ladicte ville, pour se transporter au lieu de Cordoan et voir ce qui auroit esté basty à la tour nouvelle depuis la dernière visite; et le dimanche ensuivant, dix et septiesme dudict, nous Pierre de Brach (67) et Gracien d'Olyve (68), commissaires susdictz, estans pour cet effect partis de ladicte ville de Bourdeaux, serions arrivés mardy dix et neufviesme sur le bord d'un grand banc de sable porté et laissé par la mer despuis quelques années seulement, distant de ladicte tour de Cordoan d'envyron 2,000 pas, et estant désembarqués et ayant traversé le sable et rocher, serions arrivés à l'endroict où sont jettés les fondemens et eslevé le premier estage de ladicte nouvelle tour, ou se seroit présenté à nous un jeune homme auquel nous estant enquis de son nom et de son occupation audict lieu, il nous auroit dit avoir à nom Jean Baucher et qu'il conduisoit l'œuvre de ladicte tour en l'absence de maistre Loys de Foix, vallet de chambre et ingenieur ordinaire de Sa Majesté.

REQUÊTE de Louis de Foix, ingénieur, afin d'obtenir le paiement de la somme de 36,000 écus pour les travaux exécutés à la tour de Cordouan. Nº XXII

Archives municipales de Bordeaux. Communication faite à la *Revue de Gascogne*, tome IX, pages 541 et 542, par M. Tamizey de Larroque.

Supplie humblement Loys de Foix, vallet de chambre, ingénieur ordinaire du Roy et entrepreneur de la nouvelle edification de la tour de Cordoan, disant que sur la requeste qu'il nous auroict cy-devant présantée pour son paiement de la somme de trente-six mil escuz que Sa Majesté auroict ordonnée luy estre faict des deniers du convoy de ceste présente ville sur l'extinction du subside de Royan, vous auriez ordonné par vostre appointement du quatriesme jour de décembre mil cinq cens quatre-vingt-seize, signé de Pichon, que les pièces seroient communiquées à M. le procureur de la ville auquel auroict esté délivré par ledict de Foix l'estat des deniers qu'il auroict receuz puis son contract jusques à cejourd'huy, ce considéré et attandu l'importance de l'œuvre et le notable intérest que cestedicte ville a en icelle, et afin que ledict de Foix aye moyen de le parachever comme il en a la vollonté, il vous plaize que ledict paiement luy soict faict de ladicte somme de trente-six mille escuz des deniers de ladicte recepte et extinction suivant la vollonté de sadicte Majesté et ferez bien.

N° XXIII
6 Septembre 1599.

LETTRE de Louis de Foix au roi Henri IV, relative au paiement d'une somme de 36,000 écus à valoir sur les travaux de la tour de Cordouan.

Communication faite à la *Revue de Gascogne* par M. Tamizey de Larroque.

Sire,

Il a pleu à Vostre Majesté ordonner pour le parachevement de l'œuvre de la nouvelle edifficalion de Cordoan la somme de quatre-vingtz-six mille escus, par arrest donné en vostre conseil du dixiesme septembre mil cinq cens quatre-vingtz-treize et par contract sur ce passé lequel a esté du despuis ratifié par Vostre Majesté et faict registrer en vostre chambre des comptes à Paris avec toutes ses clauses et conditions mentionnées en icelluy, et que pour satisfaire aux payemens de ladicte somme de quatre-vingtz-six mil escuz il seroit imposé cinquante mille escuz sur les generalitez de Guienne et Limoges, et que pour le restant quy est trente-six mil escuz seroit mis sur la naviguation de vingt solz par tonneau entrant et sortant en la riviere de Guaronne, dont en fut expédié vos lettres pattantes par lesquelles Vostre Majesté a ordonné que lesdictes deux sommes seroient payables en trois années escheues à la fin de décembre mil cinq cens quatre-vingtz-seize, pendent lequel temps ladicte œuvre debvoit estre faicte et parfaicte suyvant ledict contract, et néanmoins il y a trois ans que les termes sont expirez quelque poursuitte que j'aye peu faire pour la levée desdicts trente-six mil escus n'ayant reussy à aucun effect qui est cause d'un si grand retardement qu'on ne peult achever ladite œuvre sans avoir les moyens convenables à la despense d'un si grand bastimant duquel le fondement seul, qui a esté basty au fons de la mer en lieu inaccessible, revient à la somme de soixante-quatre mil escuz, quy seroit un dommage inreparable au service de Vostre Majesté et bien public sy ladicte œuvre estoit habandonnée à faulte de payement d'aultant que la mer par son impettuositté rompera toutes les deffences et battardeaux comme elle faict et fera sy le tout n'estoit conjointement parachevé, et principallement la grande platte forme quy convient faire à l'entour du corps de la tour, quy n'est encorres fondée en la circonferance de soixante-dix-huit toises sur dix-huict piedz de large trente-six piedz de hault comprins les fondemens, quy ne sont encore commancez par la retardation des dictes sommes portées par mondict contract, dont l'œuvre treyne si longuement qu'y me revient à beaucoup de perte et grandz interetz que je paye aux creanciers à qui je dois, oultre l'entretennement de quatre-vingtz-dix hommes ouvriers, manœuvres et mariniers avec tous les navires et vaisseaux servant à ladicte œuvre à porter les estoffes et matieres que j'ay sur les bras pour esviter la perdition d'un tel ediffice sans avoir recouvert un sol d'aucune recepte puiz dix-huict mois en ici. Ce qu'ayant dernierement faict entendre avec tres humbles remonstrances à Vostre Majesté par lesquelles elle auroit ordonné par arrest en vostre Conseil du vingt-uniesme janvier dernier que ladicte somme de trente-six mil escus seroit payée sur le convoy de Bordeaux et afferme d'icelluy, ce qui auroit esté obmis, au moyen de quoy plaise à Vostre Majesté ordonner que suyvant mondict contract et arrest de vostre conseil du vingt-uniesme janvier dernier que je seray payé de ladicte somme de trente-six mil escuz, assavoir douze mil escuz sur le convoy de Bordeaux ou sur l'afferme des rivieres de Guaronne et Dordoigne et les vingt-quatre mil escuz restans sur les generallitez de Guienne et Limoges quy ont accoustumé de contribuer à ladite œuvre, payables aux quatre quartiers de l'année prochayne et qu'à ces fins toutes expéditions necessaires seront envoyées aux trésoriers généraulx desdicts lieux affin de continuer ladicte entreprinse suyvant vostre vouloir et intention du plus beau phanal de l'Europe quy sera à vostre louange et memoire perpetuelle, Dieu aydant, auquel je prie, Sire, qu'il vous maintiene tousiours en grande prosperitté heureuse et longue vie. N° XXIII

De Cordoan ce VI septembre 1599.

Vostre tres humble et tres obeyssant serviteur et subject,

LOYS DE FOIX.

N° XXIV

11 Avril 1602.

REQUÊTE de Louis de Foix, relative à la tour de Cordouan.

Archives départementales de la Gironde, série E. *Notaires*, n° 488, G. de Themer, notaire à Bordeaux. Communiqué et transcrit par M. Roborel de Climens.

Aujourd'huy unziesme du moys d'apvril mil six cens deulx, en presence de moy, notaire royal, a esté présent en sa personne noble messire Loys de Foix, vallet de chambre, ingénieur ordinaire du Roy et entrepreneur de la nouvelle éedification de la tour de Cordouan, lequel parlant à monsieur maistre Mathieu Martin, conseiller, notaire et secrétaire du Roy, maison et couronne de France, et contrerolleur en sa chancellerie de Bourdeaulx, luy a dict et remonstré que par contrat faict par le Roy avecq ledict sieur de Foix, il est dict, entre aultres choses, que tous les vivres nécessaires pour la nourriture des ouvriers qui travailheront audict Cordoan, que ledict sieur de Foix acheptera au Hault-Pays et ailleurs seront francz et exantz de contrebution. Et de tant que ledict sieur de Foix est prest achapter le nombre de soixante tonneaulx de vin dudict Hault-Pays pour la nourriture desditz ouvriers de Cordoan, pour lequel vin ledict sieur de Martin veult et entend prendre droict de contrebution comme fermier du Roy de la contablye et convoy dudict Bourdeaulx et ________ des rivière de Garonne et Dordoigne, comme de ce ledict seigneur de Foix est adverty et comme il est à présumer de tant que nonobstant l'ordonnance de messieurs les trésoriers généraulx de France, du second jour du moys de janvier dernier passé, par laquelle est dict que ledict vin passera sans rien prendre par lesdits fermiers et leurs commis, et le tout signifié audict sieur Martin et à icelluy bailhé coppie, ensemble des lettres-patentes du Roy, comme de ce appert par le procès verbal faict par Seguyn, sergent royal, ledict sieur Martin a déclaré audict sieur de Foix qu'il ne laissera aulcunement passer lesdicts vins sans payer les droictz du Roy, tant de Caumond (69), Languon (70) et de la présent ville pour l'entrée, bien qu'il ne doibve prendre aucun droict joulxte et suivant ledict contrat faict par Sa Majesté avecq ledict sieur de Foix et lettres-pattantes de sadicte Majesté et ordonnance desdits seigneurs trésoriers dont du tout ledict sieur de Martin a heu coppie;

PROCURATION PAR LOYS DE FOIX

A JEHAMS DE BELSAGUY

SON COMMIS

POUR ACHETER SOIXANTE TONNEAUX DE VIN, DESTINÉS AUX QUATRE-VINGT-DIX HOMMES QUI TRAVAILLENT A LA TOUR DE CORDOUAN.

Cet acte, passé par DE THEMER, notaire à Bordeaux, le 10 février 1600, porte les signatures de LOYS DE FOIX, de DE BELSAGUY et de BEUSCHER, ce dernier comme témoin.

(*Archives départementales de la Gironde,* série E. Notaires : De Themer, n° 488, liasse 28.)

[illegible]

[illegible]

Roy. Ennuprimier de Lomme de la [illegible]

de Cordoan et de son bergier et [illegible] Loys [illegible]

Jehanne de Belsagny son commis pour [illegible]

soixante tonneaulx de vin pour la nourriture de [illegible]

dix hommes qui travaillent [illegible]

vin sera commis royal et conduit affin quil ne le puisse [illegible]

aud. lieu de Cordoan par les challans [illegible]

prix desd. vins commune de ce quil vauldra [illegible]

Loys de Belsagny acheptera. dont il y passera [illegible]

dans le quatrie davril prochainement venant [illegible]

nom dud. de foix pour les sommes [illegible]

les soixante tonneaulx de vin aud. [illegible]

de foix a ypothecque et ypothecque tous [illegible]

promis de relever indempne led. de Belsagny [illegible]

contentera quil appartiendra a peine de tous [illegible]

et interestz y encourans par led. de Belsagny [illegible]

contenu cy dessus et non autrement. Promettant [illegible]

Loys de Belsagny dacheptes et de rendre lesd. soix[illegible]

de vin aud. lieu de Cordoan sauve passage [illegible]

rivieres de Garonne Dordoigne et Gironde [illegible]

par le Roy aud. lieu ausquels il [illegible]

de foix a peine aussi de tous despens dommages [illegible]

en payant par led. de foix les fraiz pour le port [illegible]

dud. vin. Promettant obligeant [illegible]

de febvrier lan mil cinq cens [illegible] presens [illegible]

architecte et de Jehan de [illegible] tesmoings [illegible]

signee par moy

(margin:) sauf et reserve les perilz et fortune de la mer et aultres inconveniens. Defoix

Loys de foix
constituant

Bouscher [illegible]

A ceste cause, ledict sieur de Foix a sommé et requis ledict sieur Martin de luy déclarer presentement : s'il veult et entend prendre aucun droict sur lesdicts soixante thonneaulx de vin, attendu l'exemption faicte et accordée par sadicte Majesté, et s'il entend l'empescher dudict passaige dudict Hault-Pays audict Cordouan, à cause que c'est pour la nourriture des ouvriers quy travailhent à ladicte œuvre; et somme aussy ledict sieur Martin de luy bailher presentement bilhette, ou lettres advenants à ses commis quy sont tant audict Caumond, à Languon et présent ville, pour laisser passer librement et franchissement lesdictz soixante thonneaulx de vin, sans les arrester aucunement, en luy bailhant, par ledict sieur de Foix, comme il est prest et offre luy bailher son certifficat, ensemble ordonnances desdictz seigneurs trésoriers; aultrement et ou ledict sieur Martin seroit reffuzant ou dillayant à ce faire, icelluy sieur de Foix a protesté et proteste contre luy et tous aultres qu'il appartiendra de tous despans, doumaiges et intérestz et de retardement de ladicte œuvre et aultrement se pourvoir ainsy qu'il verra estre affaire. N° XXIV

Lequel sieur Martin a faict response qu'il ne peult ny ne doibt laisser passer audict de Foix, ny aultre privilegé, aucun nombre de vin sans payer les droictz deubz au Roy pour raison desdites fermes, d'aultant que par le contraict que luy et ses associés en icelles ont faict avecq Sa Majesté, il est entre aultres choses porté : que toutes personnes indiffaramment privilegés et non privilegés, payeront ledict droict; sans laquelle clause expresse ledict sieur Martin et ses associés n'eussent donné vingt mille escus, pris desdictes fermes, et ce trouveroyt que [si] dez telz privileges avoyt lieu, que les droictz du Roy diminueroit de beaucoup.

Attant ledict sieur de Foix se pourvoyra ainsy qu'il verra estre affaire. Ledit sieur de Foix a percisté en sadicte sommation et protestations et du tout en a requis acte à moy dict notaire, pour luy servir en temps et lieu que de raison, que luy ay octroyé pour le deub de mon office.

Faict et passé audict Bourdeaulx, au domicile dudict sieur Martin, les jours et an susdictz, devant midy, ez présence de Joannes de Belsaguy, marchant, et Gaspin Tufereau, praticien, habitans audict Bourdeaulx, tesmoings à ce requis.

Signé : MARTIN, LOYS DE FOIX, J. DE BELSAGUY, TUFEREAU, présent; DE THENER, notaire royal.

N° XXV

7 Décembre 1606.

CONTRAT pour la perfection de l'œuvre de Cordouan.

Bibliothèque de Bordeaux. Manuscrits : *Mélanges sur Bordeaux*. Original en parchemin.

Comme dès le vingtiesme jour du mois de juillet mil cinq cent quatre-vingt-quatorze, feu Louys de Foix, ingénieur ordinaire du Roy, eust entreprins par contract faict entre nosseigneurs du Conseil d'Estat et des finances de Sa Majesté et ledict de Foix de faire et parfaire bien et deuhement au dire d'experts et gens à ce cognoissans les ouvrages pour le parachevement de la nouvelle édification de la tour de Cordoan et accroissement des diamètres en l'augmentation des œuvres, oultre le premier contract faict le deuxième de mars mil cinq cent quatre-vingt quatre selon le modelle de ce faict en pierres mis en l'hostel de ville de Bourdeaulx, et suyvant l'arrest de Sa Majesté donné en son conseil le dixiesme septembre quatre-vingt et trèze et tout ainsy que lesdits ouvrages sont déclairés par le contract sur ce faict ledict jour receu par Hilaire Tybault et François Berjon, notaires au Chastellet de Paris et ce pour le priz et somme et dans le temps et aux conditions contenues audict contract, l'exécution duquel ayant prins long traict et sans avoir esté effectué par ledict de Foix pour plusieurs empeschements et augmentations faictz audict œuvre par le moyen desquels il prétendoit estre dispensé de la continuation et parachévement d'icelle et sur ce seroit décédé ; et d'aultant que par le contract dudict jour vingtiesme juillet et par la clause expresse apposée en icelluy est porté qu'advenant le decèz dudict de Foix et que ladicte œuvre ne fut parfaicte et que les payements, qui debvoient estre faicts à icelluy de Foix ne fussent accomplis, en ce cas Pierre de

Foix, son fils, pourroit reprendre les arrementz de sondict père tant pour parachever le ledict œuvre que pour le recouvrement des sommes à luy deubes, en conséquence de laquelle clause apposée audict contract ledict de Foix fils se seroit entremis à continuer ledict œuvre et après l'ayant discontinué pour ne pouvoir estre payé, (ainsy qu'il disoit,) de plusieurs sommes de deniers qu'il prétendoit luy estre deubes et à sondict père, à cause desdites augmentations et ouvrages et sur ce s'estant pourveu au Conseil de Sa Majesté, après plusieurs visites faictes dudict œuvre tant par les sieurs commissaires que autres, seroit intervenu arrest dudict conseil par lequel sadicte Majesté auroit ordonné que le sieur de Chastillon (71), topographe de sadicte Majesté, se transporteroyt sur le lieu pour visiter ladicte œuvre, et par la visite auroyt esté recogneu que la discontinuation d'icelle avoyt beaucoup ruyné ce qui avoyt esté faict audict œuvre et ainsy qu'il estoyt necessaire d'y pourvoir promptement, sur quoy monseigneur le duc de Suilly (72), pair, grand maistre de l'artillerie et grand voyer de France, auroyt escript deux lestres missives des vingt-cinquiesme d'aoust et premier d'octobre derniers à messires Louys de Gentilz (73), conseiller du Roy en son Conseil d'Estat et président en la cour de Parlement de Bourdeaulx et Pierre de Prugne (74), aussy conseiller dudict seigneur en son Conseil d'Estat et trésorier général de France en Guienne, commissaires ordonnés par Sa Majesté pour l'intendance de l'œuvre de ladicte tour de Cordoan, de faire faire baillı au rabais de ce qui restoit à réparer et parachever dudict œuvre, en vertu desquelles lettres lesdicts sieurs commissaires auroient expédié leur ordonnance et faict proclamer à son de trompe et cry public par tous les lieux de ceste ville accoustumés à faire proclamations les réparations nécessaires estre faictes en ladicte tour de Cordoan, amplemant expecifiées et mentionnées aulx proclamats, estre à bailler au rabais et moings disant et dont délivrance seroit faicte par lesdits sieurs commissaires à ceulx qui feront la condition de Sa Majesté meilleure et plus advantageuse. Et sur ce auroyt esté tellement procédé que François Beuscher (75), architecte et maistre des œuvres, réparations et fortiffications de Sa Majesté en Guienne, auroit offert entreprendre de faire lesdictes réparations, ensemble la plate-forme de ladicte tour dans deux ans, moienant la somme de quatre-vingt-ung mil livres aux N° XXV

N° XXV conditions portées par lesdictes proclamations qui est le moindre prix et offres plus advantageuses pour Sa Majesté, ne s'estant présanté aulcung pour faire la condition meilleure. Lesdicts sieurs commissaires auroient reçu l'offre dudit Beuscher, et icelluy renvoyé par devers ledict seigneur duc de Suilly pour luy pourvoir à la délivrance, selon son bon plaisir et autrement ainsy que plus à plain est contenu par le procès-verbal desdits sieurs commissaires, qui sera incéré cy-après, au pied de ces présantes, lequel ils auroient envoié à mondict seigneur duc qui leur auroit rescript et envoyé une autre lettre missive du second de novembre dernier contenant pouvoir auxdicts sieurs de faire adjudication audict Beuscher de l'ouvrage des réparations et de la plate-forme nécessaire à ladicte tour de Cordoan.

Pour ce est-il qu'aujourd'huy, datte de ces présantes, par devant nous Jan Bernage et Guillaume de Themer, notaires et tabellions royaulx en la ville et citté de Bourdeaulx et séneschaussée de Guienne, présants les tesmoingts soubs nommés, a esté présant en sa personne ledict Beuscher lequel de son bon gré a promis et promet, par ces présantes, au Roy, nostre Sire, lesdicts sieurs président de Gentilz et de Prugne, commissaires susdicts, stippullans et acceptans pour Sa Majesté. Savoir, est de faire réparer et parachever ce qui reste à faire et réparer en ladicte tour de Cordoan, suyvant et ainsy qu'il est cy-après déclasré et aulx charges et conditions contenues par les proclamations, qui en ont esté faictes et publiées en la présante ville.

Premièrement, reparer bien et deuhement les deffenses qui sont nécessaires à faire pour bastir et construire la plate-forme, qui doit ceindre et environner le pied de ladicte tour, et ou celles qui sont jà faictes ne seroient suffizantes les remettre et réparer si à propos et en tel estat qu'elles soient capables et suffizantes pour le parachèvement de ladicte œuvre, icelles entretenir aulx despans dudict Beuscher pendant le temps que la besoigne cy-après déclarée durera à estre faicte, laquelle platte-forme ledict Beuscher sera tenu de bastir, construire et édiffier suyvant ledict modelle de pierre, qui est en l'hostel de ceste ville et ledict contract faict avecq ledict feu Louys de Foix ledict jour dix-huictiesme du mois de juing mil cinq cent quatre-vingts-quatorze receu par lesdits

Tybault et Berjon, notaires du Roy au Chastellet de Paris, lesquels, modelle et contract, ledict Beuscher a dict avoir veu, leu et bien entendu et ce faisant fera caver le fondement, dans le rocher de la mer, de quinze pieds de largeur et trois pieds de profondeur en la circonférance de trois cens quatre-vingts-dix pieds et faire les baptages nécessaires pour tirer les eaulx dudict fondement affin de le bien pozer et massonner, lequel fondement sera faict avec de bonnes grandes pierres de taille par le devant, de trois à quatre pieds de longueur, avec boutils et contre boutils en liaison sur lequel fondement sera esligy le corps de ladicte platte-forme en thalus ayant la circonférance trois cens quatre-vingts-dix pieds par le bas d'icelluy, lequel thalus sera basty et construict de pierres de taille de Royan ayant chescune trois ou quatre pieds de longueur et quinze à seze poulces de haulteur avec les liaisons en boutils sur la haulteur de dix-huict pieds, puis le dessus et superficie du fondement jusqu'au dessus du cordon, qui sera l'achesvement dudict thalus, qui aura neuf pieds de pante en ladicte haulteur, sur lequel cordon sera assis et édiffié ung parepet de six pieds d'épaisseur et aultres six pieds de haulteur, le tout de pierres de taille dehors et dedans avecq quatre guarites pour flanquer ladicte platte-forme, suyvant et conformément auxdicts modelle et contract. Et générallement ledict Beuscher sera tenu faire, parfaire et réparer ledict œuvre en tel estat qu'il n'y reste plus rien à faire et que le tout soit si bien faict et si à propos qu'il n'en puisse arriver aulcung inconvéniant à l'advenir, y employant et fournissant toutes les matières nécessaires si à propos, selon le lieu ou ladicte œuvre est située qu'elle puisse estre de perpétuelle durée; pour l'effect de laquelle ledict Beuscher sera tenu fournir toutes estoffes, matériaulx, ustancilles, outilz et bapteaulx nécessaires, le tout suyvant ledict contract cy-devant faict avecq ledict de Foix, et pourra ledict Beuscher se servir et ayder des logements, qui sont de présant et autres matériaulx, qui se trouveront sur les lieux, ensemble des outilz et ustancilles, sans que pour ce luy puisse estre faict ou donne aulcung empeschement, et rendre ledict œuvre bien et deuhement faicte et parfaite dans deux ans prochain venant, à commencer du jour du premier payement, qui lui sera faict, et ce le tout moyennant ladicte somme de quatre-vingt-ung mil livres tournoyses, savoir : vingt-six mil N° XXV

N° XXV livres pour lesdictes deffences et cinquante-cinq mil livres pour ladicte platte-forme, de laquelle somme de quatre-vingts-ung mil livres, en sera payé comptant audict Beuscher la quarte partie pour le premier quartier par Mᵉ Louys Arnault, conseiller notaire et secrétaire du Roy, commis par Sa Majesté à la recepte et despanse des deniers ordonnés pour les reparations et œuvres publicqs; ponts et chemins de ce royaulme ou par maistre Antoyne Fumoze, son commis en Guienne, suyvant les ordonnances, qui en seront expédiées par lesdicts sieurs commissaires, et sera ledict payement continué audict Beuscher par esgalles portions de temps en temps et à mesure que la besoigne de ladicte œuvre s'advancera et suivant et ainsy qu'il sera ordonné par lesdits sieurs commissaires après visite par eulx, l'ung d'eulx ou aultre qu'ils subdélégueront faicte en présance des maistres experts à ce cognoissant, selon qu'il sera advisé par lesdicts sieurs commissaires, et avant que ledict Beuscher puisse recepvoir la quarte partie dudict prix sera tenu de bailler bonnes et suffizantes cautions de ladicte somme par devant le juge royal de Brouage ou son lieutenant, que lesdicts sieurs commissaires ont commis pour la récepvoir en présance du procureur de sadicte Majesté audict lieu et dont icelluy, Beuscher, sera tenu fournir d'acte audict Arnault ou audict Fumose, son commis, aussi a esté convenu et accordé que tous les vivres, ustancilles et matériaulx que ledict Beuscher fera porter pour les susdictes réparations et platte-forme et pour la nourriture et entretenement des ouvriers seront exempts et affranchis du payement de tous droicts et impositions mis ou à mettre sus pour Sa Majesté en quelque endroit que puisse estre pendant lesdicts deux ans qu'il employera à faire la susdite besoigne, laquelle estant bien et deuhement parachevée, tous les ustancilles, artifices, bapteaux, chevaulx, attellages, ensemble la despouille de toutes les loges, magasins et molins que ledict Beuscher aura faict faire lui appartiendront et demeureront propres, le tout soubz le bon plaisir de Sa Majesté et de nosseigneurs de son conseil; et à ces fins et pour la fermetté et vallité de ces presentes, Sa Majesté sera très humblement suppliée agréer et approuver le contenu cy-dessus dans six sepmaines et à cest effect commander que toutes lettres-pattentes seront expédiées affin que ledict Beuscher puisse commencer à travailler audict œuvre et faire les préparatifs nécessaires, lequel Beuscher, pour l'entreténement de ces présantes en a obligé et oblige sa personne et tous et chascungs ses biens, meubles et immeubles présans et advenir comme pour les propres affaires de Sa Majesté qu'il a soubsmis à toutes juridictions et rigueurs de justice, mesme sa propre personne, à tenir prison et ainsy l'a promis et juré aulx saincts evangilles Nostre Seigneur tenir et accomplir. Ce fut faict et passé en la ville et citté de Bourdeaulx dans la maison dudict sieur président le jeudy, après midy, septiesme du mois de décembre mil six cents et six, ez présence de maistre Gaillard Robert, recepveur et payeur des gages de messieurs les Juges présidiaulx, et Jan Tymel, clerc, suyvant les finances, tesmoings à ce requis. N° XXV

Ainsy signés à la cède : Gentilz ; de Prugue ; Beuscher ; Robert, présant ; Tymel, présant.

S'ensuyt la teneur du procès-verbal desdits sieurs commissaires contenant lesdictes proclamations :

L'an mil six cent six et le dix-septiesme jour du mois d'octobre, nous, Louys de Gentilz, conseiller du Roy en son Conseil d'Estat et president en la cour de parlement de Bourdeaulx et Pierre de Prugne, aussy conseiller dudict seigneur en son Conseil d'Estat et tresorier-general de France en Guienne, commissaires ordonnés par Sa Majesté pour l'intendance de l'œuvre de la tour de Cordoan, estant en la ville de Bourdeaulx aurions receu lettre de monseigneur le duc de Sully, pair, grand maistre de l'artillerie et grand voyer de France, par laquelle il nous auroyt mandé avoir envoié en ce pais le sieur de Chastillon, topographe de Sa Majesté, pour visiter la tour de Cordoan et affin aussy qu'il assistat aux marchés que nous ferions des reparations quy y sont nécessaires, ainsy que le contient plus au long ladicte lettre, dattée à Paris le vingt-cinquiesme d'aoust dernier et d'autant que auparavant la reception de ladicte lettre ledict sieur de Chastillon seroit parti de ceste ville pour s'en retourner treuver ledict sieur duc après touteffois avoir visité l'estat dudict œuvre, occasion de quoy nous aurions differé faire proclamer au rabais le bail desdictes reparations. Depuis ayant reçu autre lettre dudict sieur duc par laquelle il nous mande de faire adjuger ledict travail à celluy que nous

N° XXV recognoistrons sur les lieux le plus capable de l'achever, suyvant le dessain dudict sieur de Chastillon, ladicte lettre dattée à Saint-Amand le premier du présant mois, signée de la main dudict seigneur duc, suyvant laquelle dès le sixiesme du courant nous aurions expedié ordonnance, affin de faire proclamer à son de trompe et cry public par tous les lieux de ceste ville, accoustumés à faire proclamations les réparations necessaires estre faictes en ladicte tour de Cordoan estre à bailler au rabais et moings disant, dont delivrance seroit par nous faicte à ceulx qui feroient la condition de Sa Majesté, meilleure et plus advantageuse le tout soubz le bon plaisir dudict seigneur duc, à la charge de faire icelles reparations, selon le dessain dudict sieur de Chastillon et aulx conditions portées par ledict proclamat duquel la teneur s'ensuyt.

De par le Roy et messieurs les commissaires ordonnés par Sa Majesté pour l'intendance de l'œuvre de la tour de Cordoan :

Il est faict assavoir à toutes personnes de quelque estat et quallité qu'elles soient, que Sa Majesté veult et entend faire reparer et parachever promptement ce qui reste à faire et reparer en ladicte tour de Cordoan suyvant et ainsy qu'il sera cy après declairé et aux charges et conditions y contenues. Premierement, de reparer bien et deuhement les deffenses qui sont necessaires à faire pour bastir et construire la plate-forme, qui doibt ceindre et environner le pied de ladicte tour et ou celles jà faictes ne seraient suffizantes les remettre et reparer si à propos et en tel estat qu'elles soient capables et suffizantes pour le parachevement d'icelle œuvre, icelles entretenir aulx despens de l'entrepreneur, tout aultant de temps que la besongne cy-après declairée durera et pour bastir ladicte platte forme, suivant le modelle qui est en l'hostel de ceste ville et le contract cy devant faict avecq feu maistre Louys de Foix est necessaire caver le fondement dans le rocher de la mer de quinze pieds de largeur et trois pieds de profondeur en la circonferance de trois cens quatre-vingts-dix pieds et faire les bapstages necessaires pour tirer les eaulx dudict fondement affin de le bien poser et massonner, lequel fondement sera faict avecq de bonnes grandes pierres de taille par le devant de trois à quatre pieds de longueur avecq boutils et contre boutils en liaison sur lequel fondement sera esligy le corps de ladicte platte-forme en thalus

N° XXV

ayant ladicte circonferance trois cens quatre-vingts-dix pieds par le bas d'icelluy, lequel thalus sera basty et construict de pierres de taille de Royan, ayant chascune trois ou quatre pieds de longueur et quinze à seze poulces de haulteur avecq les liaisons en boutils, sur la haulteur de dix-huit pieds, puis le dessus et superficie du fondement jusqu'au dessus du cordon, qui sera l'achevement dudict thalus, qui aura neuf pieds de pante en ladicte haulteur sur lequel cordon sera assis et edifflé ung parepet de six pieds d'espoisseur et autres six pieds de haulteur, le tout de pierres de taille dehors et dedans avecq quatre guarites pour flanquer ladicte platte-forme, suivant et conformement ledict modelle et contract et generallement faire, parfaire et reparer ladicte œuvre en tel estat qu'il n'y reste plus rien à faire et que le tout soit si bien faict et si à propos qu'il n'en puisse arriver aulcung inconvenient à l'advenir, y employant et fournissant toutes les mattieres necessaires si à propos selon le lieu ou ledict œuvre est scitué qu'elle puisse estre de perpetuelle durée. Pour l'effect de laquelle conviendra par l'entrepreneur fournir toutes estoffes, materiaux, ustancilles, outils et bapteaux necessaires, le tout suyvant le contract cy devant faict avecq ledict de Foix, à la charge que ledict entrepreneur se pourra servir et ayder des logements qui sont de presant et autres materiaux qui se treuveront sur les lieux, aussy à la charge et conditions que le prix, qui sera accordé pour lesdictes reparations et œuvre et les rendre, selon que dict est, faictes et parfaictes, sera paye assavoir la quatriesme partie d'icelluy par advance au commencement de ladicte besoigne et les autres trois quatriesmes parties, de quartier en quartier, à mesure et proportion que ladicte besoigne se fera, de l'estat de laquelle sera faict visite par l'ung de nous en presance du maistre des œuvres reparations et fortiffications de Guienne et autres maistres experts à ce cognoissans, selon qu'il sera par nous advisé. A la charge aussy que ledict entrepreneur sera tenu bailler bonnes et suffizantes cautions par devant nous ou tel juge qui sera par nous commis tant pour la seuretté et restitutions de ladicte advance, si le cas y eschoit que pour la perfection desdictes reparations et platte-forme, suyvant laquelle ordonnance les proclamations desdictes reparations et platte-forme, ainsy qu'elles sont designées auroient esté faictes et affichées par tous les lieux accoustumés à faire proclamations dès le huictiesme et dixiesme jour du present mois par Métivier, huissier

Nº XXV des finances en Guienne, lequel auroit assigné toutes personnes qui voudroient entendre à faire lesdictes reparations et platte-forme à estre et se trouver devant nous au logis de l'ung de nous depuis ledict jour jusques aujourd'huy, durant lesquels seroient receus toutes offres et sur icelles faict bailh et delivrance au rabais et moings disant à ceux qui feroient la condition de Sa Majesté meilleure et plus advantageuse le tout soubz le bon plaisir dudict seigneur le duc de Sully et sur ce, s'estant presantés devant nous à diverses fois et à divers jours plusieurs personnes, aurions en leur presance faict lire, proclamer et publier lesdictes reparations et platte-forme estre à bailler au rabais et moings disant, comme dict est pour estre faictes et parfaictes dans le plus brief terme que faire se pourra et après les avoir souvent interpellés d'entreprendre lesdictes reparations et platte-forme et de faire des encheres sur icelles separement ou conjoinctement ainsy que bon leur semblera, sur quoy Claude Maillet, juré maistre masson de la presante ville auroit offert d'entreprendre lesdictes reparations necessaires estre faictes pour bastir et construire ladicte platte-forme en l'estat qu'elles sont cy dessus expeciffiées et de les rendre bien et deuhement faictes et parfaictes dans trois ans pour et moienant le prix et somme de quarante mil livres et pour ladicte platte-forme auroyt aussy offert de l'entreprendre et de la remettre bien et deuhement faicte et parfaicte, aussy dans trois ans, et de fournir pour cest effect les estoffes et materiaulx, ustancilles et outils necessaires pour et moienant le prix et somme de cent mil livres, le tout aux charges et conditions cy devant declairées et aussy que pour les vivres, ustancilles et materiaux qu'il pourra faire venir et porter de quelque lieu que puisse estre soit par eau ou par terre pour lesdictes reparations et construction de ladite platteforme et pour la nourriture et entretennement des ouvriers qui travailleront à icelles durant lesdictes trois années seront exempts de payement de tous droits et impositions mis ou à mettre sus par Sa Majesté en quelque lieu et endroict que se puisse estre de son royaulme, pais, terres et seigneuries de son obeissance, attendu que cest œuvre regarde le service du à Sa Majesté et le bien publicq et nous ayant treuvé lesdictes offres trop excessives et peu advantageuses pour le service de Sadicte Majesté, nous les aurions de reschef faictes proclamer et publier et remis la delivrance à ung autre jour auquel nous aurions assigné toutes sortes de personnes à se treuver devant nous pour estre faict bailh comme dict est à ceux qui feroient la condition de Sa Majesté meilleure que ledict Maillet et sur ce s'estant encore presanté ledict Claude Maillet avecq plusieurs autres personnes nous les aurions interpellés d'entreprendre lesdictes reparations et platte-forme à moindre pris que ledit Maillet, sur quoy Guillaume Laval, maistre masson de la presante ville, auroyt offert entreprendre lesdictes reparations aulx charges et conditions cy dessus declairées et de les rendre bien et duehement faictes et parfaictes dans deux ans et demy, à commencer du jour que le premier payement de ladicte advance luy sera faict, moienant le prix et somme de trente-six mil livres et pour ladicte platte-forme, moyennant la somme de quatre-vingt-dix mil livres et après avoir interpellé par diverses fois tant lesdicts Maillet et Laval que les autres qui estoient illecq presants de faire des offres moindres et plus advantageuses que celles desdicts Maillet et Laval, lesquels nous auroyent respondu ne le pouvoir ny voulloir faire, au moien de quoy nous aurions ordonné que les offres des susdicts Maillet et Laval seroient proclamées et publiées et remis la delivrance desdictes reparations et platte-forme jusqu'au seizieme du courant, auquel jour nous aurions assigné toutes personnes à se trouver devant nous pour estre faict bail et delivrance sans autre remise à celluy qui feroit la condition de Sa Majesté meilleure et sur ce s'estant encore presantées plusieurs personnes, nous aurions en leur presance faict lire et publier les offres desdicts Maillet et Laval et iceulx interpellés d'entreprendre lesdictes reparations et platte-forme à moindre prix que lesdicts Maillet et Laval. Sur quoy se seroyt presanté François Beuscher, architecte et maistre des œuvres reparations et fortiffications de Sa Majesté en Guienne, lequel auroyt offert d'entreprendre de faire assavoir lesdictes reparations pour vingt-six mil livres et ladicte platte-forme pour cinquante-cinq mil livres et de les rendre bien et deuhement faictes dans deux ans aux charges et conditions cy-dessus declairées et sur ce nous aurions interpellé par plusieurs fois les autres qui estoient illecq presans d'entreprendre lesdictes reparations à moindre prix que ledict Beuscher et audict Beuscher de faire autres offres plus advantageuses pour Sa Majesté que celles qu'il a faictes cy-dessus lesquels nous auroient respondu ne le pouvoir ny voulloir faire. Sur quoy et attendu que personne ne s'est presanté qui ayt voulu N° XXV

N° XXV

faire des offres et la condition meilleure et plus advantageuse pour Sa Majesté que ledict Beuscher, avons receu son offre et enchere et icelle renvoiée par devers ledict seigneur duc de Sully, pour luy pourvoir à la delivrance selon son bon plaisir ou à tel autre qu'il jugera faire la condition de Sa Majesté meilleure et plus advantageuse. Pour cest effect touttes lettres-patantes de Sadicte Majesté à ce necessaires en seront expediées pour lesdictes reparations deffanses faire et parfaire, icelles entretenir bien et deuhement durant que l'œuvre se fera en l'estat qu'elles sont cy-dessus declairées pour et moienant la somme de vingt-six mil livres, et pour ladicte platte-forme aussy pour la rendre bien et deuhement faicte dans ledict temps de deux ans en l'estat qu'elle est cy dessus declairée pour et moienant la somme de cinquante-cinq mil livres, revenant tant pour lesdictes deffenses que platte-forme à la somme de quatre-vingts-ung mil livres, le tout aulx charges et conditions cy-dessus contenues. Et oultre que tous les vivres, ustancilles et materiaulx qu'il pourra faire venir et porter pour les susdictes reparations et platte-forme et pour la nourriture et entretenement des ouvriers qui travailleront en icelles seront exempts et affranchis du payement de tous droits et impositions mis ou à mettre sus par Sa Majesté en quelque endroict que ce puisse estre, à conditions aussy que ledict Beuscher se pourra servir comme dict est de tous les logements, ustancilles, outils et materiaulx, qui se treuveront sur les lieux sans que pour ce luy puisse estre faict ou donné aulcung empeschement par quelque personne que ce puisse estre, sauf d'estre pourveu à ceulx à qui ce pourroit toucher ainsy qu'il appartiendra par raison sur lequel prix sera payé et advancé audict Beuscher la quatriesme partie d'icelle par Me Louys Arnauld, conseiller notaire et secretaire du Roy et commis par Sa Majesté à la recepte et despenses des deniers ordonnés pour les reparations et œuvres publicqs, ponts et chemins de ce royaulme ou par Me Antoyne Fumoze, commis dudict Arnauld en Guienne, auquel est mandé de ce faire des deniers de sa charge destinés à cest effect et sera ledict payement continué audict Beuscher par esgalles portions de temps en temps et à mesure que ladicte besoigne s'advancera, suyvant et ainsy qu'il sera par nous ordonné et les visitations qui en seront faictes à cest effect et moienant ce si tant est que son offre soit agréée, a promis et sera tenu comme il s'oblige par ces presantes sa personne et tous et

N° XXV

chascungs ses biens comme pour les propres affaires de Sa Majesté de rendre faictes et parfaictes bien et deuhement lesdictes réparations et platte-forme en l'estat qu'elles sont cy-dessus designées et devisées et tout ainsy que ledict feu Me Louys de Foix estoit tenu et obligé et que ledict sieur de Chastillon a jugé estre nécessaire, dedans lesdicts deux ans, et pour cest effect de fournir toutes les estoffes, ustancilles, outils, matières, matériaulx et autres choses pour ce nécessaires, et oultre sera tenu ledict Beuscher auparavant recepvoir la quatriesme partie dudict pris de bailler bonnes et suffizantes cautions pour ladicte somme pardevant le juge royal de Brouage ou son lieutenant ou tel autre que Sa Majesté advisera pour la recepvoir en presance du procureur de Sa Majesté audict lieu et dont il fournira l'acte audict Arnault ou audict Fumoze, son commis, le tout soubz lesdictes conditions de faire agréer le contenu de ces presantes audict seigneur duc et par luy en faire la delivrance et par exprès le faire rattifier par Sa Majesté et pour l'entretenement du present bailh luy seront expediées toutes lettres necessaires, ainsy qu'il plaira à Sa Majesté l'ordonner et comme ledict seigneur duc advisera et ce dans ung mois et à ces fins sera tenu ledict Beuscher et tous autres se transporter la part où sera ledict seigneur duc pour d'autant plus faciliter l'advancement et achevement desdictes reparations et platte-forme et pour cest effect luy sera baillé et payé comptant par ledict Arnaud de Fumoze son commis oultre et par dessus le susdict prix la somme de cent cinquante livres laquelle somme avecq les autres susdictes seront passées et allouées audict Arnault en la despanse de ses comptes par nosseigneurs des comptes à Paris que nous prions de ce faire en rapportant la susdicte delivrance [et] ratiffication, ledict acte de cautions et quitances dudict Beuscher sur ce suffizante avecq nos ordonnances et visites où il escherra et regardera le payement du restant dudict pris.

Faict à Bourdeaulx par nous commissaires susdicts les jour, mois et an que dessus.

Ainsi signés : GENTILZ, de PRUGNE.

Et plus bas, par mes dicts sieurs : TYMEL.

Signé : BERNAGE, *notaire royal*, et de THEMER, *notaire et tabellion royal.*

N° XXVI
29 Avril 1611.

ARRÊT du Conseil d'État relatif à l'achèvement de la tour de Cordouan.

Archives départementales de la Gironde, registres du bureau des finances de Bordeaux. *Archives historiques de la Gironde,* tome X. Transcrit par M. H. Barckhausen.

Le Conseil d'État charge le bureau des finances de Bordeaux de faire visiter la plate-forme de la tour de Cordouan, construite par l'architecte François Buscher, en vertu d'un contrat du 7 décembre 1606.

Sur la requeste presentée au Roy en son conseil par François Buscher, maistre architecte, entrepreneur de la tour de Cordouan, par laquelle il remonstre que, le VIIe jour de decembre M. VI^c. six, par contract fait avec Sa Majesté, il auroit entreprins de revestir ladicte tour de Cordouan d'une plate-forme en talus, de dix-huict piedz de hault, outre le parapel, moienant la somme de quatre-vingtz-ung mil livres; en faisant lequel ouvrage, il auroit recognu que la retraicte de neuf piedz sur diz-huict, de la haulteur dudict thalus, estoit trop excessive, à cause de l'arreste de dessoubz des pierres de taille seroit trop aiguë, et s'eclatteroit fort aisément par les vagues de la mer; tellement que, de l'ordonnance du feu sieur mareschal d'Ornano (76), il auroit faict la retraicte seulement de six piedz sur dix-huict, ce qui rendoit l'ouvrage plus fort et plus large de trois piedz par le hault, en la circonferance de la plate-forme; requerant que son ouvrage parachevé fut receu, et qu'il fut payé de ce qu'il avoit faict oultre le devis de son marché, et encore qu'il luy fut permis d'oster et enlever les palissades qu'il avoict faict construire à l'entour pour fonder la maçonnerie de ladicte plate-forme, s'il ne plaisoit au Roy luy en faire payer la valleur;

Veu le contract passé le VIIe jour de decembre M. VI^c. six, par lequel ledict Buscher s'oblige de faire construire ladicte platte-forme, moienant la somme de IIII^xx. ung mil livres; le procès-verbal de visitation desdicts ouvrages faicts, de l'ordonnance des sieurs de Cadillac, president au parlement de Bourdeaulx, de Prugue et Pontac, tresoriers de France, le XXVIIIe jour de may M. VI^c. dix :

Le Roy, en son conseil, a ordonné et ordonne qu'avant faire droit sur la requeste du suppliant, lesdicts ouvrages de maçonnerie seront toisés, veuz et visités par les maçons et aultres expertz qui seront nommés à ceste fin par les tresoriers de France audict Bourdeaulx, pour sçavoir si ledict ouvrage est bien et dhuement faict et parfaict, et si la diminution de la retraicte dudict thalus le rend plus fort et plus commode qu'il n'eust esté, si ladicte retraicte estoit de neuf piedz; et encor, si la pallissade qui est à l'entour peult servir à la deffence dudict thalus contre les vagues de la mer; pour, ce faict et rapporté, estre pourveu au suppliant ainsi que de raison.

Fait au Conseil d'Estat du Roy, tenu à Fontainebleau le XXVIII[e] jour d'apvril M. VI[c]. unze.

BAUDOUYN.

A la suite de cet arrêt se trouve une ordonnance du bureau des finances, en date du 10 juin 1611, par laquelle Jehan Duquest, maître charpentier; Loys Cothereau, maître maçon; Symon Ménard, maître maçon, et Pierre David, maître charpentier, sont chargés de visiter les travaux de la tour de Cordouan.

DESCRIPTION de la tour de Cordouan.

N° XXVII
1630.

Bibliothèque nationale, vol. 9476[4], aujourd'hui *Fonds français*, vol. 4600, f° 225.

Cette tour sert de phare à l'embouchure de la rivière de Bourdeaux, mais au lieu que les phares d'Egypte, de Messine et d'autres lieux servent à l'adresse des vaisseaux pour les aller trouver, celuy-cy estant situé au plus mauvais et au plus perilleux endroit de toute ceste mer, sert pour les en eloigner et leur faire connoistre qu'il ne fait pas bon s'approcher de là. On dit que l'edifice quy y estoit autrefois et dont il ne se voit plus que quelques masses de ruines avoit esté bati par Charlesmagne, a quelques soixante pas du nouveau, en tirant devers l'orient. Il avoit esté fondé sur le sable d'une petite isle avec des pilotis et des plateformes dont l'on pouvoit dejà remarquer quelque chose lorsque j'y fus. L'on tient qu'il y avoit là quelques habitations; mais maintenant la mer a tout

N° XXVII razé ne paroist guieres; la tour d'apresent n'ayant plus rien qui l'avoysine que les flotz qui la battent souvent avec une impétuosité très grande, elle est assise sur le vif d'une roche qu'on a creusée de neuf ou dix pieds pour y loger le premier lict de sa fondation. Il faut croire que les appretz tels que les bastardeaux, les pompes et autres machines que l'on y a employées, y ont esté de plus grande monstre et de plus grand coust que tout l'œuvre quy s'y voit. L'Espagne avoit esté cause de la premiere reputation de Louys de Foix, mathématicien et ingénieur; il avoit esté l'un des principaux architectes de l'Escurial; il avoit conduit le Tage aux plus hauts lieux de la ville de Tolède et fait plusieurs machines et artifices dont le roi Philippe II s'estoit servy en ses plus importantes entreprises. Revenu de là au pays de sa naissance, il avoit entrepris le Boucault de Bayone et le venoit de parachever lorsqu'en l'année 1583 il entreprit la conduite du bastiment de la tour de Cordouan, les bastardeaux qu'il fit faire avoient plus de quatre cents toises de circuit; les foretz de Xaintonge et des environs furent depeuplées pour cet effet; mais bien qu'on eut des arbres d'environ quarente pieds de haut fortement palissés, bien joints les uns aux autres et terrassés de glaises, l'effet des vagues estoit d'ordinaire si grand, que les machines qui alloient incessamment et le travail continuel de quantité d'homes avoient bien de la peine à en tirer l'eau quy s'y gettoit, pour faire place à ceux qui y travailloient et placer ce qui leur estoit necessaire. Enfin quelques années firent voir la perfection de cet ouvrage. Cette tour, depuis sa fondation jusques à l'obélisque, a cent cinquante pieds de hauteur. Elle est divisée par estages, tribunes et corridors. L'emparement qui compose le premier corps est un mole de plus de vingt pieds de haut et de soixante de diamètre, différent de son talus par une diminution d'un tiers de sa pente. Ce corps est tout massif, sinon qu'au milieu il y a une petite cave et à ses costés deux citernes un peu relevées du rez-de-chaussée. L'œuvre approche icy du Toscan; il est formé d'un parapet qui en fait une terrasse ronde avec quatre guérites à cul de lampe comme sentinelles opposées l'une à l'autre selon les quatre regions du ciel. Sur cette terrasse s'eleve la tour dont le premier estage est de près de vingt pieds de hauteur, et trente-neuf à quarante de diametre. Il y a tout autour un rang de pilastres doriques, son portail a

N° XXVII

des colonnes de mesme façon portant un architrave avec des corniches, des frises enrichies de guirlandes et de festons. Les frontispices sont de mesme ordre et les tympans sont ornés de trophées et de feuillages et d'autres ouvrages de basse taille si proprement desunis de leurs fonds qu'ils en semblent presque séparés. Aux deux costés de ce portail sont deux bustes de marbre blanc des deux Roys Henry III et Henry IV sous lesquels le grand œuvre a esté fait. Cet estage finit par un corridor de galerie, hors d'œuvre de quatre pieds de large tout autour et d'un ordre dorique. L'estage de dessus est à la Corinthiene. Il semble par le dehors estre divisé à l'endroit où est la seconde et principale gallerie qui est à ballustres; il va néantmoins jusques au haut de la premiere voute; tout cela faisant une tribune de cinquante pieds de hauteur et trente-quatre de diamètre. La montée est une espargne dans l'espaisseur des murs, qui se rend par dedans à une niche et se rapporte à une autre qui lui est opposée pour la symmetrie. Aux deux autres costés il y a deux cabinets voutés prenant leur jour par dehors, avec une belle proportion d'un entier rapport de toutes les autres vues du bastiment. Le bas de cet estage est carré jusques au commencement de la voute qui le couvre. Là s'élève le grand dome soustenu de huit grandes lucarnes dont les jouées et pieds droits ingénieusement posés servent d'arcs boutants à la voute qui au haut a pareillement une gallerie comme les autres corps d'en bas. Il y a icy une tribune d'ouvrage meslé par le dehors, le dedans est corinthien. La voute sphérique à cul de four, le bas est pavé d'un marbre à parquetage meslé par compartiments, d'une pierre de taille plus dure et plus nette que la pierre de Liaiz. Cet endroit a son corridor comme les autres, dont le parapet taillé à jour represente le chiffre de nos deux rois. Au dessus de tout cela est le phanal où de nuit se font les feux pour l'adresse des vaisseaux. Il est d'ouvrage corinthien avec un dôme et un obelisque d'une pierre longue de dix-sept pieds, creuse tout au long pour servir de conduit à la fumée; au haut il est couronné d'un vase à l'antique avec quelque inscription qui commence à s'effacer. Tout ce bastiment en ses dehors et en ses dedans est si artistement travaillé et est fait d'une si belle pierre et si bien choisie, qu'estant en lieu où il n'y peut avoir un grand abord de gens et que l'on ne peut contempler sa beauté qu'en

N° XXVII faisant un voyage penible et dangereux, il ne se voit gueres d'ouvrages que l'on puisse tant admirer, de sorte que j'ai souvent douté s'il y avoit plus de raison de croire à mes yeux de ce que j'avois veu en un lieu si escarté, qu'à ce qu'on rapporte dans plusieurs livres faits à plaisir, touchant la beauté de quelques bastimens imaginaires. Mais comme j'ay dit, la peine qu'il y a eu d'edifier celui-cy, est ce qu'il y a de plus remarquable et cela le peut faire mettre au rang des merveilles de nostre France. En 1622, cette tour de Cordouan avoit esté occupée par Favas, gentilhomme de la religion pretendue reformée, qui pensoit que si les affaires alloient selon son attente, il s'en serviroit pour sa retraite et pour y faire la levée des contributions que les gens de son party avoient accoustumé d'exiger à Royan pendant qu'ils tenoient cette place, il se servoit d'un homme demeurant à Saint-Palais tant pour son entremise avec ceux de La Rochelle et leur armée navale, qu'avec ceux des costes, et par cet homme aussi il avoit ses vivres et ses necessitez de la part de la terre. Le sieur de Droüe (77), gouverneur de Royan, en ayant eu advis se saisit de cet entremetteur, ce qui fit cesser tout le commerce que Favas avoit de tous costez et le reduisit en une si grande necessité, qu'il fut quelque temps dans cette tour à ne vivre que de coquillages et de poissons que la mer lui amenoit sans pouvoir trouver autres secours ny de l'armée navale de La Rochelle (qui avoit assez affaire ailleurs sans s'employer aux siens) ni d'autres lieux circonvoisins, de sorte que matte de cette vie et sollicité de laisser cette tour au service du Roy, il prestoit l'oreille aux instances du sieur de Droüe et lui eut rendu la place, si le sieur de Barraut descendant de Bordeaux avec quelques vaisseaux de guerre et s'approchant de cette tour n'en eut fait faire la reddition peu de temps après que le sieur de Favas s'en fut emparé. Aussi aimoit-il mieux la mettre en ses mains qu'en celle du sieur de Droüe qui l'avoit si rudement traitté pour le presser à la lui rendre.

Suit la pièce latine qu'on va lire :

N° XXVII

Jacobus Augustus Thuanus (78) *historiarum libro 80 ad ann. 1584.*
(Henricus III.)

Hoc anno Ludovicus Foxius Lutetiæ natus, sed Fuxensi comitatu oriundus, unde et nomen ducebat, homo industrius, et operum publicorum ingeniosus architectus, qui olim Philippo in Hispania operam egregiam navaverat, turrem juxta alterius rudera, cui Corduanæ nomen, in estuarii Garumnæ faucibus, Phari Alexandrinæ emulatione, ad navigationis securitatem extruendam suscepit: quod opus bellis et variis incommodis retardatum, tandem immensis sumptibus, nec minore architecti industria et operariorum labore, consummatum est. Idem Foxius antea purgandum et excavandum susceperat portum Baionæ, qui in mare recta ducit, sed arena oppletus huc usque navigationi et oppidanis inutilis fuerat, alveo Atyri et aliorum illuc confluentium amnium curvato ad dextram flexu ad Britonum promontorium aquas secum rapiente: quod ut impediret, duplici palorum ordine, intus saxis et arena ingesta firmato, canalem obliquum obstruxerat; ita ut aquæ cum recta fluere cogerentur, viam sibi per oppositas arenas in mare facerent. Id cum semel atque iterum tentatum minime successisset, palis illis contumacia aquarum in antiqum alveum semper deflectentium dejectis; tandem sepimento illo ligneo instaurato rursus tanta aquarum diluvies ex proximo Pyreneo incubuit, ut pene civitatem merserit et inde violento cursu delabens, egesta hinc inde arena portum aperuerit, relicto ad dextram canali obstructo qui sensim ex eo arena repleri cepit. Id quia in v. kalend. novembris incidit, qui dies B. B. Simoni et Judæ sacer est anno MDLXXXIX eo die quotanis in posterum institutæ Baionæ supplicationes quasi liberatæ civitatis, et, non tam Foxii industria quam fortunæ beneficio, portus tamdiu expetita commoditate donatæ.

N° XXVIII
19 Mars 1648.

LETTRE de M. Delaveau (79), au nom des jurats de Bordeaux, au chancelier Séguier (80).

Extrait de la publication de M. Hovyn de Tranchère, *les Dessous de l'histoire*, t. Ier, p. 375.

Monseigneur,

Nous escrivons au Roy sur le subjet de la ruyne, qui menace la tour de Cordouan, qui est ung pharo le plus beau et le plus magnifique du monde, basti et eslevé sur ung rocher à l'embouchure de la rivière de Garonne pour la seureté de la navigation et l'adresse des vaisseaux dans l'entrée d'icelle, laquelle seroit très périlleuse de nuit à raison des escueils et bancs de sable qui l'environnent, s'il n'y avoit au fanal ung feu ordinairement entretenu. La bresche que la mer a faicte au talus qui ceint le piedestal sur lequel ce bel edifice est assis, et qui luy sert de deffence contre la violence des vagues se peut presentement reparer à peu de fraiz, n'y en ayant que quarante brasses d'emportées, ainsy que nous a denoncé et requis acte de nous François Pécot, garde de ladite tour, et ayant charge d'y entretenir le feu de nuit, aussy bien que la lanterne, à laquelle il dit ne pouvoir plus monter pour y allumer ledit feu, à cause qu'elle est toute crevassée et rompue. Mais s'il est différé ung an à y pourveoir, la mer, qui rompt en c'est endroit plus qu'en lieu du monde, y trouvant de l'ouverture, fera sans double un desgat estrange, qui coustera beaucoup à reparer, et c'est à craindre qu'elle entraisnera tout le bastiment. La perte en seroit inestimable, tant pour la noblesse et la magnificence de la structure que pour les pertes et naufrages infaillibles des negociants subiets de Sa Majesté et estrangers, sy leurs vaisseaux sont privez de la guide de ce feu, lorsque le vent les portera de nuit à l'entrée de la riviere. Le peril et le risque, qui s'en ensuyvroient pourroient refroidir le commerce et rebuter les marchands, en sorte que les fermes du Roy en recepvroient une notable diminution. C'est pourquoy, Monseigneur, nous supplions Vostre Grandeur d'y avoir esgard et de faire en sorte que Sa Majesté ordonne le fonds necessaires à la reparation et entretenement de ceste piece, qui est très importante à ses intérests et revenus, et au salut et bien general de toute ceste grande province, tous les habitans de laquelle nous auront une obligation immortelle, s'il vous plaist interposer vostre pouvoir et authorité à ce que la main soit mise au plustost à l'œuvre de ceste restauration. Et nous, qui les représentons et prions pour eux et pour la seureté de leurs fortunes, tascherons en toutes occurences de vous en marquer une parfaite recognoissance par l'obéissance et le service que vous vouent et promettent, Monseigneur, vos très humbles et très obeissants serviteurs, les jurats gouverneurs de la ville de Bourdeaux.

DELAVEAU.

A Bourdeaux, ce 19 mars 1646.

N° XXIX

25 Septembre 1650.

NOTE intitulée : « Nouvelles signées de Naguille. »

Archives impériales, KK, 1218, p. 558. Communication faite par M. Tamizey de Larroque aux *Archives historiques de la Gironde,* tome IV.

Du 25 de septembre 1650, de Saint-Sébastien.

Il a esté resoleu, dans le conseil de nos prinsipaux, que le marquis de Sauvebeuf s'en iroit en Flandres pour joindre l'archiduc Leopold, que le marquis de Sillery (81) s'embarqueroit dans les vaisseaux preparés pour le secours de Bordeaux.

Du 27.

Huit navires, quatre pataches et quatre pinaces sont sorties de Saint-Sebastien et Passage pour s'en aller à Bourdeaux. Le marquis de Sillery est embarqué.

Du 28.

Des vaisseaux qui sortirent avant hyer, le mauvais temps a fait relacher trois navires et les quatre pinaces au Passage. Les autres ont gaigné la mer, et les autres les suiveront si le temps se met au beau.

J'ay aprins qu'ils ont intelligence avec quelqu'un de ceux qui sont dans la tour de Cordouan, qui leur doivent faire un signal quand ils paroistront à l'antrée de la riviere de Bourdeaux, qui est que, s'ils peuvent entrer dans la riviare et passer pour aller à Bourdeaux, on leur montrera un drapeau rouge; que si, au contraire, il n'y fait pas bon pour eux, et qu'il y eust grand danger pour leur passage, on leur montreroit un drapeau blanc.

L'homme qui estoit arrivé en ceste ville ces jours passés leur a porté cest ordre et le signal; mais ils font mine de ne craindre pas le passage.

Du dernier de septembre.

Tous les vaisseaux sont de retour de leur entreprise, et ont eu prou de peine de se sauver de la tormente.

De NAGUILLE (82), *premier eschevin.*

N° XXX
7 Mai 1655.

SUPPLIQUE d'un gardien de la tour de Cordouan, qui déclare n'avoir pu allumer le feu du fanal faute de bois, et qui demande qu'on lui adjoigne un homme pour la garde de ladite tour.

Archives départementales de la Gironde. *Trésoriers de France.*

Messieurs les prezidans trezoriers de France et generaux des finances en Guienne.

Supp. humblemant François Dert, disant qu'il est guarde de la tour de Cordouan, et que, tant pour son entretien que d'ung autre homme pour leurs sallaires, brinbault, buches et autres choses nécessaires pour faire et entretenir le feu au fanal d'icelle, aux fins de la conservation des vaysseaux quy entrent et sortent de la riviere.

Il se lepve un certain droist sur chascung desdicts vaysseaux, beaucoup plus que suffisant pour subvenir aux despanses cy dessues, neantmoings ceux qui en ont le manimant et direction en usent avecq telle mesnagerie, qu'il y a cinq ou six mois, que à faulte de brinbault et de buches, il na sceu faire de feu audict fanal n'en y ayant fet mettre, l'année passée, la quantité et provizion accoustumée, dou vient que puis ledict temps quatre ou cinq navires ont faict naufrage; et s'il n'est promptemant pourveu à mettre dudict brinbault et buche pour entretenir le feu audict fanal. Il est à craindre que il n'y arrive de plus grands inconvenians de plus au lieu qu'il y doit avoir deux hommes pour ladicte guarde, le suppliant y a demeuré seul despuis longues années, et encores n'a esté payé que d'une partie des sallaires quy sont attribuez à un seul, n'y que très peu de provizions pour sa subsistance; et une chaloupe qui doilbt l'aller visitter, tous les moys, une foys; n'y ayant esté de toutte l'année dernière, faulte d'avoyr payé le louage d'ycelle, ce consideré il vous plaise de vos graces ordonner qu'il sera mis conjoinctemant avecq le suppliant ung austre homme pour la guarde de ladicte tour, et qu'il leur sera avancés, par le sieur Fleureau, ou autre quy a receu lesdicts doists à chascung cinquante escus pour leur sallaires despance de bouche et entretien, afin qu'ils puissent faire leurs provizions, comme aussy leur sera fournis quatre cents de brimbault et quinze cents de buche; comme il estoict accoustumé les années precedantes, pour l'entretien du feu audict fanal, au lieu que l'année passée il n'y en feust mis que deux cent quarante de brimbault et un millier de buche; ensemble sera payé quarante-huict livres, pour le louage d'une chaloupe, à Royan, aux fins de voir et visitter une foys le moys le suppliant et son compaignon à quoy faire sera ledict sieur Fleureau ou autres quy ont perceu les droicts destinés à cest effesct, constrains comme il est accoustumé faire aux deniers et affaires de Sa Majesté et ferez bien. N° XXX

MAURIET.

Ouy au bureau Me _____ Fleureau qui a déclairé ne ce mesler plus de fere auscune despanse pour raison de ladicte tour ains que c'est Me _____ Lalande, receveur au bureau de Blaye. Avant pourvoir aux fins de la présente requeste ordonnons qu'elle sera signiffiée audict de Lalande pour sa response veue au prochain jour au bureau estre ordonné ce qu'il appartiendra, mandons au premier huissier ou sergent faire tous exploicts requis et necesseres.

Faict à Bordeaux, au bureau des finances en Guienne, le septiesme de may mil six cent cinquante-cinq.

RICHON [83], DE TORTATY [84].

N° XXXI

17 Août 1689.

PROCÈS-VERBAL de la visite de la tour de Cordouan.

Archives départementales de la Gironde. *Fonds de l'Intendance.*

Aujourd'huy dix-septiesme jour d'aoust mille six cent quatre-vingt-neuf, à Bordeaux en nôtre hôtel, par devant nous Jacques Mercier (85), chevalier, conseiller du Roy, président tresorier général de France en la généralité de Guienne, écrivant sous nous Me François Pagès, greffier du Bureau, a comparu Estienne Dudouet, habitant de Vaux (86) près Royan, adjudicataire des reparation et entretenement de la tour de Cordouan, lequel a dit que le bail au rabais desdites reparations luy ayant esté fait par M. de Ris (87), cy devant intendant de ladite generalité, le 23 décembre 1680, pour dix années qui ont commencé le premier janvier 1681, moyennant la somme de quatre mil huit cens livres pour chacune desdites années, il auroit fait conformement à iceluy toutes les reparations necessaires à ladite tour, et receu ladite somme de Me Paul Dujardin, Sr de Beaussart (88), conseiller du Roy, receveur general des finances en Guienne pour l'année 1683, laquelle somme la chambre des comptes de Paris auroit passée dans le compte dudit Sr Dujardin de ladite année, et tenue en souffrance sur ledit Dudouet, pour raporter certificat du bureau et du gouverneur de ladite tour; comme elle est en bon estat, à quoy ledit Dudouet auroit satisfait, suivant le procès verbal du 26 may 1687. Fait par Me Hucgla (89), lors tresorier de France, en presence de Me d'Alesme (90), procureur du Roy, et voulant pourvoir à ce qu'il n'intervienne de semblables souffrances sur les comptes de Messieurs les receveurs generaux des finances de ladite generalité à raison des sommes qu'il a reçues du depuis ou qu'il pourra recevoir cy-après pour ce qu'il luy est deu des termes echeus de son bail, il auroit presenté sa requeste audit bureau tendant à ce qu'il luy pleut deputter un commissaire pour se transporter avec Mr le procureur du Roy dans ladite tour de Cordouan, pour en faire visite et dresser son procès verbal au bas de laquelle seroit intervenu ordre le 16 ———— nous aurions esté ———— dans ladite tour ———— ladite visite et procès verbal de l'Estat qu'elle se retrouvera, laquelle reqte et ordce portant

N° XXXI

ladicte Commission, ledit Dudouet nous presente et requiest vouloir ordonner que nous nous transporterons dans ladite tour de Cordouan, pour proceder à l'execution d'icelle à quoy concludt.

DU DOUET.

Surquoy, nous commissaires susd. octroyons acte audit Dudouet de son dire et requisition, et y faisant droit veu ladite req^{te} et ord^{ce} dudit jour 16 mars dernier portant notredicte commission, ordonnons que demain heure de six heures du matin nous partirons de la presente ville pour nous rendre dans ladite tour de Cordouan pour procéder à l'exécution d'icelle, et autrement ainsy qu'il appartiendra, fait les jour et an susdicts.

MERCIER, *commissaire.*

Et avenant le lendemain, heure de six heures du matin, en notredit hôtel, a comparu par devant nous commissaire susdict ledict Dudouet, lequel nous a requis de vouloir nous porter dans ladite tour de Cordouan en exécution de notre ord^{ce} du jour d'hier, pour faire ladite visitte et procès verbal, ce que nous luy avons accordé, et deffait, sommes à mesme instant partis de notredict hôtel, en compagnie dudit Sr Procureur du Roy et dudict Pagès notre greffier, et allez à la porte d'Espaux où estant nous sommes embarqués dans la chaloupe destinée pour le service de ladite tour, et rendus en la ville de Blaye où la marée nous ayant surpris nous avons esté obligés de nous debarquer, et pris pour logis la maison du nommé Martin, hoste de ladite ville tenant pour enseigne le *Lion d'Or*, et le lendemain ayant continué notre route sommes allés en la ville Royan où nous avons pris pour notre logis la maison ———— tenant pour enseigne ———— mois d'aoust ———— 1689 serions embarqués dans ladicte chaloupe, et rendus à ladicte tour de Cordouan où estant arrivés, ledict Dudouet nous ayant conduits le long du contour du bas de ladite tour, avons remarqué, que du costé du nord et vers la porte jusques au nord-nord-ouest il y a eu une grande brèche, arrivée le 23 février dernier faite par les ondes de la mer et vent impetueux, contenant deux cens quarante-huit pieds en longueur et hauteur, laquelle brèche nous a

Nº XXXI paru avoir esté bien et deuement reparée suivant l'ordre de la batisse avec des grosses pierres de taille de trois pieds et demy de longueur ou environ, et chaux et ciment, estant bien grapées de grapes de fer, le tout bien plombé, pour resister aux ondes de la mer, comm'aussy nous avons remarqué que du costé du sudouest ledict Dudouet a aussy fait remettre douze pierres bien cimentées et grapées de la mesme qualité que dessus, et le restant dudit contour bien entretenu, et dudict contour sommes montés par le degré qui se rend dans la cour de ladicte tour, lequel nous avons remarqué estre en bon estat, et les portes bien ferrées soutenues par des grosses barres de fer pour resister aux tempetes de la mer, et estant entrés dans ladicte cour, avons trouvé trois hommes auxquels ayant demandé ce qu'ils faisoient dans ladite tour, l'un d'iceux nous auroit repondu qu'ils estoient tous trois gagés pour y rester et y allumer le feu qui se fait chaque nuit dans le fanal et pour faire les reparations necessaires à ladicte tour en cas de besoin, et ayant examiné le pavé d'icelle, avons remarqué qu'il est bien entretenu, comme aussy les deux puys qui sont l'un du costé du nord, et l'autre du costé du midy, et de la avons esté conduits par ledict Dudouet dans sept chambres qui sont dans ladicte cour du costé du midy servant de magasins et destinées pour mettre les provisions et matériaux nécessaire à ladicte tour lesquelles avons trouvées en bon estat, et de ces sept chambres ——— a apparu bien entretenues ——— parapet qui nous a aussy paru estre bien entretenu et cimenté, et dudit parapet avons esté conduits dans la salle qui nous a paru bien chaumentée et partie des vitres refaites à neuf et les voutes en très bon estat et de ladicte salle sommes descendus par un petit degré que nous avons trouvé aussi en bon estat, dans les deux citernes, lesquelles nous ont paru estre bien entretenues, et ce fait avons esté conduits dans la cave, que nous avons trouvée bien voutée et n'y manquer aucune chose, et de ladicte cave sommes montés par le grand degré les marches duquel nous ont paru fort bonnes, et entrés dans une chambre apellée la chambre du Roy, laquelle ayant exactement visitée, l'avons trouvée pareillement en bon estat, et les vitres bien tenues, comm'aussy les deux cabinets qui sont à chaque costé d'icelle, de laquelle chambre sommes passés dans la première gallerie que nous avons trouvée avec la guerite, le pavé, et les robinets servans à faire descendre les eaux pluvialles dans lesdictes citernes bien entretenües, et de ladicte gallerie avons esté conduits par ledict Dudouet par le même degré dans la chapelle laquelle nous a paru en bon ordre et bien vitrée, et de ladicte chapelle sommes allés dans la seconde gallerie, qui nous a aussy paru en bon estat, autour d'icelle, et ce fait sommes montés par le degré à la couronne qui repond à la chapelle que nous avons pareillement remarqué estre en bon estat comm'aussy la troisième et dernière gallerie, et le degré par lequel l'on monte audict fanal, que nous avons trouvé bien vitré, et partie des vitres refaites à neuf et le restant dudict fanal en très bon ordre faisant la fin de ladicte tour, et ce fait sommes dessendus par le grand degré au bout duquel avons trouvé une vitre nouvellement remise et trois pierres de pavé à neuf, et dudict degré dans ladicte cour où ledict Dudouet nous a fait remarquer les provisions et matteriaux comme bois, chaux, ciment, fer et pierre necessaire pour l'entretien dudict fanal et des reparations de ladicte tour, en cas qu'il en survienne ——— ce dessus ledict Dudouet nous a dit, que comme il est chargé par ledict arrest de la chambre des comptes de raporter un certificat du gouverneur de ladicte tour, comme quoy elle est en bon estat, qu'il nous requiest de vouloir lui donner acte, de ce qu'il déclare que le Roy n'a point encore pourveu de gouverneur à ladicte tour depuis la mort du sieur de Neucheze (91) arrivée en l'année 1669, qui en estoit le gouverneur; qu'il a seulement gratiffié le sieur Masson, huissier au parlement de Paris, des droits et arrérages qui ont esté levés à Blaye par les héritiers dudict Sr de Neucheze depuis son deceds sans aucun droit et qui se leveront jusqu'à ce qu'il y ayt un gouverneur, comme il nous a fait voir par une copie du brevet accordé par Sa Majesté audit Masson du dernier avril 1686, et que par conséquent il ne peut point raporter ledict certificat ordonné par ladicte chambre. Dequoy nous commissaire susdict octroyons acte audit Dudouet, comm'aussy de ce qu'ayant fait faire lecture du bail à luy fait desdites reparations par notre greffier, il nous a apparu qu'il avoit entièrement satisfait aux clauses et conditions portées par icelluy. N° XXXI

Fait dans ladicte tour de Cordouan les jours et an que dessus.

Signé : MERCIER, *commissaire;* D'ALESME, *procureur du Roy;*
DU DOUET; PAGÈS, *greffier*.

N° XXXII
1723.

MÉMOIRE par M. de Bitry sur la nécessité de rehausser la tour de Cordouan.

Archives départementales de la Gironde. *Trésoriers de France.*

Etant allé à Rochefort prendre des ordres de M. l'Intendant de la Marine, pour la réparation des brèches que la mer avoit faites à la tour de Cordouan, nombre d'officiers de vaisseaux de Roy se plaignirent de ce que l'on avoit abbaissé cette tour de 22 pieds, ce qui fut fait il y a cinq ou six ans. Leurs raisons sont, que cet abbaissement causoit un grand préjudice à la navigation par les naufrages plus fréquens qu'auparavant; et que cette tour en l'état qu'elle étoit avant l'abbaissement, étoit plus propre à servir de balise le jour, que de fanal la nuit : en voicy les preuves.

Avant cet abbaissement de 22 pieds les vaisseaux découvroient en mer cette tour de deux lieues plus loin qu'ils ne font aujourd'huy. Par cette decouverte avantageuse de deux lieues plus loin, les vaisseaux avoient le temps de prendre leurs directions plus justes et d'éviter par ce moyen de donner contre les mathes et rochers qui sont dans cet endroit en grand nombre, n'y ayant que deux passes des deux côtés de la Tour, l'une du côte de Saintonge, appellé le *Pas des Anes* (92) : l'autre du côté du Médoc, appellé le *Pas de Grave* (93) : toutes les deux également dangereuses; car alors que les vaisseaux entrent dans ces *Passes*, s'ils n'ont bien pris leurs direction et à temps, et s'ils sont accueillis par des gros vents d'ouest, ils ne peuvent éviter de donner contre les rochers, ou contre la côte de Saintonge, où il périt souvent des bâtimens.

Tous les pilotes de la rivière et des environs de Royan et tous les capitaines de vaisseaux marchands font tous les jours les mêmes plaintes.

On se plaint encore que le rechaud qui est actuellement au haut de la tour, est trop petit, qu'il n'y loge pas assez de bois pour un feu qui puisse être veu de loin. C'est aussi ce que j'ay éprouvé, et ce que je fis éprouver à M. de Boucher (94), intendant de cette province, à qui ce feu ne parut dans la nuit et à deux lieues de là, que comme une étoile commune.

De la maniere qu'étoit bâtie l'ancienne lanterne, elle avoit cette incommodité : ses pilliers de pierre étant trop épais et trop larges faisoient de

COUPE DE LA LANTERNE DE CORDOUAN

SUIVANT LE PROJET DU CHEVALIER DE BITRY.

1723-1727

Dessiné et lith. en couleurs par GUSTAVE LABAT, — 1887.

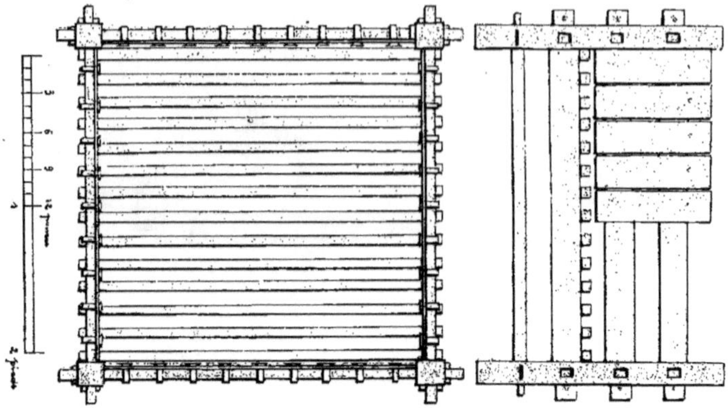

Dessein du Réchaux de la Tour de Chassiron, en l'Isle d'Olléron, qui a servi de modèle a celuy de la Tour de Cordouan.

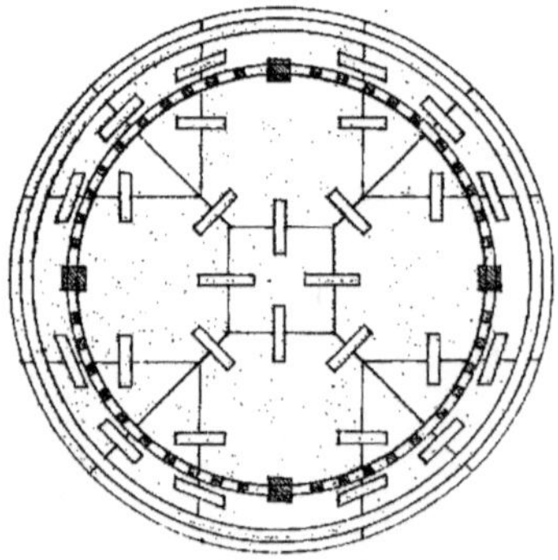

Plan du Sommet de la Tour ou repose la Lanterne.

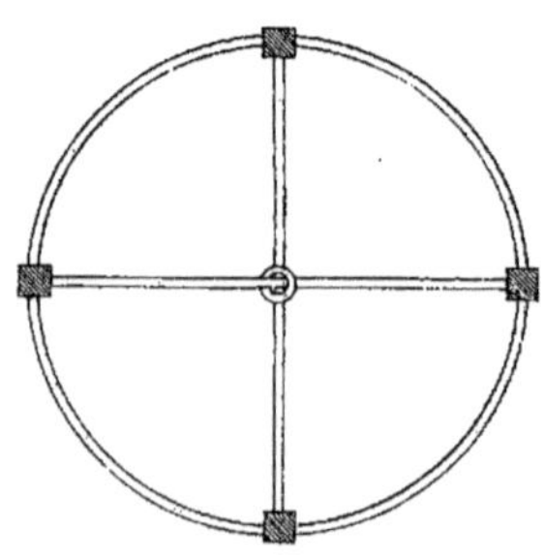

Réchaux circulaire de Cordouan.

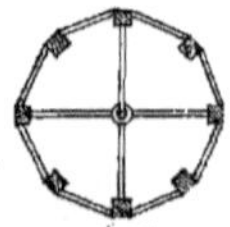

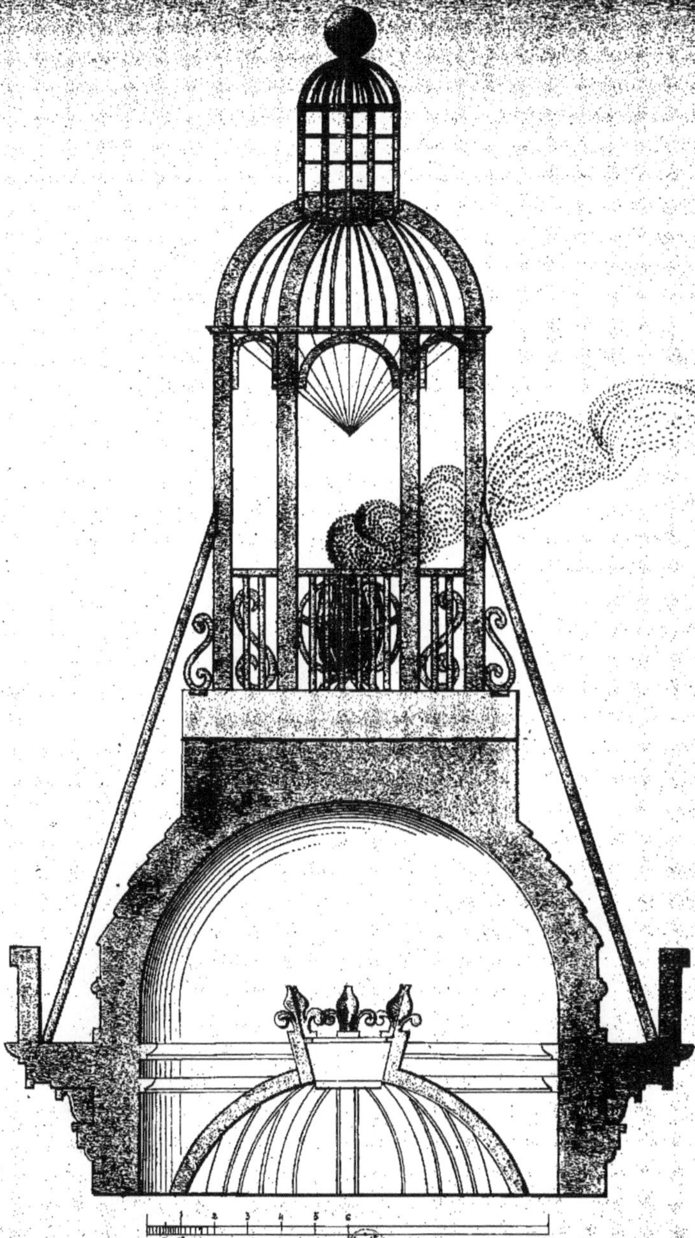

Coupe de la Lanterne de Cordouan (suivant le projet du Chevalier de Bitry 1723).

grosses ombres sur la mer, et les vaisseaux, dans ces ombres, ne pouvoient voir aucun feu. C'est la raison pourquoy dans la suite, et avant qu'on n'eût rasé la lanterne on mit le feu sur le haut d'une cheminée plus bas qu'il n'est à présent et du côté de la mer. Mais ces feux faits avec du charbon de terre calcinerent le pourtour des murs; et on fut obligé de demonter le tout, pour éviter une chute trop dangereuse à la tour. N° XXXII

Pour reparer les deffauts de cette tour, et la rendre plus utile et plus stable qu'auparavant, je crois qu'il lui faut une lanterne qui tienne la place de l'ancienne, qui ait tous ses avantages sans être sujete aux incommoditez qu'elle causoit. C'est une lanterne de fer de la même hauteur de 22 pieds, de pareille grosseur et à peu près de même figure que celle qui étoit de pierre. Le jour elle servira également de balise, et le feu paroitra beaucoup plus grand dans la nuit.

Le corps de cette nouvelle lanterne sera composé de quatre gros pilliers de fer de Suede bien batu et conroyé, de cinq à six pouces de grosseur, posez sur un bon massif de pierre la plus dure, dont les maîtresses pierres auront quatre pieds de longueur sur trois de largeur et sur deux d'épaisseur, bien cramponnées avec des bandes de fer de deux pouces de large, posées en bon ciment, avec leurs cercles, leurs balustres et arcboutans aussi de fer.

Sur cette première lanterne, sera mise une seconde avec sa boule, toute couverte de lames de foles, de même que le cul de lampe, le tout conformement au dessein cy-joint.

J'ay fait voir ce projet à plusieurs officiers de marine qui cherchoient à reparer les deffauts de la tour de Cordouan, et sur tout à M. le chevalier de Fayets [95] qui étoit venu me voir à Bordeaux, expressement pour chercher les moyens de réparer la lanterne en question. M. l'Intendant de cette province l'a aussi fort approuvé.

N° XXXIII
20 Février 1724.

LETTRE de M. de Maurepas à l'Intendant de la province de Guyenne.

Communiqué par M. Tamizey de Larroque à la *Revue de Gascogne*, t. IX, p. 548.

Monsieur, j'ay receu la lettre que vous aviez pris la peine de m'écrire le 12 de ce mois avec un plan et devis de l'elevation de la tour de Cordouan. Je conviens de la necessité de ce travail, mais je vous ay mandé que la depense n'en pouvoit estre assignée sur la marine. Ces sortes d'edifices ont esté construicts au moyen des impositions faittes sur les provinces qui en retirent l'utilité, ou des fonds extraordinaires que le Roy a accordé. Je suis persuadé que si vous voulez bien proposer de pareils expédiens à M. le controlleur general, qu'il ne rejettera point ceux qui paroistront les plus favorables à un service aussy important pour le commerce de mer et je me joindray volontiers pour l'y engager. Je vous renvoye les pieces que vous m'avez adressé.

Je suis, Monsieur, vostre très humble et très obeissant serviteur.

MAUREPAS.

N° XXXIV
20 Août 1724.

SUPPLIQUE des pilotes de Royan et Saint-Palais par laquelle ils demandent l'élévation de la lanterne de la tour de Cordouan.

Archives départementales de la Gironde, n° 1687, portefeuille de la tour de Cordouan.

Monseigneur,

Tous les pilottes de l'entrée de la rivière de Bordeaux qui resident à Royan et Saint-Pallais tous representent humblement qu'il est de l'intérest de la navigation de rétablir la tour de Cordouan en y refaisant une lenterne de vingt-deux pieds de haut comme elle estoit il y a quelques années. Par cette hauteur de vingt-deux pieds nous découvrirons en mer cette tour de deux lieues plus loing et cela nous donnera le temps de mieux prendre nos directions pour ne pas donner contre les mattes et rochers, ce quy cause à présant qu'il arrive des nofrages souvant quy n'arriveroient pas sy cette hauteur y estoit. Nous nous en sommes plusieurs fois plaings à monsieur l'ingénieur, quy nous a dit avoir fait un projet pour la rétablir qu'il a eu l'honneur de vous présanter de la mesme hauteur quelle estoit sy devant, nous vous supplions tres humblement tous d'ordonner qu'elle sera rétablie, estant une chose des plus nécessaires, cella nous met souvant dans des embaras où nous avons toutes les peynes du monde à nous retirer et courant risque de perdre les vaisseaux que nous conduisons en mer.

Espérons que vous nous acorderés cette grace, nous sommes tous avecq un profon respecq, Monseigneur, vos tres humbles et tres obéissans serviteurs.

Signé : Roubeaud, Jeandronet, Jean Brédand, Daniel Meige, Jean Lemome, Pierre, Jean Bavaud, Eleis, N. Pilotont, Jean, Fortier Boisseaux, J. Guitton, Jacque Geoffroy, Pierre Sougon, J[n] Fauveau, Helie Bouchive, Pierre Fougerost, Jacque Fougeron, Estienne Faloud.

De Royan, ce 20 Aoust 1724.

N° XXXV
21 Avril 1726.

EXTRAIT des registres du Conseil d'État.

Archives départementales de la Gironde. *Trésoriers de France.*

Le Roy estant informé de la nécessité indispensable de réparer la tour de Cordouan située sur un rocher isolé à l'embouchure de la Garonne qui sert le jour de reconnoissance aux vaisseaux françois et estrangers qui fréquentent ladite rivière et celle de Dordogne et la nuit de fanal pour leur entrée et sortie au moyen du feu qui y est allumé, Sa Majesté auroit fait visitter les bresches et dommages que la mer a causé et examiner la demande des navigateurs qu'il fut construit dans ladite tour une autre lanterne dont l'illumination soit vue de plus loing et puisse durer plus longtemps que dans celle qui y est actuellemant establie, le feu estant si

Nº XXXV souvent interrompu qu'il en arrive des fréquens naufrages. Sa Majesté auroit aussi ordonné de dresser un estat de la depense nécessaire pour lesdites réparations. Par le compte qui luy a esté rendu elle auroit reconnu que le rétablissement de ladite tour et l'élévation de la lanterne proposée cousteroit trante mil livres et que l'entretien du feu reviendroit à cinq mil cinq cent livres annuellemant; que pour accorder à ses sujets et aux estrangers la facilité de conduire leurs vaisseaux dans lesdites rivières, il convenoit d'imposer des droits qui seront uniquement employez à cette destination et qui asseureront solidement à l'avenir l'entretien dudit fanal ainsy qu'il se pratique pour les tours des Baleynes [96] et de Chassiron [97] dans les isles d'Oleron et de Ré, et pour le feu du cap de Frehel [98], à la coste de Bretagne près Saint-Malo. Veu les mémoires présentés par les capitaines et pilotes des vaisseaux marchands sur la nécessité pressante d'eslever la lanterne de ladtte tour, l'avis du S. Boucher, intendant de la generalité de Bordeaux, celuy des directeurs de la chambre de commerce de laditte ville contenant que laditte eslevation est importante et qu'il convient d'imposer un droit pour en fournir la dépense et ensuite celle de l'entretien du fanal, le devis et l'estimation des ouvrages dressé par le S. de Bitry, ingénieur en chef, montant à la somme de trante mil livres. Ouy le raport et tout consideré, Sa Majesté estant en son conseil a ordonné et ordonne ce qui suit :

Article premier.

Qu'à commencer du premier juin de la presente année, il sera levé cinq sols par tonneau sur chaque vaisseau, barques, et autres bastimens françois et estrangers sans distinction qui entreront et mouilleront dans lesdittes rivières pour fournir à la dépense des reparations de la tour de Cordouan, construction d'une nouvelle lanterne, et entretien du feu à l'exception neantmoins des barques de pescheurs de poissons frais que Sa Majesté a dispensé dudit droit.

Article deux.

Veut Sa Majesté que ledit droit soit payé entre les mains du receveur préposé par le S. comte de Maurepas, secrétaire d'Etat ayant le département de la marine; et que le produit soit emploié suivant les ordres de Sa Majesté qu'il envoyera. N° XXXV

ARTICLE TROIS.

L'adjudication des ouvrages sera faitte devant le S. Boucher, intendant de la generalité de Guyenne, qui en passera les marchez au rabais et les adressera au secrétaire d'Etat de la marine pour estre approuvez.

ARTICLE QUATRE.

L'entrepreneur sera payé sur les ordonnances dudit S. intendant par le preposé à la perception du droit.

ARTICLE CINQ.

Aussitost que lesdittes reparations auront esté mises dans la perfection le droit de cinq sols cessera, et il ne sera plus levé qu'un sol six deniers par tonneau sur lesdits vaisseaux françois et estrangers pour employer le produit uniquement à l'entretien du fanal, sans que ce fonds puisse servir jamais à aucun autre usage, sous quelque preteste ou raison que ce soit.

ARTICLE SIX.

Les comptes de recettes et depense seront presentés tous les six mois —— certiffiés du receveur audit S. intendant qui les examinera et les visera et les envoyera au secretaire d'Etat de la marine pour estre arrestés sans que ledit receveur ny autre soit obligé de les rendre à la chambre des comptes dont Sa Magesté l'a dechargé.

ARTICLE SEPT.

Veut Sa Majesté que le fanal de ladite Tour soit allumé tous les jours de chaque mois depuis l'entrée de la nuit jusqu'à l'aube du jour aux heures marquées cy-après, en janvier et novembre lesdits feux seront allumés pendant treize heures de nuit, savoir depuis cinq heures et demy du soir, jusqu'à six heures et demie du matin, en fevrier pendant onze heures et demie depuis six heures du soir jusqu'à cinq heures et demie du matin, en mars pendant dix heures depuis sept du soir jusqu'à cinq du matin, en avril et aoust pendant huit heures depuis huit du soir jusqu'à quatre du matin, en may et juillet pendant sept heures depuis huit heures et demie du soir jusqu'à trois et demie du matin, en juin pendant six heures depuis neuf du soir jusqu'à trois du matin, en septembre pendant neuf heures et demie depuis sept du soir jusqu'à quatre et demie du matin, en octobre pendant onze heures depuis six et demie du soir jusqu'à cinq heures et demie du matin, en décembre pendant treize heures et demie depuis cinq heures du soir jusqu'à six et demie du matin.

ARTICLE HUIT.

Les adjudications de la fourniture du bois et matieres seront passées à ces conditions, et l'entrepreneur, les gardiens, et tous autres chargés de ce soin seront tenus de sy conformer à peine de punition suivant l'exigence du cas.

ARTICLE NEUF.

Mande Sa Majesté au S. Boucher, intendant de la généralité de Bordeaux, de tenir la main à l'exécution du present arrest qu'elle veut estre executé nonobstant oppositions ou empeschemens quelconques dont si aucuns interviennent et circonstances et dépendances. Sa Majesté s'en est reservée et à son conseil la connoissance, et icelle interdit à touttes ses autres cours et juges.

Fait au Conseil d'Estat du Roy, Sa Majesté y estant, tenu à Versailles le vingt-et-un avril mil sept cent vingt-six.

PHELYPEAUX (99).

N° XXXVI

22 Novembre 1726.

LETTRE de l'intendant Boucher à M. de Maurepas (100).

Archives départem. de la Gironde. Intendance de Bordeaux. Amirauté, portef. 679.

En conséquence de la lettre que vous m'avez fait l'honneur de m'écrire le 10 de ce mois le Sr Dardan, entrepreneur au rehaussement de la tour de Cordouan, partira le 26 de ce mois pour ce rendre à la Charité sur

Loire; afin d'estre présent à la fabriquation des pieces qui doivent estre faites pour la lanterne de cette tour; il s'adressera au Sr Tassin, commis principal des classes à la Charité [101].

J'ay l'honneur d'être avec respect, etc.

BOUCHER, *intendant.*

LETTRE de M. de Maurepas à l'Intendant de la province de Guyenne. N° XXXVII

Communiqué par M. Tamizey de Larroque à la *Revue de Gascogne*, t. IX, p. 549. 19 Octobre 1727.

Monsieur, j'ay rendu compte au Roy de la proposition que vous avez faite d'accorder à M. de Bitry une gratiffication de 2,000 livres en considération des soins qu'il a pris des réparations de la tour de Cordouan. S. M. l'a agréé et trouve bon que vous lui fassiez payer cette somme sur le produit du droit.

Vous trouverez ci-joint copie de l'inscription que S. M. souhaitte que l'on mette à cette tour au lieu de celle dont vous m'aviez adressé le projet.

Je suis très parfaitement, Monsieur, votre très humble et très affectionné serviteur.

MAUREPAS.

LE NOUVEAU PHARE de la tour de Cordouan, à l'embouchure de la Garonne [102]. N° XXXVIII

1727.

Archives nationales.

La tour de Cordouan fut batie sous le regne de Henry III, par le celebre architecte Louis de Foix, Parisien, qui en inventa et executa le dessein en l'année 1585. Le roy Henry le Grand y fit faire des reparations et des

N° XXXVIII augmentations. Et comme le temps luy avoit encore causé des dommages, le roy Louis le Grand la fit reparer solidement en l'année 1665 (103).

Dans la suite, le feu ayant calciné le pourtour des murs, il fut ordonné qu'on feroit descendre la lanterne pour en empecher la chute et les suites de cette chute : ce qui abaissa la tour d'une manière que les navigateurs ne la voyoient plus à deux lieues en mer, comme auparavant. On croit qu'au lieu d'abbaisser la tour et le foyer il n'y avoit qu'à reprendre *sous d'œuvre* tout ce qui avoit esté calciné. Cet abbattement, fait en l'année 1719, fit crier tous les marins.

Sur la fin de l'année 1720, cette tour passa de l'intendance de La Rochelle dans celle de Bordeaux (104), et alors M. le comte de Toulouse, amiral de France, et M. le marquis d'Asfeld (105), chef des ingenieurs, donnerent la direction de cette tour à M. de Bytri, ingénieur en chef de la citadelle et des forts de Bordeaux, ancien capitaine d'infanterie, chevalier de l'ordre militaire de Saint-Louis, l'un des académiciens de l'Académie royale des belles-lettres, sciences et arts. On scait qu'il a servi en Flandres dans la dernière guerre pour la deffence de plusieurs places, et en dernier lieu à celle de Landrecy, assiegée par les Allemans.

M. de Bytri (106), sollicité par le bien public, par M. de Beauharnois (107), intendant de marine de Rochefort, par plusieurs officiers des vaisseaux du Roy, chercha les moyens de rétablir la hauteur de la tour par une lanterne de fer plus haute de quelques pieds que celle qui y estoit auparavant batie de pierre. Outre qu'elle est plus haute, elle n'en a pas les mêmes deffauts, très digne d'attention. La lanterne de pierre avoit des tremeaux assez larges pour faire ombre aux vaisseaux qui se trouvoient vis à vis. Celle de fer n'a point de tremeaux et ne peut par les ombres empecher de voir le feu.

Elle est portée par quatre pilliers de fer de trois pouces et demi de grosseur par en bas, réduit à deux pouces et demi par le haut. Ils l'élèvent de quinze pieds de hauteur, forment ensemble un dôme de huit pieds de diametre. Elle est posée sur un massif de pierre dure d'un pied et demy d'épaisseur.

Le dessous du dôme vient en cul de lampe, couvert de lames de fer, appelé *tole* et éloigné du foyer de neuf pieds de distance, ce qui donne pendant le jour un volume plus gros que celuy de l'ancien dôme et le fait mieux voir des navigateurs. Sur cette lanterne il y en a une autre plus petite, de quatre pieds et demi de hauteur, et de trois pieds et demi de diamètre. Elle porte au dessus un globe de trois pieds et trois pouces de diamètre avec la girouette. N° XXXVIII

Le foyer est composé d'un réchaud suivant le modèle de celuy qui est dans la tour de Chassiron. Il contient 225 livres de charbon de terre, qu'on allume tous les jours au coucher du soleil et le feu dure toute la nuit. L'ancien réchaud estoit trop petit, il ne bruloit que du bois de chêne, qui à la verité faisoit une grande flamme, mais elle ne duroit pas plus de trois heures.

Une chose essentielle à remarquer, et dont nous avons [fait] l'expérience : c'est que le feu de cette nouvelle lanterne estant allumé, le cul de lampe, comme un miroir, réflechit la lumiere et en augmente la force et la clarté [108].

Au reste tout le dessus du dôme de la grande et de la petite lanterne et du globe est couvert de plomb, blanchi par trois couches de blanc de céruse, afin qu'on puisse le voir plus facilement. La hauteur ajoutée à la tour par tout cet ouvrage est de 23 pieds 9 pouces, un demi-pouce, c'est-à-dire deux pieds 9 1/2 pouces, plus que auparavant.

Cette lanterne a esté posée au mois d'aout de cette année 1727 par les soins de M. de Boucher, intendant de Guienne, qui est toujours attentif à la gloire du Roy et au bois du commerce et de la navigation. Il a esté lui-meme à Cordouan et y a demuré deux ou trois jours pour en voir pour les premiers fondemens, malgré la mer qui estoit fort rude en cest endroit.

M. de Bytri a demuré trois semaines dans cette tour pour conduire et encourager les ouvriers par son exemple, quoiqu'il y eut beaucoup à souffrir des vents et du mauvais temps, qui ne permettent pas toujours d'y apporter des vivres.

Les navigateurs estiment ce phare dans son entier le plus beau de l'Europe, et on n'en connoit point ailleurs de plus magnifique par la beauté de la structure et par la hardiesse de l'exécution.

N° XXXIX
25 Août 1728.

ÉTAT des gages de l'aumônier et des quatre gardiens établis à la tour de Cordouan.

Archives départementales de la Gironde. *Trésoriers de France.*

Etat des gages pour une année à commencer du premier septembre 1728 de l'aumonier et des quatre gardiens qui seront establis à la tour de Cordouan, lesquels seront payés de trois en trois mois sur les fonds qui seront par nous ordonnés par le S. Merlin commissaire aux classes de Royan chargé du soin et de l'inspection des feux de la tour de Cordouan conformément à l'article 11 de l'instruction du Sr Merlin.

A l'aumônier.	600 liv.
Au chef gardien.	150
Au gardien serrurier.	150
Aux deux gardiens qui n'ont point de mestiers à 120 livres chacun.	240
Le Sr Merlin	300
Somme totalle.	1,440 liv.

Fait et arresté à Bordeaux, le 25 aoust 1728.

BOUCHER.

N° XL
15 Juin 1732.

PROPOSITION faite aux Récollets de Royan de desservir la chapelle moyennant 200 livres par an.

Archives départementales de la Gironde. *Trésoriers de France.*

Monsieur,

J'ay reçu la lettre que vous avez pris la peine de m'écrire le 26 du mois dernier. Le Roy aprouve que vous ayiez congédié l'aumônier irlandois sur les plaintes qui vous sont revenues de ses trop fréquentes absences et proposé aux Récolets de Royan de desservir la chapelle les dimanches et les fêtes lorsque le tems permettra d'y passer en leur donnant 200 fr.

par an. Le trajet est si souvent interrompu qu'il seroit à souhaitter que ces religieux en destinassent un qui fût sédentaire ou relevé par quartier sauf à leur accorder une gratification plus forte, afin de ne pas laisser les gardiens dépourvus des secours spirituels dans des conjonctures où ils peuvent en avoir besoin.

Je vous prie de faire sur cela ce que vous estimerez praticable.

Je signeray incessament le traitté de la fourniture des charbons pour trois ans et je vous envoyeray une expédition, il est stipulé que l'entrepreneur les livrera à Royan dans le mois d'avril sujets à la visitte de l'officier préposé pour les recevoir.

Je suis très parfaitement, Monsieur, votre très humble et affectionné serviteur,

MAUREPAS.

A Compiègne, le 15 juin 1732.

LETTRE de renouvellement de commission de gouverneur de la tour de Cordouan, en faveur du sieur Binet (100).

N° XLI
31 Août 1734.

Archives nationales, O[1] 163. Registre des expéditions du secrétariat d'État, année 1733.

Louis, par la grâce de Dieu, roy de France et de Navarre, à notre cher et bien amé le Sr Binet, chevallier de l'ordre militaire de Saint Louis. mestre de camp à la suitte du régiment dauphin étranger cavallerie, salut. Par nos lettres du 13 septembre 1730, nous vous aurions commis pour, pendant trois ans, faire la charge de gouverneur de la tour de Cordouan en Guyenne, mais comme ils sont expirés, et que nous estimons à propos de vous y laisser encore étant satisfait de vos services. A ces causes et autres à ce nous mouvans nous vous avons de nouveau commis, ordonné et étably, commettons, ordonnons et établissons par ces présentes signées de notre main, notre gouverneur de la tour de Cordouan pour pendant trois autres ans prochains, entre le temps qui s'est expiré depuis vos précédentes provisions, commander en notredicte tour de Cordouan tant aux habitants qu'aux gens de guerre qui y sont ou seront cy après en garnison ce qu'ils auront à faire pour le bien de notre service, la sureté et conservation de la place en notre obéissance, faire vivre lesdicts habitans en bonne union les uns avec les autres et lesdicts gens de guerre en bon ordre et police suivant nos réglemens et ordonnances militaires et faire sévèrement châtier ceux qui y contreviendront, de ce faire vous donnons pouvoir, commission et mandement spécial par lesdictes présentes.

Mandons à nos amés et féaux.

N° XLII
1760.

DESCRIPTION de la tour de Cordouan.

Extrait de l'*Almanach historique de la province de Guyenne*, pour l'année 1760 (pages 1 à 10) (110).

La tour de Cordouan est trop célèbre pour n'en pas faire mention. C'est un édifice piramidal, afin de donner moins de prise aux vents. Il y a trois ordres d'architecture, dont le premier est Dorique, le second Corinthien, et le troisieme Composite. Il est situé à la mer sous les 44 à 45 degrés à l'entrée de la riviere de Gironde, également à 2 lieues de la Saintonge et du Bas-Médoc. Sa hauteur étoit avant 1727 de 169 pieds, depuis le fondement jusqu'au haut de la piramide. Cette piramide s'étant alors trouvée calcinée par le feu, on y substitua une lanterne en dôme de fer, soutenue par quatre forts pilliers de fer de la hauteur de 22 pieds, en sorte que la hauteur actuelle de la tour, jusqu'à la girouette de cette lanterne, est de 175 pieds. Le diamètre de la tour au plus bas est de 21 toises cinq pieds; la porte est à l'est-sud-est, et à l'ouest est l'escalier de pierre, à vis, pratiqué dans l'épaisseur du mur et partie en dehors.

M. de Bitry, ingénieur en chef à Bordeaux, ancien capitaine d'infanterie, chevalier de l'ordre militaire de Saint-Louis, et l'un des académiciens de l'Academie royale des Belles-Lettres, Sciences et Arts de Bordeaux, qui a servi en Flandre en qualité d'ingénieur, pour la défense de plusieurs places, et en particulier pour celles de Landrecy, a donné le dessein de la lanterne de fer en question : elle est plus haute que celle qui étoit auparavant bâtie de pierre et qui avoit des défauts considérables, par des tremaux qui donnoient des ombres aux vaisseaux qui étoient vis-à-vis. Celle de fer n'a point de tremaux et ne peut par ses ombres empêcher de voir le feu. N° XLII

Elle est portée par quatre barres ou pilliers de 3 pouces 1/2 de grosseur par en bas, reduits à deux pouce 1/2 par en haut; elle s'eleve de 15 pieds de hauteur, formant ensemble un dôme de 8 pieds de diametre, et posé sur un massif de pierre de un pied 1/2 d'épaisseur.

Le dessous du dôme est en cul de lampe, couvert de lames de fer, appelé tôle, et éloigné du foyer de 9 pieds, ce qui donne pendant le jour un volume plus gros que celui de l'ancien dôme et se fait mieux voir des navigateurs.

Sur cette lanterne, il y en a une autre plus petite de quatre pieds 1/2 de hauteur et de trois pieds 1/2 de diamètre : elle porte au dessus un globe de 3 pieds 3 pouces de diamètre avec sa girouette : le foyer est composé d'un réchaud, suivant le modèle de celui qui est dans la tour de Chassiron en l'isle d'Oleron. Il contient 225 livres de charbon de terre, que l'on allume tous les jours au coucher du soleil, et le feu dure toute la nuit. L'ancien réchaud estoit très petit, il ne bruloit que du bois de chêne, qui à la verite jette une grande flamme; mais elle ne duroit pas plus de trois heures.

Une chose essentielle à remarquer et dont on a l'expérience, c'est que le feu de cette lanterne etant allumé, ce cul de lampe réfléchit la lumière comme un miroir et en augmente la force et la clarté.

Tout le dessus du dôme de la grande et de la petite lanterne, ainsi que du globe, est couvert de plomb blanchi par trois couches de blanc de ceruze, afin que l'on puisse le voir plus facilement.

Toutes les pièces de fer qui composent cette lanterne ont été construites dans les forges de Berry, où se fabriquent les fers pour la marine du Roi. Mr le comte de Maurepas y a fait passer un modèle de bois, et employer les meilleurs fers et les plus habiles ouvriers de la Province.

Cette lanterne avoit été si bien exécutée en Berry, qu'elle sembloit avoir éte jettée au moule : elle est assurée de manière qu'on la croit à l'abri de la violence des vents, qui sont terribles en cet endroit. A peine

N° XLII l'exhaussement a-t-il été fait, que plusieurs capitaines de vaisseaux venant des Isles d'Amérique, ont déclaré qu'ils l'avoient découverte de deux lieues plus loin qu'à l'ordinaire, ce qui les avoit empêchés de se perdre, parce que la mer etoit fort grosse.

Ce phare fait l'admiration des navigateurs; ils l'estiment dans son entier le plus beau de l'Europe, et on n'en connoit point ailleurs de supérieur par la beauté de sa structure et par la hardiesse de l'exécution.

On prétend, sans aucun fondement, que Louis le Débonnaire avoit au même lieu fait bâtir une tour fort basse, telle qu'on la voit dans des vieilles cartes, et qu'au lieu de feu, des hommes sonnoient du cornet nuit et jour, pour avertir les navigateurs des dangers. La vérité est, que lorsqu'on a bâti la tour qui est aujourd'hui, il y en avoit aux environs une vieille fort inférieure en hauteur et en ornement : c'est sans doute celle-ci qu'on prétend avoir été bâtie par Cordoue, qui a donné le nom de Cordouan.

Tout nous porte à croire que la tour de Cordouan a été commencée par Louis de Foix, en 1584, et achevée en 1611; elle est bâtie, ainsi que nous l'avons dit d'abord, sur un isle de rochers, qui, suivant la tradition, joignoit alors à la terre du Bas-Médoc; on ne peut en douter, et que l'on a voituré par cette langue de terre, tous les matériaulx dont cet édifice est composé; car si le terrein avoit été tel qu'il est aujourd'hui, il auroit été de toute impossibilité de les transporter par mer, à cause de l'abord impraticable des rochers, qui régnent à plus de 80 toises aux environs de la tour du côté du débarquement, et à une demie lieue des autres côtés, outre que la mer y est toujours fort grosse et qu'elle détruiroit en montant tout ce qu'en auroit fait pendant qu'elle auroit été basse, d'autant plus qu'elle ne découvre cet endroit guère plus de quatre heures.

Jusqu'en 1720 cette tour avoit été sous la direction des Intendans de la Rochelle, et attendu que la nécessité de son feu regarde uniquement la sureté du commerce qui se fait à Bordeaux, on en chargea M. de Boucher, intendant de Guienne, qui, sur les ordres de M. le comte de Maurepas, l'a faite réparer dans sa perfection. Il y a toujours quatre gardiens pour allumer le feu qui dure toute la nuit : ils ont des vivres pour six mois, et de l'eau en abondance par celle qui tombe sur toute la tour, qui au moyen de galeries de pourtour pratiquées exprès à chaque étage, se rend dans des belles citernes. Un récolet de Royan va y dire la messe tous les jours de fêtes et dimanches, quand le temps le permet. N° XLII

Les fonds nécessaires à cet entretien se prenoient autrefois sur les tailles; mais par arrêt du 21 avril 1726 on a imposé cinq sols par tonneau sur chacun des batimens français et étrangers, qui sortent de la rivière, dont le produit sert aux réparations et entretien de cette tour.

Outre le rez-de-chaussée de la tour qui est trente pieds plus haut que les fondemens et qui est composé d'une très grande chambre et de deux garde robes, le tout vouté; il y a deux étages, le premier qu'on appelle la chambre du roi, composé d'un vestibule, d'une grande salle et garde-robes : la chapelle occupe le second qui est pavé de pierre et au milieu le dessein de la couronne de France en marbre noir; les bustes de Louis XIV et de Louis XV faits par Le Moine, sculpteur à Paris (111), y ont été placés en 1735 avec cette inscription latine, qui a été faite par l'Accadémie des inscriptions et belles-lettres de Paris.

LUDOVICUS XIV. RŒX CHRISTIANISSIMUS,
CORDUBANAM HANC TURRIM,
QUÆ NOCTURNIS IGNIBUS,
PITER VADOSA GARUMNÆ OSTIA,
NAVIUM CURSUM REGERET,
A FUNDAMENTIS RESTITUIT
ANNO M. D. C. LXV.

LUDOVICUS XV
NOVIS OPERIBUS FIRMAVIT
ET PHARON FERREAM ALTIOREM, AMPLIOREMQUE
PRO VETERI LAPIDEA SUPER IMPONI JUSSIT
ANNO M. D. C. C. XXVII.

Le buste de Louis de Foix est aussi dans cette chapelle, et au-dessus l'inscription ci-dessous gravée dans un tableau de pierre.

On prétend que cet architecte l'avoit faite poser dès son vivant, et qu'il mourut ensuite à cette tour.

Sur le fronteau du premier étage en dehors sont les armes de France,

Nº XLII aux côtés desquelles deux figures en pierre fort usées par le tems : celle à droite représente Mars, ayant sa lance et son écu : celle à gauche représente une femme tenant en main une palme et une couronne à diadème : plus bas sont des niches, à droite le buste d'Henry II et à gauche celui d'Henry IV. Il y a eu des inscriptions sous ces bustes, qui contenoient seulement les noms de ces deux rois ; mais elles sont entièrement usées, même les morceaux de marbre qui les contenoient : on y en a mis d'autres en bronze en 1735.

Inscription ci-dessus citée :

L'antique Babylon, miraculeuse ville,
Or est un grand désert d'une grande cité;
Sur le ferme élément a été si mobile :
Cordouan dans les eaux y demeure arrêté.
Le colosse orgueilleux de l'Isle Phébéanne
Tomba d'un tremblement de terre combattu :
Et ce phare est fondé sur la plaine Océane,
Qui tremble incessamment sans qu'il soit abattu.
Le bâtiment en vain long et moins difficile,
Des pointes que Memphis hausse en forme de feux,
Miracle ne peut être une chose inutile :
Cordouan est tout utile et tout miraculeux.
Qu'on cesse d'exalter le mausole en Carie,
Ce monument marin est bien plus excellent
Celui-là contenoit une cendre amortie
Et celui-ci contient un feu vif et brulant.
Un homme ambitieux put jadis mettre en cendre
Ce temple Ephezien; mais sur cet œuvre éclos
Deux immortels en vain n'ont cessé d'entreprendre.
Jupiter par son foudre et Neptune par ses flots.
Jupiter qui n'a pu conserver son image,
Au temple Olympien, ne peut rien en ce lieu.
Henry fait voir ici combien peut d'avantage
L'image d'un vrai Roi, que celle d'un faux Dieu.
Soit le palais de Méde, ou l'insulaire Phare
Qui soit mis en ce rang, que veut-on estimer?
Bâtir dessus la terre, est-ce une chose rare?
Mais qui a jamais vu bâtir dessus la mer?

Le langage presque gothique, et le peu d'exactitude qu'on voit dans la versification de cette inscription, feroit croire volontiers qu'elle est plus ancienne que Louis de Foix.

Il y a un gouverneur de la tour de Cordouan, dont les appointemens se prennent sur un droit qu'on lève à Blaye, sur tous les vaisseaux qui entrent dans cette riviere.

N° XLIII

30 Janvier 1766.

LETTRE à M. l'intendant Boutin (112).

Archives nationales : Minutes d'arrêts du Conseil d'État du Roi, E, n° 1711.

A Marly, le 30 janvier 1766.

La place de receveur des droits de cette tour devenue vacante par la mort du Sr Gruer qui en étoit pourvu, ayant été donnée le 10 juin dernier au sieur Delbos de Laborde, son gendre, on écrivit à M. Boutin, intendant à Bordeaux, d'exiger du nouveau receveur une caution que l'on n'avoit pas exigée du précédent et de faire poursuivre jusqu'à parfait payement ceux qui devoient à la caisse pour les effets qui s'y trouvoient montant à 10,114 liv. 5 s. et même le Sr Gruer du Montau, frère du deffunt, qui s'étoit engagé d'y remplacer le vuide de 2,204 liv. 10 s. 2 d. pour remplir la somme de 12,047 liv. 18 s. 4 d. qui devoit y être le 31 may 1765, suivant le procez-verbal dressé par le subdélégué de l'intendance.

Sur quoy M. Boutin a répondu quant à la caution pour la sûreté des deniers de la caisse, qu'il n'avoit luy personnellement nul droit et nulle qualité pour l'exiger; que c'est à Monseigneur (113) à en donner l'ordre directement au nouveau receveur et que tout ce qu'il pouvoit faire c'étoit de donner son avis sur la solvabilité de la caution qui seroit offerte, si elle étoit domiciliée dans la province.

Qu'à l'égard de la poursuite du payement des effets trouvez dans la caisse, il y avoit trop peu d'espérance d'en faire le recouvrement pour compter sur ce qu'on en pourroit retirer, et que ces poursuites devoient être faites par le nouveau receveur auquel il convenoit d'en donner l'ordre.

Mais qu'il ne pensoit ny ne trouvoit même pas juste que le Sr du Montaut dut être compris dans ces poursuites pour le payement de la somme de 2,204 liv. 10 s. 2 d. qui s'est trouvée de moins dans la caisse et qu'il n'avoit garentie que parce qu'il comptoit avoir la place de son frère et de remplir ce vuide par ses appointements des premières années.

Dans ces circonstances M. Boutin demande :

1° Que l'on charge le Sr Delbos de Laborde, nouveau receveur, de fournir caution et de fixer ce cautionnement à 40 mille liv.

2° Que le Sr Gruer du Montaut soit déchargé de la promesse conditionnelle qu'il avoit faite de remplir le vuide de 2,204 liv. 10 s. 2 d.

3° Que les poursuites contre les débiteurs soient faites à la diligence du controlleur de la marine du département de Bordeaux, en authorisant M. Boutin, par un arrêt du Conseil, dont il envoye le projet à délivrer des ordonnances, pour contraindre les débiteurs à payer respectivement le montant des effets qui se trouvent dans la caisse.

Tout ce que M. Boutin propose pour mettre cette affaire en règle paroissant convenable, il semble qu'il n'y a point d'inconvénient à en ordonner l'exécution : ainsy si Monseigneur l'approuve, on expédiera l'arrêt et les ordres en conséquence.

Approuvé.

N° XLIV

1er Avril 1781.

LETTRE de M. Correnson [114] à M. Le Moyne [115].

Archives de la Marine du port de Bordeaux. Dépôt du Magasin des vivres de Bacalan.

Monsieur,

J'ay l'honneur de vous addresser cy-joint les états des fonds nécessaires au payement des appointements, solde et salaires dus aux officiers, matelots et gardiens, qui ont été employés au service de la tour de Cordouan pendant le premier quartier de la présante année, dont je vous prie de vouloir bien faire expédier les ordonnances.

La *Vénus* et le *Rossignol* ont été rencontrés en croizière vers l'isle Dieu, peut-être trouveront-ils les corsaires qui ne cessent de visiter tous les batiments, qui se présentent à l'entrée de cette rivière.

J'ay l'honneur d'être avec un très profond respect, Monsieur, votre très humble et très obéissant serviteur.

CORRENSON.

Royan, 1er avril 1781.

A Monsieur Le Moyne, commissaire général des ports et arsenaux, ordonnateur, à Bordeaux.

N° XLV

1er Avril 1781.

ÉTAT des fonds nécessaires au paiement des officiers employés au service de la tour.

Archives de la Marine du port de Bordeaux. Dépôt du Magasin des vivres de Bacalan.

Etat des fonds nécessaires au payement des officiers employés au service de la tour de Cordouan, auxquels il est du les sommes cy-après tirées hors lignes pour leurs appointements du premier quartier de la présente année 1781.

Scavoir :

Au S. Correnson, commissaire aux classes de la marine, pour ses appointements à raison de 500 livres par an, cy.	125 liv.
Au R. P. Bonneau, relligieux cordelier, aumonier de la chapelle du Verdon, pour ses appointements, à raison de 800 liv. par an, cy.	200
Au R. P. Hypolite Robert des Isles, relligieux recolet, aumonier de la tour de Cordouan, pour ses appointements à raison de 600 livres, cy.	150
	475 liv.

A Royan, le premier avril 1781.

CORRENSON.

N° XLVI
1er Avril 1781.

ROLE de l'équipage de la chaloupe employée au service de la tour.

Archives de la Marine du port de Bordeaux. Dépôt du Magasin des vivres de Bacalan.

Rolle des noms et surnoms de l'officier marinier et des matelots qui composent l'équipage de la chaloupe employée au service de la tour de Cordouan, auxquels il est du les sommes cy-après tirées hors lignes pour leurs salaires pendant le premier quartier de la présente année 1781.

Scavoir :

A Paul Hereau, patron de ladite chaloupe pour ses salaires pendant le premier quartier de la présente année, à raison de 30 livres par mois, cy. . . . . 90 liv.

A Pre Goureau, matelot, pour *id.* pendant *id.*, à raison de 25 liv., cy. 75

A Pre Rivière, autre matelot, pour *id.* pendant *id.*, cy. . . 75

A Jn Latour, autre matelot, pour *id.* pendant *id.*, cy. . . . 75

A Jn Vigeo, autre matelot, pour *id.* pendant *id.*, cy. . . . 75

390 liv.

A Royan, le 1er avril 1781.

CORRENSON.

N° XLVII
1er Avril 1781.

ROLE des gardiens employés au service de la tour.

Archives de la Marine du port de Bordeaux. Dépôt du Magasin des vivres de Bacalan.

Rolle des noms et surnoms des gardiens employés au service de la tour de Cordouan, auxquels il est du les sommes tirées hors lignes pour leurs salaires pendant le premier quartier de la presente année 1781.

Scavoir :

Au S. Paruau, dit Mérignac, Ct et chef-gardien de la tour de Cordouan, pour ses salaires en laditte qualité pendant le premier quartier de la

présente année, à raison de 400 livres par an, cy . . . . 100 liv. » s.
A Guill. Fauvelet, chef gardien en second, pour *id.*, à raison de 180 livres par an, cy. 45
A Pre Pellier, gardien, pour *id.*, à raison de 150 livres par an, cy. 37 10
A Jn Bureau, autre gardien, pour *id.*, *id.*, cy. 37 10
A Symon Violeau, autre gardien, pour *id.*, *id.*, cy. . . 37 10

257 liv. 10 s.

A Royan, le premier avril 1781.

CORRENSON.

MÉMOIRE de M. Dupré de Saint-Maur [116]**. Projet de défense de l'embouchure de la Gironde.**

N° XLVIII
24 Mars 1778.

Extrait de la *Revue catholique de Bordeaux*, du 16 novembre 1884.

Bordeaux, 24 mars 1778.

L'importance du commerce de la ville de Bordeaux et la protection qu'il est en droit de réclamer du gouvernement en cas de guerre avec quelques puissances maritimes, ont engagé, il y a déjà du tems, M. Dupré de Saint-Maur, intendant de cette province, à rechercher les moïens les moins dispendieux et les plus efficaces pour assurer sa tranquillité.

On ne peut se rappeler sans étonnement que, pendant la dernière guerre et les précédentes, des corsaires ennemis aient eu impunément la hardiesse de venir établir leur croisière à l'entrée de la rivière de Bordeaux, ou dans la rivière même, de sorte que nos navires ne pouvoient y entrer qu'en courant les plus grands risques. Une ou deux prâmes [117], trop massives pour maneuvrer facilement, un petit vaisseau garde-côte, quelques chalouppes carcassières(?) [118], qui n'étoient pas suffisamment armées, et des batteries inutilement établies sur les bords de la rivière, dans des endroits où elles ne pouvoient faire effet, n'ont pas rempli, à beaucoup près, l'objet qu'on s'est proposé. On auroit pu épargner, avec

N° XLVIII moins d'inconvénient encore, les frais énormes qu'a couté l'entretien d'un corps de troupes, campé sur la côte du Médoc, sous prétexte de s'opposer à une prétendue descente, à la possibilité de laquelle on paroit avoir cru bien légèrement. Cette côte, et celle qui règne le long des Landes jusqu'à Baïonne, est trop platte pour qu'aucun batiment ose jamais tenter d'y aborder; un naufrage certain seroit bientot la peine de sa témérité. Le bassin d'Arcachon, ou, ce qui est la même chose, le port de La Teste, est le seul endroit où la descente peut absolument s'opérer; mais les difficultés qui s'y présentent sont telles encore qu'il n'y a pas lieu d'avoir raisonnablement la moindre appréhension à cet égard.

Il ne s'agit donc que de pourvoir à la deffense de l'embouchure des deux rivières qui pénètrent dans la Guienne, savoir : l'Adour et la Garonne.

L'Adour n'est malheureusement que trop deffendu par la barre qui s'est formée à son entrée; et puis la ville de Baïonne, qu'on rencontre aussitôt et qui est passablement fortifiée, ne laisse aucune inquiétude à cet égard.

Quant à la Garonne, voici ce qu'on proposeroit :

1° De former, soit à la pointe du Verdon, soit vis-à-vis et à l'autre côté, mais à la vue de la tour de Cordouan, un petit hâvre ou abry capable de recevoir et tenir en station une demi-douzaine de chaloupes canonières et une couple de frégates de 20 ou 26 canons. Les chaloupes, montées de 24 rameurs et d'autant de soldats, seroient armées, à l'avant et à l'arrière, de deux canons de 24 livres de balles;

2° De construire, à la tête du petit havre, une caserne ou maison propre à loger les soldats et matelots qui formeroient l'équipage de ces chaloupes et frégates, ainsi que quelques invalides pour la garder, en y ajoutant quelques fortifications, en terre ou autrement, qui la missent, de même que le port, à l'abri d'un coup de main;

3° D'établir de lieue en lieue sur la rivière, depuis son embouchure jusqu'à Blaye, et même un peu plus haut, des pontons ou batteries flottantes, de 6 ou 8 canons, avec quelques soldats et canoniers pour en faire le service. Ces pontons, amarrés sur des ancres par des chaînes de fer, seroient placés dans les passes des navires, de sorte qu'aucun batiment ne pourroit descendre ou remonter sans en passer aussi près que la portée du pistolet; N° XLVIII

4° D'envoyer de tems à autre de Rochefort quelques vaisseaux du Roy, ou frégates, un peu forts, pour croiser vis-à-vis les côtes de Guienne ou de Saintonge, à 2 ou 3 lieues en mer.

Avec ces précautions, qui ne sont réellement pas coûteuses, il y a lieu de croire que le commerce de Bordeaux continueroit à se faire en temps de guerre presque aussi sûrement qu'en temps de paix, parce qu'il n'y a, pour ainsi dire, de risques à courir qu'aux atterrages, et qu'aucun vaisseau ennemi n'entreprendroit plus de s'approcher de la rivière. En effet, l'étendue de mer que l'on découvre de la tour de Cordouan étant immense, dès qu'on y appercevroit un batiment suspect, on feroit les signaux convenus, d'après lesquels on expédieroit du petit hâvre, dont nous avons parlé, soit les frégates, s'il s'agissoit de dépasser la tour pour donner chasse en pleine mer, soit le nombre nécessaire de chaloupes, dans le cas où le bâtiment suspect se seroit engagé dans l'espèce de bassin qui est entre la terre et l'embouchure de la Gironde. Ce bassin, presque circulaire et de 4 à 5 lieues de diamètre, étant fermé, soit par les côtes même, soit par une chaine de rochers, dans plus de trois quarts de sa circonférence, les bâtiments qui y ont une fois pénétré ne peuvent plus maneuvrer que très difficilement, de sorte que des chaloupes, armées comme on l'a dit, s'empareroient tout de suite d'un vaisseau qui d'ailleurs leur seroit dix fois supérieur en force. Il n'y a corsaire, ni frégates qui pussent leur résister.

En supposant que quelque bâtiment ennemi, sous pavillon masqué, put tromper leur vigilence et leur échapper pour s'introduire dans la rivière, n'y trouveroit-il pas les pontons ou batterie flottante auprès desquels ils ne pourroient pas passer sans être visités et reconnus? Ces batteries seroient de tout autre usage que celles qu'on pourroit établir à terre. parce que la largeur de la rivière empêche que celles-cy ne servent à rien : elles sont assurément bien multipliées à Blaye, puisqu'il y a un fort de chaque coté de la rivière et un troisième placé dans l'isle qui est au milieu. Cependant j'ai ouï dire à plusieurs marins, qu'ils ne croiroient pas courir grand risque en forçant ce passage, et que ce seroit le plus grand hazard si leur batiment étoit endommagé par le canon des forts.

Les chaloupes et les pontons se revendroient presque sans perte à la paix, et leur construction n'auroit pas, comme celle des prames, employé des bois qui serviroient plus utilement à construire des vaisseaux de guerre; quelques vieilles carcasses de batiment, que l'on trouveroit à acheter à bon compte, suffiroient même pour y dresser les batteries flottantes et tiendroient lieu, si l'on vouloit, de pontons.

N° XLIX

14 Septembre 1781.

LETTRE de M. Teulère à M. Combes, architecte.

Collection de M. Jules Delpit.

Monsieur et cher amy,

Quelle joye pour moy d'apprendre que vous avés été couronné de gloire par un tribunal le plus respectable de l'Europe, lorsqu'il agit d'après ces propres connoissances la voix unanime de ce tribunal, celle du public, et celle de tous les élèves que je regarde comme infaillible, annoncent déjà votre gloire future, et il n'en auroit pas fallu davantage dans l'antiquité pour vous acquérir un nom immortel; mais dans le siècle où nous sommes, votre bonheur n'est encore qu'ébauché. Vos qualités personnelles et votre mérite reconnu vous attireront sans doute des amis.

Mais je crains que cela ne soit qu'une faible ressource dans un tems où l'on ne connoit que l'or pour mesure commune du mérite, et j'ose même dire des talents, l'usage du monde que vous possedés et votre génie vous guideront dans ce labirinthe, vous discernerés le vray d'avec le faux. La chose est délicate surtout lorsqu'il s'agit de consilier les intérests du propriétaire avec celuy du mercenaire, qui se dévoue pour luy, l'un dit toujours, je suis volé et mal servy et l'autre se plaint de son côté qu'on luy fait tord et qu'il se ruine, cédez vous à l'un vous vous attirés la haine de l'autre, non seulement de celuy qui se plaint, mais de tous ceux dans le même cas, un juste milieu les fâche à tous. — Comment donc faire? Le moyen le plus naturel est de ce mettre au dessus du qu'en dira-ton, mais alors un homme qui fait le mal avec connoissance de cause est-il tranquille? Vous voyés d'après cela que si vous êtes sorty de l'embarras des études ce n'est que pour entrer dans un autre qui est plus difficille. — L'étude des hommes et leurs intérets divers, je dis que c'est plus difficille parce que la bonne foy semble être reléguée au pays des chimères avec le meilleur des mondes possibles. N° XLIX

En regardant le but où vous devés atteindre, je vois qu'il vous faut gagner du bien pour soutenir honorablement votre état, exercer votre génie avec sagascité, rendre à chacun la justice qui luy sera due pour vous faire autant d'amis que de personnes qui auront à faire à vous; quelle tache, mon cher amy!... Pardon sy je m'égare dans des réflexions que vous avez fait aussy bien que moy.

J'ay eu l'honneur de vous l'écrire pour la loge d'Agen, faites moy le plaisir de me marquer sy les officiers de la Grande Loge ont jugé à propos de répondre.

Je vous ay prié aussy de voir M. Sangraire, rue du Ponceaud, au sujet de la lanterne de Cordouan, marqués moy s'il vous plait sy vous l'avés vu et ce que l'on a dessidé, car il seroit à propos que tout fut fait au printems pour la poser en mars ou avril.

Marqués moy aussy en quel tems vous croyés partir de Paris pour vous rendre à Bordeaux parce que j'aurés une petite commission à vous prier de faire avant votre départ. J'ay vu hier M. votre père et toute votre aimable famille, ils se portent bien et je vous laisse à penser quelle est leur joye.

J'ay l'honneur d'être avec un très profond respect, Monsieur et cher amy, votre très humble et très obeissant serviteur.

TEULERE.

A Monsieur, Monsieur Combes, architecte, chez M. Peyre, architecte du Roy, rue Boucher, près le Pont-Neuf, Paris.

N° L
5 Mars 1782.

LETTRE de M. Fourtille Sangrain (119) à M. le marquis de Castries (120).

Archives nationales : *Minutes d'arrêts du conseil d'État du Roi*, E, n° 1711.

Paris, 5 mars 1782.

Monseigneur,

J'ay l'honneur de rendre compte à Votre Grandeur, que pour répondre à la confiance dont elle daigne m'honorer concernant l'établissement du phare de la tour de Cordouan, je n'ay rien épargné pour donner à ce nouveau feu toute la perfection dont il est suceptible et quoique je fusse bien sûr de mon premier sistème, le préjugé a paru l'emporter sur l'évidence, à cause que ceux des isles de Ré et d'Oleron sont établis sur un autre principe; pour ne rien laisser à désirer, j'ai sur le champ fait fabriquer de nouveaux réverbères, d'un tiers plus volumineux que ceux qu'on a cités pour l'exemple, et j'ai fait partir mon chef d'atelier qui est actuellement occupé à faire ce changement qui, je crois, sera au désir général, et par le même principe calmera les esprits et fera cesser toutes les réclamations.

Comme il y a déjà longtems que je suis en avance des frais de cet établissement, dont Votre Grandeur m'a accordé une somme de 21,000 livres, oserai-je la suplier de vouloir bien ordonner qu'il me soit remis un acompte de 12 à 15,000 livres jusqu'à ce que le temps permette aux personnes chargés de vos ordres, d'aller vérifier ces travaux : je désire bien, Monseigneur, qu'il vous en soit rendu un compte exact, Votre Grandeur reconnaîtra que le seul point d'honneur a eu toute la part à cette entreprise, mais j'ai dû le faire pour mériter de plus en plus sa protection.

Je suis avec le plus profond respect, Monseigneur, votre très humble et très obéissant serviteur.

F. FOURTILLE SANGRAIN.

N° LI

21 Août 1783.

DÉCLARATIONS concernant les feux de la tour de Cordouan.

Archives nationales : *Minutes d'arrêts du conseil d'État du Roi,* E, n° 1711.

1re Déclaration. — Aujourd'huy vingt un du mois d'aout mil sept cent quatre-vingt-trois, a comparu devant nous Jean-Baptiste-Raimond Navarre (121), conseiller en la Grand Chambre du parlement et lieutenant général de l'amirauté de Guienne, sieur Jullien Quimper, capitaine du navire le *Railleur* de Bordeaux, du port d'environ trois cent seize tonneaux et de trente-trois hommes d'équipage, venant du Cap, auquel avons demandé s'il a passé devant la tour de Cordouan de jour ou de nuit. A répondu avoir passé devant ladite tour à six heures du soir le dix de ce mois et avoir louvoyé jusqu'au lendemain matin devant ladite tour pour attendre la marrée.

Interrogé s'il faisoit lors du brouillard ou si le temps étoit lors bien clair, répond que le temps étoit lors très clair. Interrogé à quelle distance il a apperçu le feu de ladite tour, s'il trouve que la lumière de ce feu soit plus éclatante et s'apperçoive mieux que celle qui rendoit les feux précédents et s'il a connu les feux précédents,

Répond qu'étant à la distance de trois ou quatre lieux, il n'a pas apperçu le feu de ladite tour, mais que s'étant trouvé dans plusieurs voyages à la même distance de nuit, il appercevoit très bien les feux précédents, qu'est tout ce qu'il a dit savoir du contenu aux interrogats par nous à lui faits et a signé avec nous, signé : NAVARRE, QUIMPER.

2e Déclaration. — Le 23 aout 1783, a comparu Jean Milh, capitaine de la barque la *Valeur* de Plassac, du port d'environ 53 tonneaux et de cinq hommes d'équipages, venant de Rochefort, auquel avons demandé s'il a passé devant la tour de Cordouan de jour ou de nuit.

Répond avoir passé devant la tour de Cordouan le dix-sept de ce mois à dix heures du soir.

Interrogé s'il faisoit lors du brouillard ou si le temps étoit bien clair,

Répond qu'il faisoit lors beau temps.

Interrogé à quelle distance il a apperçu le feu de la tour, s'il trouve

N° LI que la lumière de ce feu soit plus éclatante et s'appercevoive mieux que celle que rendoient les feux précédents et s'il a connu le feu précédent,

Répond n'avoir apperçu le feu de ladite tour qu'à deux lieues de distance, que faisoit beau clair de lune, il ne s'en occupa pas, que le feu précédent rendoit une lumière plus éclatante et s'appercevoit très distinctement à quatre lieues de distance et donnoit une lumière très rouge; mais que celui d'aujourd'hui ne donne qu'une lumière très blanche, qu'est tout ce qu'il a dit savoir du contenu aux interrogats par nous à lui faits et a déclaré ne savoir signer, de ce par nous interpellé conformément à l'ordonnance. Signé : NAVARRE.

3e Déclaration. — Le 23 aout 1783, a camparu le capitaine Peters Strensky, commandant le navire le *Frédérick Wilhelm,* de Bremen, du port d'environ 210 tonneaux et de 9 hommes d'équipages, venant de Riga, auquel avons demandé par l'interprétation de Joseph Lafoce, interprète juré du siège, s'il a passé devant la tour de Cordouan de jour ou de nuit,

Répond par la susdite interprétation qu'il a passé devant ladite tour de Cordouan la nuit du vingt au vingt-un de ce mois.

Interrogé s'il faisoit lors du brouillard ou si le temps étoit bien clair,

Répond qu'il faisoit lors très beau temps et très clair.

Interrogé à quelle distance il a apperçu le feu de ladite tour, s'il trouve que la lumière de ce feu soit plus éclatante et s'apperçoive mieux que celle que rendoit le feu précédent et s'il a connu le feu précédent,

Répond qu'il n'a point apperçu le feu de ladite tour quoi qu'il ne fut qu'à deux lieues de distance, et qu'il a fait monter son second au bout des mats pour le reconnaître, qu'à la pointe du jour il ne se trouve que par seize brasses d'eau, déclare en outre qu'il se rappelle très bien que le feu précédent donnoit une lumière très éclatante et à quatre lieues de distance, qu'est tout ce qu'il a dit savoir du contenu aux interrogats par nous à lui faits et a signé avec ledit interprète. Signé : NAVARRE, LAFOCE et Peters STRENSKY.

4e Déclaration. — Le 23 aout 1783, a comparu le sieu Bernard Leruet, capitaine du navire le *Basque* de Bordeaux, du port de deux cent soixante tonneaux et de 18 hommes d'équipages, venant du Cap, auquel avons demandé s'il a passé devant la tour de Cordouan de jour ou de nuit.

Répond qu'il a passé le dix-sept de ce mois devant la tour de Cordouan à huit heures du soir et mouilla entre la tour et Soulac où il resta jusqu'au lendemain matin trois heures qu'il leva l'ancre. N° LI

Interrogé s'il faisoit lors du brouillard ou si le temps étoit bien clair,

Répond que le temps étoit très clair.

Interrogé à quelle distance il a apperçu le feu de ladite tour, s'il trouve que la lumière de ce feu soit plus éclatante et s'apperçoive mieux que celle que rendoit le feu précédent et s'il a connu le feu précédent,

Répond n'avoir apperçu le feu de laditte tour qu'environ une demie lieue, qu'il trouve que ce feu ne fait qu'une petite lumière qui est cependant assés claire, que le feu précédent faisoit une lumière par intervalle bien plus éclatante et se portait bien plus loing, qu'est tout ce qu'il a dit savoir du contenu aux interrogats par nous à lui faits et a signé avec nous. Signé : Navarre, Bernard Leruet.

5e *Déclaration.* — Le 25 aout 1783, a comparu Vincent Cauric, capitaine de la barque la *Sainte-Anne-d'Arzou*, du port d'environ 18 tonneaux et de huit hommes d'équipage, venant de Belisle, auquel avons demandé s'il a passé devant la tour de Cordouan de jour ou de nuit.

Répond avoir passé devant la tour de Cordouan le vingt-quatre de ce mois entre onze heures et minuit.

Interrogé s'il faisoit lors du brouillard ou si le temps étoit bien clair,

Répond que le temps étoit lors assés clair.

Interrogé à quelle distance il a apperçu le feu de la tour de Cordouan, s'il trouve que la lumière de ce feu soit plus éclatante et s'apperçoive mieux que celle que rendoit le feu précédent, et s'il a connu le feu précédent,

Répond n'avoir apperçu le feu de la tour de Cordouan qu'à environ deux lieues, qu'il ne trouve pas de différence entre le feu actuel et celui précédant, mais que cependant il se rappelle que lorsqu'il faisoit du vent le feu précédent donnoit une lumière plus éclatante et se portoit plus loin, qu'est tout ce qu'il a dit savoir du contenu aux interrogats par nous à lui faits, et a déclaré ne savoir signer de ce par nous interpellé conformément à l'ordonnance. Signé : Navarre.

6e *Déclaration.* — Le 25 aout 1783, a comparu le capitaine Symon

N° LI Swaary, commandant le navire la *Pucelle de Gand,* du port d'environ 160 tonneaux et de 10 hommes d'équipage, venant du Cap sur lest, auquel avons demandé par l'interprétation de Joseph Lafoce, s'il a passé devant la tour de Cordouan de jour ou de nuit.

Répond avoir passé et mouillé devant la tour de Cordouan à l'est-nord-est, distance d'une lieue, le vingt-un de ce mois, à neuf heures du soir.

Interrogé s'il faisoit lors du brouillard ou si le temps étoit bien clair,

Répond qu'il faisoit lors un temps clair

Interrogé à quelle distance il a apperçu le feu de ladite tour, s'il trouve que la lumière de ce feu soit plus éclatante et s'apperçoive mieux que celle que rendoit le feu précédent et s'il a connu le feu précédent,

Répond avoir apperçu le feu de ladite tour à environ trois lieues, qu'il ne peut décider si le feu de ladite tour soit plus éclatant et s'apperçoive mieux que le feu précédent, en ce qu'il n'a jamais passé de nuit devant ladite tour, qu'est tout ce qu'il a dit savoir du contenu auxdits interrogats par nous à lui faits et a signé avec ledit interprète. Signé : Navarre, Lafoce, Symond Swaary.

7e *Déclaration.* — Le 25 août 1783, a comparu le capitaine Jacob Taakes, commandant le navire la *Serres,* de Hambourg, du port d'environ 280 tonneaux et de 15 hommes d'équipage, venant de Hambourg, auquel avons demandé s'il a passé devant la tour de Cordouan de jour ou de nuit.

Répond avoir passé et mouillé le 21 de ce mois devant la tour de Cordouan à neuf heures du soir.

Interrogé s'il faisoit lors du brouillard ou si le temps étoit bien clair,

Répond que le temps étoit lors très clair.

Interrogé à quelle distance il a apperçu le feu de ladite tour, s'il trouve que la lumière de ce feu soit plus éclatante et s'apperçoive mieux que celle que rendoit le feu précédent et s'il a connu le feu précédent,

Répond avoir apperçu le feu de la tour à six lieues de distance, qu'il a très bien connu le feu précédent et trouve que le feu dont on se sert actuellement est moins clair que le feu précédent et que la flamme ne se porte pas si haut et s'apperçoit moins que le feu précédent, qu'est tout ce qu'il a dit savoir du contenu auxdits interrogats par nous à lui faits par la susdite interpretation et a signé avec ledit interprète. Signé : NAVARRE, LAFOCE, Jacob TAAKES.

8e Déclaration. — Le 26 aout 1783, a comparu Jeans Pieters, capitaine du navire les *Frères de Brugges*, du port d'environ 180 tonneaux et de 8 hommes d'équipages, auquel avons demandé par l'interprétation de Joseph Lafoce, interprète juré du siège, s'il a passé de jour ou de nuit devant la tour de Cordouan.

A répondu qu'il a passé devant la tour de Cordouan le vingt-trois de ce mois et a louvoyé pendant toute la nuit devant ladite tour.

Interrogé s'il faisoit lors du brouillard et si le temps étoit bien clair,

Répond qu'il faisoit lors très clair.

Interrogé à quelle distance il a apperçu le feu de ladite tour, s'il trouve que la lumière de ce feu soit plus éclatante et s'apperçoive mieux que celle que rendoit le feu précédent et s'il a connu le feu précédent,

Répond qu'il n'a apperçu le feu de la tour de Cordouan qu'à la distance de deux lieues, que n'étant pas venu dans cette rivière depuis sept ans, il ne se rappelle pas si le feu précédent donnoit une lumière plus éclatante et s'appercevoit de plus loin que le feu actuel, qu'est tout ce qu'il a dit savoir du contenu auxdits interrogats par nous à lui faits et a signé avec ledit interprète. Signé : NAVARRE, LAFOCE, Jeans PIETERS.

9e Déclaration. — Le 26 aout 1783, a comparu Jurgen Torbensen, capitaine du navire *la Libertas* de Fleurbourg, du port d'environ 180 tonneaux et de 10 hommes d'équipage, auquel avons demandé, par l'interprétation de Joseph Lafoce, interprète juré du siège, s'il a passé devant la tour de Cordouan de jour ou de nuit.

Répond que dans la nuit du vingt-deux de ce mois il a apperçu la tour de Cordouan et voulant entrer en rivière il ne peut y parvenir par les vents calmes et les forts courants, qui les firent dériver en dehors à la distance de trois lieues de la tour.

Interrogé s'il faisoit lors du brouillard ou si le temps étoit clair,

Répond que le temps étoit lors un peu épais.

Interrogé à quelle distance il a apperçu le feu de ladite tour, s'il trouve que la lumière de ce feu soit plus éclatante et s'apperçoive mieux que celle que rendoit le feu précédent et s'il a connu le feu précédent,

N° LI Répond avoir apperçu le feu de ladilte tour à la distance de trois à quatre lieues, que n'étant pas venu en cette rivière depuis quatre ans il ne se rappelle pas si le feu précédent donnoit une lumière plus éclatante que le feu actuel, mais qu'il trouve que le feu actuel donne une lumière assés éclatante, qu'est tout ce qu'il a dit savoir du contenu aux interrogats par nous à lui faits et a signé avec ledit interprète. Signé : Jurgen Torbensen, Lafoce, Navarre.

10e Déclaration. — Le 26 aout 1783, a comparu Herman Conrade Huguenau, capitaine du navire le *Jaur*, de Bremen, du port de 150 tonneaux et de 8 hommes d'équipage, venant de Bremen, auquel avons demandé par l'interprétation de Joseph Lafoce, inteprète juré du siège, s'il a passé devant la tour de Cordouan de jour ou de nuit.

Répond qu'il a passé toute la nuit du vingt-deux au vingt-trois de ce mois devant la tour de Cordouan ayant un pilote à bord.

Interrogé s'il faisoit lors du brouillard ou si le temps étoit clair,

Répond qu'il faisoit lors très clair.

Interrogé à quelle distance il a apperçu le feu de ladite tour, s'il trouve que la lumière de ce feu soit plus éclatante et s'apperçoive mieux que celle que rendoit le feu précédent et s'il a connu le feu précédent,

Répond avoir aperçu le feu de ladilte tour à la distance d'environ trois lieues, que le feu précédent donnoit une lumière plus éclatante et s'appercevoit à environ cinq ou six lieues, mais que le feu actuel ressemble à une lampe obscure et que s'il n'eut pas eu un pilote à bord il ne se seroit pas hazardé d'entrer en rivière, qu'est tout ce qu'il a dit savoir du contenu aux interrogats par nous à lui faits et a signé avec ledit interprète. Signé : Herman Conrade Hugeusnau, Lafoce, Navarre.

11e Déclaration. — Le 27 aout 1783, a comparu le sieur Jean-Baptiste Corbière, capitaine du navire le *Comte de Latouche-Treville*, de Bordeaux, du port d'environ quatre cent quarante-huit tonneaux et de quarante hommes d'équipage, venant du Cap, auquel avons demandé s'il a passé devant la tour de Cordouan de jour ou de nuit.

A répondu que le vingt-quatre de ce mois il a passé entre neuf et dix heures du soir devant la tour de Cordouan.

Interrogé s'il faisoit lors du brouillard ou si le temps étoit bien clair,

Répond que le temps étoit bien clair. N° LI

Interrogé à quelle distance il a apperçu le feu de ladite tour, s'il trouve que la lumière de ce feu soit plus éclatante et s'apperçoive mieux que celle que rendoit le feu précédent et s'il a connu le feu précédent,

Répond n'avoir apperçu le feu de ladite tour qu'à une lieue et demie, qu'il a très bien connu le feu précédent et qu'il trouve que la lumière du feu actuel est moins éclatante que le feu précédent et se porte beaucoup moins loin, qu'est tout ce qu'il a dit savoir du contenu aux interrogats par nous à lui faits, et a signé avec nous. Signé : Jean-Baptiste CORBIÈRE, NAVARRE.

12° Déclaration. — Le 28 aout 1783, a comparu François Le Rohallec, capitaine de la barque la *Sainte-Anne,* d'Arzou, du port d'environ 17 tonneaux et de 8 hommes d'équipage, venant de Concarneau, auquel avons demandé s'il a passé devant la tour de Cordouan de jour ou de nuit.

A répondu qu'il a resté en cape devant laditte tour pendant toute la nuit du vingt-six au vingt-sept de ce mois.

Interrogé s'il faisoit lors du brouillard ou si le temps étoit bien clair,

Répond qu'il faisoit lors un temps épais.

Interrogé à quelle distance il a apperçu le feu de ladite tour, s'il trouve que la lumière de ce feu soit plus éclatante et s'apperçoive mieux que celle que rendoit le feu précédent et s'il a connu le feu précédent,

Répond n'avoir apperçu le feu de laditte tour qu'à environ deux ou trois lieues, qu'il se rappelle très bien du feu précédent et que le feu actuel ne donne pas plus de lumière qu'une chandelle, que le feu précédent s'appercevoit à cinq lieues, qu'est tout ce qu'il a dit savoir du contenu auxdits interrogats par nous à lui faits et a déclaré ne savoir signer, de ce par nous interpellé, conformément à l'ordonnance. Signé : NAVARRE.

13° Déclaration. — Le 29 aout 1783, a comparu Eppé Siebots, capitaine du navire l'*Espérance Surveillante,* de Dormeuriel, du port d'environ 60 tonneaux et de quatre hommes d'équipage, venant de Elbruc en Prusse, auquel avons demandé par l'interprète de Joseph Lafoce, interprète juré du siège, s'il a passé devant la tour de Cordouan de jour ou de nuit.

A répondu qu'il a passé devant laditte tour le vingt-sept de ce mois à dix ou onze heures du soir où il mouilla et passa la nuit.

Interrogé s'il faisoit lors du brouillard ou si le temps étoit bien clair,

Répond que le temps étoit lors clair.

Interrogé à quelle distance il a apperçu le feu de laditte tour, s'il trouve que la lumière de ce feu soit plus éclatante et s'apperçoive mieux que celle que rendoit le feu précédent, et s'il a connu le feu précédent,

Répond que quoiqu'il ne fut mouillé qu'à une lieue et demie de laditte tour, il n'a pu appercevoir le feu, qu'il se rappelle très bien du feu précédent, lequel étoit apperçu à une lieue et demie, qu'est tout ce qu'il a dit savoir du contenu aux interrogats par nous à luy faits et a signé avec ledit interprète. Signé : Eppé Siébots, Lafoce, Navarre.

Pour copie conforme à la minute qui est restée devers le greffe.

L. PEDESCLAUX (122).

N° LII
25 Juillet 1786.

LETTRE de M. Teulère à M. Combes, architecte.

Collection de M. Jules Delpit.

Royan, 25 juillet 1786.

Mon cher amy,

J'ay appris avec quel zèle M. Bonfin (123) m'a présenté à l'Académie. J'aurois l'honneur de luy en faire mes remerciements, et de tacher de répondre à ce que l'Académie exige de moy. Je suis très rouillé dans la démonstration de cette partie. Je ne m'attendois pas à être forcé de m'en occuper de quelque tems; mais puisqu'il n'y a plus à reculer, il faut bien s'évertuer un peu, et tacher d'avoir du tems pour tout, faites-moy le plaisir de me procurer l'ouvrage de Frézier en trois volumes in-4°, édition de Strasbourg, s'il est possible. M. Gastambide auprés de ces amis, ou Burguet auprès des maîtres pourroit faire cette affaire, si cette édition n'existe pas, il faut la prendre de chez Jombert de Paris, vous en trouverés chez M. Gintrac, mon libraire, près le puis de la Samaritaine.

Je voudrois aussy les ouvrages de Philibert de Lorme sur la coupe des pierres. J'ignore s'ils sont trouvables en quelque part.

Bien des respects chez vous, etc.
Il ne me reste que le tems de vous dire adieu.

TEULÈRE.

A Monsieur, Monsieur Combes, architecte, ancien pensionnaire du Roi, chez Monsieur son père, place Saint-Rhémy, à Bordeaux.

LETTRE de M. Teulère à M. Combes, architecte.

N° LIII
30 Juillet 1786.

Collection de M. Jules Delpit.

Royan, le 30 juillet 1786.

Mon cher amy,

J'arrive de l'isle d'Oléron, et je trouve votre lettre, je vois que M. Bonfin m'a traité en amy, que le zèle luy a fait avancer bien des choses que je dois tenir et vous me dites qu'il faut répondre dans la quinzaine, c'est très court pour un homme qui n'a rien de prêt, sy on veut se contenter de quelques mauvaises raisons à la bonheure, mais s'il faut du travail, je n'en ay pas, et quinze jours sont trop peu de chose pour un homme, qui n'a presque pas un instant à luy. La peste soit de l'abbé qui m'a forcé à rompre la glace : ne devoit-il pas s'attendre que je luy monterai sur le corps dès qu'il voudroit dire un seul mot sur cette partie.

Je serai donc présenté comme architecte adjoint et professeur d'architecture et pour cela il faut des projets. Je n'ay que mes deux projets Libourne et Bordeaux pour la marine [124]. Ces messieurs voudront-ils bien observer qu'un homme éternellement occupé des moyens de rendre solides les constructions dans l'eau avec le moins de dépence possible est plus occupé des procédés d'exécution que de projets, que mes occupations ne me permettent pas d'y employer beaucoup de tems, qu'il m'est impossible de ranger par ordre le peu que j'en ay dans un si court espace et

N° LIII s'ils ne suffisent pas pour me faire recevoir, qu'il m'est impossible pour le moment d'en composer d'autres.

Mon prédécesseur M. Toufaire (125) a fait en 1774 le projet d'une jettée ou mole dans la rade de Royan, dont le devis estimatif monte à la somme de quatre cent mille livres, sans y comprendre les accessoires. Je m'occupe de cé même projet que je ferai aussy grand, et s'il doit couter plus de 60 à 80 mille livres je ne dois pas espérer de le faire adopter.

Mon voyage à l'isle d'Oléron avoit pour but de voir un môle qu'on a construit en petite pierre posée brutte et sans mortier, une partie a été renversée l'hiver dernier, aujourd'huy on ébauche grossièrement le moelon et je crois que cela resistera aux fureurs d'une mer toujours en courroux dans cette partie qu'on appelle à cause de cela la cote sauvage.

C'est un lieutenant de frégatte qui dirige ce travail et le fait faire pour 26 livres la toise cube, tirage de moelon, transport et main d'œuvre. C'est un peu honteux pour les ingénieurs de la marine; mais ces MM. n'ont pas de vanité.

J'ay vu chemin fesant un autre môle formant un petit bassin à la pointe du Chapus en face de l'isle d'Oléron; cette construction est dirigée par les ingénieurs des fortifications, leur besogne a été également renvercée l'hiver dernier, aujourd'huy ils font tailler les pierres dans tous leurs lits et joints, et le parement lorsqu'elle est en place, leur pierre est platte et n'excède pas 5 pouces d'épaisseur, ils la posent de chans bien bandée avec des coins; je ne crois pas leur besoigne, qui est également sans mortier, plus solide que celuy fait en pierre presque brutte, il coute environ 36 livres de plus par toise cube que le premier.

Ces deux procédés tirent leur origine des petits murs en moelons posés à sec que les pécheurs de l'isle d'Oléron font depuis un tems inmémorial d'un rocher à l'autre pour retenir le poisson. Ces freles murs résistent à merveille à toutes les secousses de la mer, il est vray qu'ils sont retenus par les deux bouts et qu'ils ont très peu d'élévation, la mer a peu de prise sur eux, attendu que le plus grand effort de la mer se fait à 4 ou 5 pieds audessus, c'est-à-dire qu'elle n'agit avec force que lorsqu'elle est parvenue aux deux tiers du montant et lorsqu'elle s'en retourne au tiers du descendant, remarque très utile à faire pour les ouvrages à construire dans l'Océan. N° LIII

Icy je ne puis adopter aucune des deux manières que j'ay vu. La pierre que j'ay est mauvaise et tendre, sy je l'emplois à petits quartiers elle sera bientôt rongée, et l'entretien éternel, il me faudra donc employer des gros quartiers. Sy je les fais ébaucher dans leurs lits et joints pour les mettre debout ou à plat les unes à côté des autres, elles présenteront une grande surface à la mer qui renversera ma besoigne comme un château de cartes, il faut donc employer des gros quartiers, les entailler les uns dans les autres dans tous les sens afin qu'elles se prettent des services mutuels au point qu'il faille renverser le tout pour en arracher une, et qu'elles ayent en outre un lit assez large pour que leur diminution paroisse insensible.

Le procédé d'entailler les pierres m'a utilement servy pour suprimer le fer et le plomb des lits et joints du mur d'enceinte de la tour de Cordouan, c'est une économie de 250 livres par toise quarrée et la besoigne en est plus solide et plus agréable à l'œil. Voilà, mon cher amy, le genre de travail, qui m'occupe, il faut bien que l'Académie ait la bonté de me recevoir tel que je suis, sy elle ne me donne pas le tems d'être ce qu'elle veut.

M. Potier n'a donc pas encore répondu. M. Descat ne vous a pas encore dit quelle est la cause de ce retard. Je ne m'inpatiente pas attendu que je n'attends rien; mais je voudrois savoir quelle est la cause de ce retard.

J'ignore quand je pourrés me rendre à Bordeaux. J'ay icy beaucoup de travail. Sy on ne me demande pas à Bordeaux, j'y serais pour longtems. Car enfin il vaut mieux être auprès de ma besoigne que posé à la critique des gens mal intentionnés, ils ne manqueront pas de dire ou d'écrire au ministre que je m'amuse en ville, tandis que les travaux souffrent de mon absence.

Vous ne m'avés rien dit de vous, votre travail va-t-il toujours? M. de Monmirail (126) est-il arrivé, avés vous découvert quelque chose, vous portés vous bien, dites moy quelque chose de tout cela. Par ma dernière je vous ay demandé Frézier en trois volumes in-4° et Philibert de Lorme sur la coupe des pierres, s'il est possible de le trouver, je pense que j'aurois le tems de l'étudier.

Bien des respects à vos parents et suis votre amy.

TEULÈRE.

A Monsieur, Monsieur Combes, architecte pensionné du Roi, chez son père, place Saint-Rémy, à Bordeaux.

N° LIV
14 Janvier 1787.

LETTRE de M. de Vergennes (127)

Archives nationales.

Versailles, le 14 janvier 1787.

J'ai l'honneur, Monsieur, de vous envoyer la copie d'une lettre que j'ai reçue de M. de Berkenroode (128), ainsi que des deux pièces dont elle est accompagnée. Vous y verrez l'exposé des inconvénients qui résultent à l'embouchure de la Garonne, des réverbères qu'on a substitués au charbon minéral qui servoit précédemment à alimenter le feu de la tour de Cordouan.

Quelques soient les ordres que vous jugerez à propos de donner d'après le compte qui vous sera rendu de cette affaire, je vous prie, Monsieur, de vouloir bien me mettre en état de faire une réponse à M. l'Ambassadeur de Hollande.

J'ai l'honneur d'être avec un très sincère attachement, Monsieur, votre très humble et très obéissant serviteur.

DE VERGENNES.

LETTRE de M. de Najac (120).

Archives nationales.

N° LV
18 Août 1787.

Bordeaux, le 18 août 1787.

Monseigneur,

J'ai reçu avec la dépêche, dont vous m'avez honoré le 11 de ce mois, les plans de projet de surélévation adopté par le Roi pour la tour de Cordouan, je les ai remis au Sr Teulère, ainsi que le mémoire qui les accompagnoit, cet architecte va s'occuper, sans perdre de tems, de faire faire une copie de ces plans et de dresser le devis de la dépense que l'exécution de ce projet occasionnera. Dès que cette pièce me sera remise, je ferai former par l'entrepreneur, qui s'en chargera, une soumission par laquelle il s'engagera à exécuter ce travail dans un délai et aux prix fixés. J'aurai l'honneur de vous l'adresser double, ainsi que les plans pour être revêtus de votre approbation.

J'ai d'ailleurs fait connaître au Sr Teulère, que si le plan qu'il a conçu n'a pas été adopté, il ne vous en a pas moins paru susceptible d'éloges et je l'ai assuré que vous voudriés bien ne pas perdre de vue les preuves de zèle et de talent qu'il a donné dans l'ensemble du travail immense auquel il s'est livré sur cet objet.

Je suis avec respect, Monseigneur, votre très humble et très obéissant serviteur.

NAJAC.

LETTRE de M. Teulère à M. Combes, architecte.

Collection de M. Jules Delpit.

N° LVI
21 Avril 1788.

Mon cher amy,

J'ay vu M. de Bois-Martin (130) pour votre affaire, il m'a paru accepter votre commission avec plaisir et me voyant pressé il s'est chargé de vous écrire, je pense qu'il l'aura fait à moins que ses affaires ne l'en ayent détourné.

Je ne dis pas qu'il vous aura oublié, car il prit votre adresse sur ma main courante.

Si donc il ne vous a pas fait avertir et qu'il soit party, envoyez luy votre paquet à Rufec (131), il doit rester quelques jours. Vous croyant très pressé il vouloit envoyer votre mémoire de Bordeaux, se réservant de l'appuyer à son arrivée à Paris. Je luy ay dit que puisqu'il vouloit bien s'en charger, il falloit qu'il ait la bonté de le remettre lui-même, de l'appuyer fortement et de vous faire part de la réponce.

N'étant encore installé pour rien, faute de plancher, des charpentes ou à moins d'outils, ne vous attendés pas que je vous dise autre chose étant encore tout empétré de mes paquets, qui me laissent à peine une place de feuille de papier pour écrire.

Si vous apprenés quelque chose de bon à m'écrire, cela me faira plaisir.

Bien des compliments chez vous, idem à M. Gastambide.

Je me porte fort bien et suis votre ami.

TEULÈRE.

De la tour de Cordouan, le 21 avril 1788.

N° LVII

29 Avril 1788.

LETTRE de M. Teulère à M. Combes, architecte.

Collection de M. Jules Delpit.

Mon cher amy,

Je marque à M. Gastambide qu'il ne manque pas de venir avant le 6 du mois prochain, s'il veut voir l'état ancien de la tour. Je ne compte pas sur sa visite ny sur la votre, tachés de me faire mentir, sinon vous et luy du moins vous.

La barque venue dans le tems que je l'attendais le moins, ne me laisse que le tems de vous dire que je vous attends à la tour lundy ou mardi prochain 6 du mois de may.

Faites agréer, je vous prie, mes très humbles respects à Monsieur votre père, à Madame et à Mesdemoiselles vos sœurs, sans oublier M. Marcellin.

Si M. de Lormel (132) à qui je souhaite le bonjour veut venir avec vous, il sera un brave.

Adieu, mon cher amy, portés vous bien.

TEULÈRE.

A la tour de Cordouan, le 29 avril 1788.

A Monsieur, Monsieur Combes, architecte, ancien pensionnaire du Roy, rue des Capérans, à Bordeaux.

LETTRE de M. Teulère à M. Combes, architecte.

N° LVIII
12 Mai 1788.

Collection de M. Jules Delpit.

Je suis charmé, mon cher amy, que M. de Boismartin soit content de votre mémoire et qu'il croye juste la demande que vous faites, il n'a pas peut-être prévu que l'intendant sera consulté et que celui-cy porté pour l'ingénieur en chef dira que l'ingénieur est très capable de suivre les bâtiments civils de la généralité, il dira une sottise; mais cette sottise sera crue ou du moins retardera votre nomination, aussi attendez-vous à des contradictions; mais ne lachez pas prise, un nouvel intendant pourra faire votre affaire, ainsy armés-vous de courage pour faire votre cour à l'intendant sans rien espérer de luy.

Si M. Aquart (133) est ferme dans ses résolutions, je vois avec plaisir que vous avés l'entrée chez luy. Cela pourra vous procurer quelque chose d'avantageux, car les personnes à milions se voyent entr'eux et se font mutuellement part de leurs commodités. Une maison commode et qui annonce l'opulence leur plait et vous êtes leur affaire; ils ne manqueront pas de vous consulter; mais l'esprit de commerce régnant toujours ne soyés pas étonné si on vous quitte pour en prendre un autre, dans l'espoir que cela leur coutera moins cher qu'avec vous. Tout cela est naturel; ainsi, si après vous avoir quitté ils reviennent à la charge, il faut les traiter avec les mêmes égards que la première fois. C'est de cette manière

N° LVIII qu'ils agissent entr'eux et c'est peut être ainsi qu'ils agiront avec vous, il faut donc les prendre comme ils sont et en tirer le meilleur parti possible.

Il me paroit que votre grille fera un bon effet et je ne doute pas qu'ils ne soyent pour le moins aussy contents de l'exécution que du dessein, il faut espérer que content de ce travail M. Aquart vous donnera la préférence sur le reste, peut-être avec concurrence, mais qu'importe, il faudra faire tout ce qui dépendra de vous pour que cela réussisse.

Je ne sais que vous répondre au sujet de la demande que vous voulés faire à l'Académie. Si on vous a refusé de vous communiquer le verbal, on ne refusera pas moins de l'atnuller, ce parti étant pris, ou il faut repondre ou s'avouer battu; mais pour cela il auroit fallu ne rien dire, ne pas écrire, reculer n'est pas mon avis à moins que vous ne preniez le tout sur la plus grande indifférence, en un mot il ne faut rien demander ou il faut demander d'une manière ferme. On vous a refusé la communication, vous allés demander la suppression, on n'en fera rien, que ferés-vous après? — Vous répondrés, il me semble, qu'il vaut mieux répondre que d'aigrir les esprits par des demandes — ou bien laissés le tout; votre réputation n'a rien de commun avec ce rapport, votre projet se deffendra toujours de lui-même contre ce même rapport, ce n'est donc pas une tache qui vous souille. Je n'ay pas ma tête à votre affaire comme vous voyés ainsi, je vous renvois à M. de La Cour (134), à M. Laroque (135), à M. Douat (136), à M. de Ladebat (137), pour discuter le degré de mérite que vous devez assigner à ce rapport relativement à la réponce que vous fites dans l'Académie et à la demande que vous avez fait de ce rapport, ce n'est plus pour le rapport que vous devés parler, c'est pour vous, afin que vos démarches à venir n'ayent pas l'air d'un enfantillage qu'on ne manquera pas de traiter d'inconcéquence ou de timidité ou de crainte, et enfin chacun peut les interpréter à sa façon et selon le degré d'estime qu'il vous accorde. Si au contraire ce que vous allés faire est regardé comme très prudent par les bonnes têtes et que celà ne puisse pas vous donner un vernis de ridicule aux yeux de vos ennemis, tout ira bien, c'est cela que vous devés saisir encore un coup. M. de Lacour, M. Laroque, M. de Ladebat et M. Douat, doivent, d'après l'exposition de votre cas, de vos raisons pour répondre et de la nécessité où vous vous trouvés de soutenir votre réputation d'homme ferme et d'artiste, dessider ce qu'il faut faire pour ne pas compromettre votre réputation soit du côté des talents, soit du côté de votre organisation. N° LVIII

Je vous écris à la hate entouré de moblots et d'ouvriers qu'il me faut expédier en écrivant et ce qu'ils me demandent tient à la plus grande conséquence, il est question de détruire notre petit escalier, imaginer un moyen de faire monter nos gardiens pour leur service, percer la voute sous le phare, en conséquence étager partout où cela sera nécessaire.

J'ay deux assises de finies, mes voutes percées, on fait l'échafaudage au pourtour extérieur et on se prépare à démolir la couronne à branches izolées, le petit et grand escalier et la cheminée, afin de pouvoir mener le tout ensemble, tout cela exige une infinité de précautions comme étant très délabré et par conséquent sujet à faire naître des accidents, aussy je suis à l'ouvrage dès les quatre heures du matin.

Je fais un pied destail sous notre cone tronqué et il me paroit que cela ira infiniment mieux, ce piedestal prendra tan d'une attique sur l'ordre composite et le reste, je traiterai la corniche du haut avec une certaine analogie avec celles d'en bas, les croisées seront à peu près semblables et je crois que cela fera infiniment mieux. Je suis faché que vous ne soyés pas icy pour voir cela et m'aider de vos conseils. La nouvelle compagnie étant chargée d'acquitter votre créance se propose, dites-vous, de vous donner quelque direction, cela devroit être, on ne doit pas déplacer un sujet déjà au fait du local, je crois donc que vous aurés quelque chose indépendamment des deux artistes qui arrivent, il me paroit que le premier songera plus à ces ventes qu'aux projets et directions; mais il aura le titre de chef, se sera à vous à vous contenter d'un titre subalterne, l'on a mis une furieuse différence entre vous et l'actionnaire, mais faites en sorte de maitriser le second en gagnant la confience du premier. Je ne suis pas en peine de vous si ce sont des hommes, je suis sûr que vous en tirerés parti.

Dites bien des choses à Gastambide ([138]) et à M. de Lormel. Bien des respects à toute votre aimable famille, invités M. de Lacour à me venir voir la pleine lune prochaine, les marées actuelles semblent faites exprés pour venir, les Royannoises viennent par plaisir ramasser des mauvais cöcillages qué vous ne daigneriés pas regarder, ce qui suppose une mer très praticable.

Je ne sais si M. de Lormel a raison de vouloir que vous ayés raison de ce maudit rapport, tandis que deux membres très sensés veulent vous en détourner; mais tout ce que je crois, qu'il faut absolument que cela ce termine d'une manière qui ne vous devienne pas onéreuse. Consultés ceux que j'ay nommé.

Et moy je me réserve de vous demander une copie de votre réponce, elle est instructive, donc il me la faut. Quand je vous ay conseillé de la continuer, c'est parce que je croyés que les amateurs seroit de mon avis, mais s'ils vous indiquent un moyen plus simple, suivés le.

Votre ami,

TEULÈRE.

A Cordouan, lundy 12 may 1788.

Je viens de recevoir une lettre de M. d'Isle (139) très satisfaisante, il me donne des avis, dont je vais profiter, mon mémoire sur la rivière seroit bon si les changements qui arrivent aux bancs, etc.

C'est à quoi il faut repondre.

N° LIX
29 Mai 1788.

LETTRE de M. Teulère à M. Combes, architecte.

Collection de M. Jules Delpit.

Je n'ay point reçu la lettre dans laquelle vous me détaillés les procédés du Sr Partout : mais bien loin de vous plaindre je vous félicite de ce que vous avés rompu avec cette maison, ce sont d'honnêtes gens, mais leur alliance n'est pas ce qui vous convient. Faites votre état et vous trouverés mieux que cela, Madame Combes n'a plus rien à vous reprocher et j'espère que cet avertissement la rendra moins empressée à forcer votre inclination et vous aurés des armes pour la repousser. Le dit-on ne doit pas vous mettre en peine. Si quelque critique de mauvaise humeur vous en parle,

N° LIX

vous saurés que luy répondre, sans attaquer la délicatesse de l'objet aimable, qui vous a captivé pendant quelque tems; mais il ne vous sera pas dificile de dire que c'étoit pure obéissance de votre part, et que vous n'êtes pas faché que cela se soit terminé de cette manière.

Vous m'annoncés comme une chose très sûre que vous ferois faire le château ou hôtel de M. Aquart. Si cela est, j'en suis charmé, il sera possible de vous procurer un homme de confience. J'ay parlé à notre appareilleur, il m'a dit qu'il me procureroit son amy et qu'il en répond comme de luy même, ce n'est pas peu dire, car notre appareilleur a une exelente tête, il m'a prouvé par son adresse qu'il avoit des ressources en raison des dificultés à vaincre. Si celui dont il parle est comme luy, je ne vous trouverai pas à plaindre.

La pierre de Saint-Savinien ([140]) coute sur le lieu 8 à 10 s. le pied cube et environ 12 s. pour le transport à Bordeaux, un sol 6 d. pour la décharge du navire et transport à terre et 2 s. pour le transport à l'attelier, ce qui fait en tout 25 s. 6 d. le pied rendu à l'attelier, le dechet de cette pierre est en 1/5 et 1/6, la taille vaut environ 1 s. 10 d. le pied caré, parement vu. Cette pierre quoy quexelente noircit à l'air, j'aimerois autant du Bourg bien choisi pour faire mes façades.

La pierre de Bourg vous revient à 10 s. le pied ou environ rendue à l'attelier, son dechet est 1/4 et la taille vaut 1 s. 3 d. le pied carré, parement vu.

La pierre de taille Bourg tient le milieu entre la pierre dure et la pierre tendre, elle est très propre, on la taille comme de la cire. Je présume qu'elle vous couteroit environ 30 s. le pied rendu à l'attelier, le dechet est d'environ 1/6, la taille vaut pour la bien faire de 5 à 6 s. le pied carré, parement vu. Il y a à Nantes du tuffau gris petit échantillon, c'est-à-dire d'environ 21 pouces de longueur sur 9 et 10 pouces de grosseur, cela coute sur le lieu de 30 à 40 livres le cent, mais il ne vous faut pas de cela.

Le tuffau blanc est très bon, le grand échantillon doit cuber un peu plus de deux pieds; mais comptons sur 2 pieds cubes il doit couter sur le lieu 60 livres le cent ou 6 s. le pied cube, 2 ou 3 s. de transport à Paimbœuf, car je présume que les navires chargent là. Le fret du navire doit valoir

N° LIX 10 livres le tonneau, cette pierre plus légère que le Saint-Leu de Paris doit peser à peu près 100 liv., donc le tonneau en contient 20 pieds cube et le pied cube conte par conséquent 10 s. la décharge du navire et transport à terre 1 s. 3 d. qu'il faut évaluer sur le prix du fret des gabares qui déchargent les navires, le transport à l'attelier 1 s. 6 d. le déchet de cette pierre n'est pas d'un 1/6 à Nantes, mais vous pouvés le compter 1/5 rendue à Bordeaux attendu le peu de soin qu'on porte lors de l'arrivage et de la décharge du navire. La taille de cette pierre vaut 2 s. 6 d. le pied carré, pour être bien fait.

Le pied de cette superbe pierre coutera donc rendue à l'attelier 21 s. 9 d., tout ceci est à peu près, il faut demander à M. Cruci de Nantes tous les détails des prix de cette pierre rendue à bord des navires. Le poids du pied cube, le dechet et le prix de la taille qu'il vous faudra augmenter à Bordeaux en raison de la cherté des ouvriers et des avaries de la mer.

Et à M. Aquart le prix du fret des navires et des gabarres de decharge et à un maçon le prix du transport à l'attelier, compris la journée du commis sur le quay, voilà tout ce que je puis vous dire sur cet article.

Ne negligés pas votre rafinerie de Séville en Espagne, vous pouvés faire le voyage, y placer votre frère pour vous rendre compte de tous les détails pour les donner aux entrepreneurs et en un mot pour suivre la besogne, mais pour cela il vous faudra placer en même tems un appareilleur homme de confience pris en Espagne ou en France. Votre frère pense en homme, il faut luy inspirer du courage et il s'en tirera bien, ne fesant rien que de votre aveu, ce travail le mettra très au fait et en sortant de là se sera un homme. Le directeur luy-même ne sera pas faché d'avoir un dessinateur qui luy rende exactement ses idées, enfin Figaro, mon ami, vole à la fortune et à l'honneur. Les châteaux en Espagne ne sont pas mauvais quand ils se réalisent.

S'il vous reste des travaux à faire à Bordeaux que vous soyés en voyage et moy hors de prison, je les suivrai en votre absence, et par ce moyen tout ira le mieux du monde et nous dirons : nous sommes dans le meilleur des mondes possible.

Je vous ay barbouillé quelques mots sur l'Académie par ma dernière lettre. J'ignore si elle vous est parvenue et s'y vous y avés trouvé le quart d'une idée, car je ni étoit pas quand je l'ay faite; votre demande est faite, êtes-vous sûr qu'elle ne déplaira pas, en avés vous causé avec M. Lacour, M. Lafon de Ladebat et M. Larroque? N° LIX

Je suis charmé que vous soyés décidé à faire voir votre travail à M. Peyre (141), cela ne peut que vous faire du bien, il y a même à parier que l'Académie de Paris verra cela du bon côté. Je souhaite un bon voyage à M. de Lormel, qu'il fasse de bonnes affaires et qu'il revienne bientôt.

Sy M. Pelustet (142), homme de chicane, avoit connu les lois, il auroit adressé son acte à M. le Controlleur de la marine et non à moy et aux entrepreneurs qui ne devons nullement entrer dans ces débats. Mais je le pardonne, il ne sait que tracasser à tor et à travers, il faut le laisser dans ses idées et le voir le moins que faire se pourra, en un mot ce n'est pas l'homme qu'il nous faut.

Donnés moy, je vous prie, des nouvelles de Gastambide. Est-il mort, malade, en campagne, très occupé de manière à n'avoir pas un instant à me sacrifier, ou me boude-t-il?

Je ne puis pas être toujours à écrire, des fondements à établir, à 75 pieds de hauteur, une voute à écharpes et à soutenir avec tout ce qu'elle porte, des démolitions à faire à 130 pieds de hauteur, des raccordements des choses vieilles à conserver dans plusieurs endroits pour les lier avec le nouvel ouvrage, tout cela exige que je multiplie les précautions pour que rien ne s'ébranle, que le tout soit bien lié et surtout que de machines maladroites ne se tuent pas, ne s'estropient pas, et pour cela je mets à chaque poste un maçon ou tailleur de pierre adroit, afin de diriger les manœuvres et cela m'a réussi à merveille, depuis dix ou douze jours il ne s'est pas fait une égratignure et notre besogne inspire toute la confience possible. Je suis donc aussi content qu'il soit possible de l'être. Le proverbe dit que l'homme n'est jamais bien que là où il n'est pas est donc faux quelque fois, puisque je ne désire même pas d'être mieux, ceci soit dit entre nous, car cela pourroit pas plaire à tout le monde, on n'aime qu'un homme soit parfaitement heureux un seul instant de sa vie, tandis qu'il faudroit que les hommes vécussent de manière à l'être toujours du moins autant que leur nature peut le permettre. Je vous quitte pour monter à mon observatoire et suis votre amy.

TEULÈRE.

Cordouan, le 29 may 1788.

J'ignore si vous serés content de l'arrangement que j'ay fait à mon projet, mais je vous préviens qu'il me plaît, le cône a l'air d'être plus court d'environ 1/3 et sa grosseur a l'air d'être augmentée en raison. L'escalier et les planchers font un effet étonnant, le tout a un air large et renforcé, on croiroit que la grosseur est double, en y portant le compas on se demande encore si se compas ne s'est pas ouvert. Enfin il en doit résulter selon moy que M. de Borda [143], s'il vient ici, me saura un gré infini de la manière dont j'ay exécuté son idée et j'espère en outre que l'exécution fera mieux que le dessein.

N° LX
17 Juillet 1788.

LETTRE de M. Teulère à M. Combes, architecte.

Collection de M. Jules Delpit.

Mon cher amy,

J'ay reçu votre dernière lettre qui m'a fait tout le plaisir possible. J'ai vu un projet de maison de campagne, je me suis dit : nous aurons donc enfin quelque chose aux environs de Bordeaux à montrer ou citer aux étrangers, peut être que ce travail fait, quelqu'autre négociant sera flatté d'être logé comme il faut et peut être qu'enfin les riches propriétaires reconnoitront qu'un M^e^ maçon soit disant architecte ne peut jamais être que maçon et par conséquent incapable de faire autre chose que de la maçonnerie.

Ne négligés pas M. Aquart, je vous approuve très fort de faire vos devis les plus sévères que vous pourrés, cela éloignera l'ignorence et l'orgueil. Parlés moy de vos juif, qu'en avés vous fait?

Je crois notre ami Gastambide plus empetré qu'acablé par ses affaires.

Je voudrois qu'il prit une marche plus expéditive; mais il faut lui laisser débrouiller les anciennes, et alors tenir conseil pour régénérer son bureau, peut-être pourrons-nous réussir à lui procurer plus de tranquilité et un peu plus de tems pour ses plaisirs, car je suis sur que dans l'état actuel des choses il ne pert pas une heure sans se la reprocher et souffrir comme un misérable, de la vient le refus qu'il fait souvent de recevoir ses gens et ses amis; mais s'il est une fois au courant il verra qu'on n'élude jamais une affaire sans s'en repentir, soit à cause de l'embarras qu'il donne pour ce rapeller les détails, dont il s'agit, que par l'humeur que ce retard doit donner à celui qui le souffre. N° LX

Il est de règle que les choses expédiées au moment qu'elles sont finies se font vite et très bien, tous les détails étant alors présents à la mémoire, au lieu que le retard entraîne de l'incertitude, ce qui occasionne des recherches très fatiguantes, qui font dire à la personne chargée de régler : je n'ai pas le temps de voir cet affaire, passés un autre jour. Je suis si accablé que je n'ai pas un moment à moi.

Je le crois bien? et le moyen d'en avoir moins une autre fois c'est justement de remettre la partie. Quand j'entends un homme me parler de la sorte, je me dis en moi-même il a raison, je ne voudrois pas pour tout au monde être à sa place, car je sens qu'en étudiant mes affaires elles s'embrouillent au point que je ne sais plus par où commencer pour me remettre au courant.

Dans les affaires de 15 jours de retard seulement, j'ay après avoir fini l'incertitude d'avoir fait tord au Roy ou à l'entrepreneur qui ne manque jamais de crier qu'on lui fait tord. Si le retard étoit plus considérable, que seraisse donc?

Montrés à notre ami cet article de ma lettre, je puis voir mal et avoir écrit des choses inutiles; si cela est, qu'il me pardonne en faveur du désir que j'ai de le voir heureux.

Je présume que vous êtes en guerre avec notre mère, que vous avés envoyé votre plaidoyer à Paris et que M. Peyre vous a répondu provisoirement qu'il est content de vous.

Parlés moy de votre hôpital, l'Académie des sciences a-t-elle enfin fait son rapport?

Nº LX

L'église des Récollets est-elle commencée, votre château d'Espagne vous donne-t'il quelque espérance? et enfin comment vous trouvés vous avec la nouvelle compagnie et les nouveaux architectes de la place Louis XVI? Parlés-moi de tout cela, et si tout va mal, ne soyés pas assés simple que de vous chagriner, un tems viendra que tout ira bien.

Pour ne pas resapper la voute de ma chapelle, je suis été obligé de ne laisser que 3 pouces de retraite à 3 pieds de hauteur et délivrer le reste à plomb, jusqu'au sommet de la voute de la chapelle. Ce parti pris j'ay taché d'arranger le tout de manière que ce revetement fut en même tems attique, de l'ordre composite et piedestal du cone de l'exhaussement, il me semble que j'ay à peu près rempli mon objet.

Les croisées de l'exhaussement seront quarrées, ajustées avec arrière chambrasile et fronton comme celles qui existent et non entrées et rustiques comme le projet.

Comme il étoit question de compenser cette augmentation de dépense par l'abandon des vieux matériaux, à l'entrepreneur, j'ay pris le parti de rendre compte de mes opérations à M. l'ordonnateur en luy prouvant qu'il m'avoit été impossible de faire autrement, il n'a rien voulu prendre sur luy il en a donc rendu compte au ministre qui a bien voulu approuver le parti que j'avais pris. Je suis donc tranquile et je puis dire que ce travail est à moy.

J'avois dit dans une lettre particulière que l'escalier vouté à construire au pourtour intérieur du cone, que je voulois établir sur les murs de l'escalier actuel et sur la voute de la chapelle, ne peseroit ny sur l'un ny sur l'autre, de manière qu'on pourroit détruire la voute et l'escalier actuel sans altérer la solidité de celui que je proposois de construire et dans l'énumération de mes preuves, j'avois fini par dire qu'il ne falloit rien moins qu'un bouleversement total du globe de la terre pour altérer une telle construction.

Pour soutenir cette dernière phrase digne de Don Quichotte, il me falloit assurer que chaque pierre du revetement de la voute de la chapelle et chacune des 6 ou 7 premières assises de l'exhaussement remplissoit bien l'objet que je m'étois proposé, cet à quoi j'ay veillé et à quoy je veille encore attentivement. Comme tout va bien, je puis vous assurer n'avoir jamais rien fait avec autant de plaisir; mais aussi étant toujours sur le tas ou occupé à faire des détails je n'ay pu que penser à mes amis; mais pour leur écrire votre serviteur, mon esprit étoit tout: pierre bien ajustée, par ses lits et joints et bien garnie, avec bon mortier de chaux et ciment. Si je vous eusse écrit il y a quinze jours, il m'auroit peut être échappé quelque mot de commendement comme : Refaites moy cette coupe, je me moque du parement, la solidité n'est pas là; quand je verrai une partie de la voute de l'escalier finie je serois plus tranquile, parce que l'alure sera formée et tout ira plus facilement. N° LX

Les enfants de la terre ne pensent qu'à l'argent, de l'or, de l'or, vous ne parlés que or. Ici le mot ne si prononce jamais, comme personne ne m'en demande je passe mon tems sans songer qu'il m'en faudra lorsque je serois à terre. Je suis donc tranquile sans argent, je veux jouir de ma tranquilité, je sens bien que les soucis m'attendent à terre, mais je ne veux pas qu'ils viennent troubler ma retraite.

Nous ne fesons pas toujours bonne chere, mais nous ne nous en prenons jamais à l'argent, ny à la terre, ny aux hommes; nous disons : la mer est mauvaise on ne peut pas venir, il nous faut prendre patience et manger sans humeur ce que nous avons et ménager même en cas de dizette.

Marie a été indisposée, elle avoit attrappé une fluxion qui s'étoit changée en mal aux dents, mal de gorge enflammé jusqu'à crever dans la bouche, mal d'oreilles, mal de tête, ne mangeant pas et par conséquent l'estomac très faible; nous l'avons renvoyée à terre pour se guérir, son absence nous est plus sensible que ne seroit la perte du reste de notre argent, car la bonne soupe a disparu avec elle, mais nous prenons patience parce qu'on nous a dit qu'elle alloit mieux et qu'elle ne vouloit pas rester plus de huit jours à terre. Si elle n'étoit pas venue du tout, nous n'aurions pas connu la différence et nous aurions vécu tout de même, mais quand on connoit le bien, c'est le diable pour s'acoutumer au mal.

Parlés moy de M. de Lormel, dites luy que j'ay perdu sa notte, j'ay fouillé tous mes papiers je n'ay jamais pu la trouver.

Je vous prie de faire agréer mes respects à M. et Mme Combes. Bien des choses, je vous prie, à vos dames et à M. Marcellin.

Je monte à mon observatoire. Je vous souhaite le bonjour et suis votre ami.

TEULÈRE.

Cordouan, le 17 juillet 1788.

N° LXI
Août 1788.

LETTRE de M. Teulère à M. Combes, architecte.

Collection de M. Jules Delpit.

Mon cher amy,

Vous voilà en guerre ouverte avec l'Académie, et l'Académie de Paris veut vous faire des observations, dont l'Académie de Bordeaux tirera parti, mais il faut en passer par là, et vous voilà brouillé pour toujours, mais n'oubliés pas qu'il faut que les autres ayent toujours tord avec vous, mettés y tout ce qu'il faudra pour qu'ils ne puissent vous prendre en rien.

Vous croyés donc pouvoir compter sur le gardien des récolets et sur deux autres, le 4e ne l'emportera pas s'il ne revient pas gardien avant que celui cy ait fini son gardienat, mais s'il ce revient ou que ce soit quelqu'un qui lui est dévoué, adieu, il fera cabale et vous serés deçu, il faut que je tache d'intéresser les grands colliers de l'ordre en votre faveur.

Vous voilà donc appareilleur élégant, les dames vous voyent opérer avec plaisir, continués vous ferés bien. Vous voilà donc à votre château, tant mieux j'aurai le plaisir de le voir, quand il sera fait.

Laissons donc, puisqu'il le faut, votre hôpital et votre château en Espagne au crochet.

Vous me promettés de venir pour la pleine lune prochaine, ce seroit une bonne chose pour moy; mais je n'y compte pas, vous voyés par là que votre apparition doit me surprendre singulièrement.

La nomination des jugements pour venir examiner le pré me paroit une invention de M. Pelusset, qui pourroit avoir lieu sy le ministre l'accueilloit sans en parler à l'ordonnateur, mais comme de telles choses ne se font jamais, que mes amis se tranquilisent à cet égard; vous avés été à Bacalan (144) pour voir la situation des travaux et vous ne me dites pas un mot des ouvrages, si on fait quelque chose depuis mon départ, si les boucheries se lézardent toujours ou si enfin elles ont pris leur assiette, il faut encore vous tranquiliser pourvu que le tout soit solide. Le coulement des eaux de l'atelier doit être dans la rue projetée et on doit les conduire derrière l'établissement y ayant assés de pente pour cela, mais si elles incommodent les voisins en passant dans la rue, comme le prétend M. Pelusset, alors on fera un canal pour les conduire à la rivière. Le pré de M. Pelusset souffre de ces eaux, point de doute, mais aussi c'est sa faute, il devait traiter tout de suite, on auroit fait un fossé qui l'auroit garanti; au reste il dira tout ce qu'il voudra, qu'il obtienne du ministre le pavé de cette rue ou l'ordre de faire un canal couvert, je suis pret à le débarrasser, mais jusques là ny l'ordonnateur ny le ministre n'ont rien à me dire ny à m'objecter. J'ay fait un projet, qu'on le fasse exécuter, sy j'ay oublié les moyens de le rendre propre, commode et solide, on pourra me blamer; mais il faut l'exécution, ce n'est pas ma faute s'il se trouve des inconvénients, c'est comme un homme qui seroit étonné de se mouiller dans sa maison après m'avoir refusé la charpente et la tuile, plomb ou ardoise pour la couvrir. Dites, je vous prie, à M. Gastambide de ne pas s'inquietter de ce qu'il entendra dire contre moy. A moins qu'on ne luy dise que j'ay fait des choses où l'essentiel et l'indispensable manque. N° LXI

L'extérieur des boucheries est propre ou peut l'être, les moyens y sont observés, l'attelier des salaisons est propre ou peut l'être, tout a été prévu pour cela; mais, dit-on, les eaux restent dans le pré, mais ce n'est pas dans un pré que je veux les conduire c'est au milieu d'une rue, faites cette rue et le pré ne souffrira plus. A qui la faute si cette rue n'est pas faite, à M. Pelusset, qui devoit traiter de suite et demander l'exécution de la rue en faveur de sa bonne volonté, il l'auroit alors obtenue, mais il ne veut pas, il demande que son bien soit clos par des murs, je m'étonne qu'il n'ait pas demandé qu'on luy fit bâtir tout son terrein, au reste c'est entre lui et l'ordonnateur que doit être le débat, je ni suis pour rien et je ni serai jamais pour rien que pour paver la rue, lorsque le ministre en aura ordonné les fonds.

Je remercie M. de Lormel des soins qu'il s'est donné avec vous pour aller voir ce crime pendable pour moy, mais je vous blame à tous deux de ne m'avoir pas dit un mot des travaux. Je vais écrire de suite au commissaire de la marine de Royan pour avoir les moyens de deterrer son homme s'il en existe quelqu'un.

Venés me voir tous deux, si vous le pouvés, ammenés avec vous M. Lacour et M. Gastambide, si cela est possible, vous me ferés plaisir et suis votre ami.

TEULERE.

Cordouan, le ([145]) aoust 1788.

A Monsieur, Monsieur Combes, architecte, rue des Capérans, derrière le marché royal à Bordeaux.

N° LXII
19 Mars 1790.

AUMONERIE de la tour de Cordouan.

Archives nationales.

Le père Hippolite Robert des Isles, gardien de la communauté des Récollets de Royan, est établi, par brevet du 8 mai 1775, aumonier de la tour de Cordouan, et il jouit depuis cette époque d'un traitement de 600 livres sur les fonds de la tour, sous condition qu'il y aura toujours dans la maison de Royan deux religieux, indépendamment du Père des Isles, qui restera dans cette communauté après son gardiennat.

Comme cette maison va se trouver dans le cas d'être supprimée, et les religieux réunis à une autre maison, d'après le décret de l'Assemblée nationale sanctionné par le roi, que ce couvent ainsi que les biens du clergé sont à la disposition de la nation, le Père Robert des Isles pense qu'il seroit d'autant plus aisé de faire considérer cette maison comme aumonerie de la marine, que les trois religieux qui l'habitent en remplissent depuis longtemps les fonctions; que leur titre de fondation qui est de 1622 prouve qu'ils ont acquis le terrain de cette maison et qu'ils n'ont point de fondateur.

M. Prévôt de La Croix ([146]), qui fait passer à Monseigneur la lettre de ce religieux, observe qu'il seroit en effet très important pour la marine et le service particulier de la tour de Cordouan que dans la réforme qui va être faite, ce couvent fut conservé dans l'état où il est comme aumonerie de la marine pour le service de la tour de Cordouan, sauf, après la mort des trois religieux qui l'occupent, à destiner cette maison tant à loger l'aumonier de la tour, qu'à servir d'hopital pour les marins, ou autres individus arrivant ou partant pour les colonies qui tombant malades à bord des vaisseaux mouillés au Verdon, ou dans la rade de Royan, n'y trouvent absolument aucun secours, et sont souvent exposés à périr soit à bord, soit dans le trajet qu'il leur faut faire pour remonter dix lieues en rivière pour se rendre à Blaye, ou vingt-trois pour arriver à Bordeaux. N° LXII

M. Prévôt de la Croix ajoute que si l'Assemblée nationale a connaissance de l'utilité et de la nécessité dont il est de faire abandon de cette maison à la marine, il ne doute point qu'elle n'ait égard à cette juste réclamation de la part du département.

Monseigneur est supplié de faire connoitre ses intentions, ainsi que la réponse qui doit être faite à M. Prévôt de la Croix. On pense qu'on ne pourra faire de démarche à cet égard que lorsque le département dans l'arrondissement duquel se trouve Royan aura été formé.

Les religieux peuvent s'adresser à l'Assemblée nationale. 8 Octobre 1790.

M. Prévôt de la Croix, en faisant connaitre que le département de la Charente inférieure est établi, et que les Directoires s'occupent dans ce moment de la disposition des biens des religieux, observe de nouveau au ministre combien il importe à la marine que le couvent des Récollets de Royan soit affecté à ce département, et que le ministre veuille bien appuyer la demande du Père des Isles, tant auprès du Directoire que de l'Assemblée nationale.

Comme cette réunion à la marine est véritablement de la plus grande importance pour le département, puisque le couvent dont il s'agit sert d'aumonerie de la tour de Cordouan, servira en même temps d'hopital pour les marins et autres individus arrivant ou partant pour les colonies (et qui tombant malades ne peuvent trouver d'autre azile sur 23 lieues de la côte). On propose au ministre d'en écrire au Comité ecclésiastique de l'Assemblée nationale.

Approuvé.

N° LXIII
27 Juillet 1793.

PROCÈS-VERBAL de la réunion des administrateurs du Directoire du département de la Gironde, relative au paiement de fournitures faites pour la tour de Cordouan.

Archives départementales, série L, f° 13, verso.

Aujourd'hui vingt-sept juillet mil sept cent quatre-vingt-treize, l'an second de la République française, une et indivisible, sont entrés dans la salle du Directoire, les citoyens : Pierre Sers, président (147); Partarrieu, Rambaud, Cholet, Wormeselle, Labrouste, Tranchère, Maugeret, Grangeneuve jeune, administrateurs; Roullet, procureur-général sindic, et Fringues, secrétaire-général.

Le président ouvre la scéance. — Le secrétaire-général fait lecture du procès-verbal de la séance précédente.

Vu l'état des avances faites par les citoyens Lanne et compagnie pour l'approvisionnement des huiles, mèches et chiffons à l'usage de phare de Cordouan pour les six derniers mois de 1793; ledit état montant à huit mille sept cent vingt livres dix-huit sols, vérifié et arrêté par le citoyen Combes, ingénieur.

Le Directoire du département de la Gironde arrête, ouï le procureur-général sindic, qu'il sera délivré au citoyen Lanne et compagnie, sur le citoyen Bermingham, payeur-général à Bordeaux, une ordonnance de huit mille sept cent vingt livres dix-huit sols, pour solde du montant du compte par lui fourni pour l'approvisionnement des huiles, mèches et chiffons à l'usage de phare de Cordouan pendant les six derniers mois de 1793; laquelle somme sera acquittée par ledit citoyen Bermingham tant avec celle de six mille cinq cent quatre-vingt-une livres treize sols trois deniers restante des douze mille huit cent cinquante-une livres deux sols trois deniers de fonds faits pour cet objet et annoncés par la lettre du ministre, en date du 26 mai dernier, que sur les vingt-quatre mille livres destinées pour les réparations à faire en 1793, à la tour de Cordouan, suivant sa lettre du 16 juillet dernier.

ESTIMATION du mobilier de la chapelle de la tour de Cordouan.

N° LXIV

2 vendémiaire an II.

Archives départementales de la Gironde : *Trésoriers de France.*

Et avenant le deux vendemiaire an quatrieme de la République Française une et indivisible, nous, Joseph Nérac, commissaire nommé par le Directoire du district de Bordeaux, et Bernard Bazignan, commissaire aussi nommé par le bureau municipal de Bordeaux, avons fait procéder par le citoyen Pierre Fournier, tapissier, à l'estimation du mobilier ayant appartenu à l'église de Royan, tour de Cordouan. Relaté dans l'inventaire fait le vingt-neuf thermidor an deuxieme par Gibouin, officier des classes, comme suit :

1°	La coupe en argent d'un calice.	
	Une petite custode d'argent.	
	Les cidevantes Saintes huiles dans une bourse.	
2°	Le pied en cuivre du calice	
	Deux burettes d'étain.	
	Six chandelliers et un crucifix du cuivre jaune	
	Une petite sonnette.	
3°	Un missel neuf avec son coussin.	
	Un mauvais bréviaire.	
	Deux aubes, un surplis	
	Quatre nappes d'autel, dont une très mauvaise. . . .	1,000 liv.
	Trois amicts, un cordon blanc pour aube.	
	Vingt-trois purificatoires et lavabos	
	Sept cartons pour la messe	
4°	Un mauvais goupillon.	40
	Un fer a hostie avec moule	
	Deux chasubles avec étolles et voile de calice	150
		1,190 liv.

La présente estimation montant à la somme de onze cent quatre-vingt-dix livres.

Joseph NÉRAC, BAZIGNAN, P. FOURNIER, *expert.*

N° LXV

16 vendémre an IV.

VENTE du mobilier de la chapelle de la tour de Cordouan.

Archives départementales de la Gironde : *Trésoriers de France.*

Aujourd'hui seize vendemiaire l'an quatrieme de la République Française une et indivisible, le matin, en vertu de l'arreté du Directoire du district de Bordeaux du vingt-trois prairial an deuxieme, imprimé, les publications affichées aux formes et lieus accoutumés, nous Joseph Nérac, commissaire nommé par le Directoire du district de Bordeaux, et Bernard Bazignan, commissaire aussi nommé par le bureau municipal de Bordeaux, avons assisté à la vente du mobilier ayant appartenu à la paroisse de Royan, tour de Cordouan, faite par les citoyens Jean-Baptiste Fautou, officier public, et de Charles-Nicolas Fernois, rédacteur des procès-verbaux de vente de la commission et dont l'estimation avoit été faite le deux du courant, en conséquence avons fait exposer en vente ce qui suit :

4° Un mauvais Goupillon, un fer à hostie avec moule, estimés quarante livres, ont été adjugés soixante livres. . . .	60 liv.
5° Deux chasubles avec étolle et voile de calice, estimés cent cinquante livres, ont été adjugés deux cent cinquante livres	250
6° Un missel neuf avec son coussin, un mauvais bréviaire, deux aubes, un surplis, quatre nappes d'autel donc deux très mauvaises, trois amicts, un cordon blanc pour aube, vingt-trois purificatoires et lavabos, sept cartons pour la messe, estimés mille livres ont été adjugés en quatre lots quatorze cent soixante-cinq livres.	1,465
	1,775 liv.

Et attendu que nous n'avons plus rien trouvé à faire exposer en vente, avons clos la presante vente montant à a somme de mil sept cent soixante-quinze livres. Fait et clos les jour, mois et an que dessus et avons signés : Joseph NERAC, BAZIGNAN, FAUTOU, FERNOIS.

Enregistré à Bordeaux le 18 vendemiaire 4me année R. dix-huit livres.

HURTAULTE, F. BECQUET.

Vente.		1,775 liv.
Enregistrement.	18l »s »d	
Timbre.	3 15 »	
Trompette 1/8 de jour à 12.	1 10 »	
Commissaires 1/8 de jour 2 à 25	6 5 »	
Officier public	17 15 »	
Redacteur 1/2 p. 0/0.	8 17 6	
Menus frais	8 17 6	
Hommes de peine, 1/8 de jour 4 h..	6 » »	
		71
Net.		1,704 liv.

ÉTAT du mobilier de la chapelle de la tour de Cordouan qui n'a pas été vendu.

N° LXVI
16 vendémre an IV.

Etat du mobilier ayant appartenu à la paroisse de Royan, tour de Cordouan, avec estimation et sous estimation :

1. La coupe en argent d'un calice, une petite custode d'argent, les cidevants Saintes huiles dans une bourse . .
2. Le pied en cuivre du calice, deux burettes d'étain, six chandelliers et un crucifix de cuivre jaune, une petite sonnette. . . . .

Nous commissaires du Directoire du district de Bordeaux et du bureau municipal de Bordeaux, certiffions que les effets cy dessus dénommés n'ont point été exposés en vente,

Bordeaux, ce seize vendemiaire, an quatrieme de la République Française une et indivisible et avons signés : Joseph Nérac, Bazignan.

L'EXPEDITION

GENEREUSE

DU

PARLEMENT DE BOURDEAUX

Enuoyee contre les Rochelois chassez de Soulac & du pays de Medoc.

ENSEMBLE

Tout ce qui s'est passe en la haute et basse Guyenne & Quercy, depuis la Reduction de Saincte-Foy iusques à present.

A PARIS

Chez PIERRE RAMIER, ruë des Carmes.

Jouxte la coppie imprimee à Bordeaux, par Simon MILLANGES, Imprimeur du Roy.

M. DC. XXII

Avec Permission.

L'EXPEDITION

GENEREUSE

DU PARLEMENT DE BORDEAUX

Enuoyée contre les Rochelois chassez de Soulac et du pays de Medoc.

N° LXVII

1622.

APRES la reduction de la ville de Royan, qui fut le 11 May, le Roy s'estant arresté quelques iours en son camp, pour deliberer et resoudre ce qui estoit necessaire pour la conseruation des Prouinces de Poictou, Xainctonge, & Aulnis, & ordonné à Monsieur le Comte de Soissons (148), assisté de Monsieur le Mareschal de Vitry (149), pour commander l'armée, qu'elle auoit aduisé de laisser en ces Prouinces, tant pour y tenir vn chacun en son deuoir, que pour presser & blocquer la ville de la Rochelle du costé de la mer & de la terre, Sa Majesté partit le seiziesme dudict mois de deuant Royan, pour s'acheminer vers la basse Guyenne, ayant en mesme temps donné ordre à Monseigneur le Prince, qui s'estoit acheminé auec vne partie de ses trouppes à Bourdeaux, de s'auancer en la Prouince vers la ville de Saincte Foy (150), & de trauailler à l'accomplissement des traictez de Clerac (151), & du mont de Marsan (152) qui auoient esté commencez, ce qu'il a fait conduire si à propos, que l'vn & l'autre ont esté resolus. En suitte de ce, il se seroit approché

N° LXVII de ladite ville de Saincte Foy, et s'estant, en chemin faisant, asseuré des villes de Monsecuq [153], Gensac [154] & Aymet [155], où les Rebelles auoient cy deuant pris retraitte, il auroit inuesty auec lesdittes trouppes, tant deça que dela la riuiere de Dordongne, ladite ville de Saincte Foy attendant que sa Majesté y estant arriuée, fit commencer le siege de cette place. Cependant le Sieur de la Force [156] ayant en suitte de le reduction de Thonneins [157], tesmoigné de se vouloir remettre en l'obeissance du Roy, voyant Saincte Foy inuesti, le Roy logé à Sainct Aulaye [158], il auroit eu recours à la clemence de sa Maiesté, & disposé les habitans de Saincte Foy, & Montflanquin [159] de faire le semblable. Et bien qu'il fust tres-facile à sadite Maiesté de les ranger à leur deuoir par l'effort de ses armes, meue de sa bonté paternelle, au lieu des punitions & chastiemens meritez, elle a voulu les attacher à son seruice, leur accordant des amples abolitions, & en outre vne charge de Mareschal de France audit sieur de la Force, & quelque somme de deniers pour le des-interresser aucunement des pertes passées, & recognoistre le grand zele qu'il tesmoigne de bien seruir à l'aduenir.

Monseigneur le Prince [160], & Monsieur le Duc d'Elbœuf [161], dès le vingt quatriesme de ce mois entrerent dans Saincte Foy, pour s'asseurer de la place, et en faire sortir la garnison : Monsieur le Garde des Seaux y fust aussi pour receuoir le serment de fidelité des Officiers et Magistrats. Sa Maiesté y entra le vingtcinquiesme, visita soigneusement la place et fortification. Le Ieudy au matin les rues furent tendues, vn couuert dressé prés le clocher de l'Eglise qui a esté desmolie, & soubs iceluy plusieurs autels dressez. Sa Maiesté ayant ouy la Messe et communié, assista à la procession du sainct Sacrement, qui fut autant solemnelle, que le lieu & le temps le pouuoit permettre. Monsieur l'Archeuesque de Tours (faisant la charge de grand Aumosnier) [162] porta le sainct Sacremens, assisté d'vne grande partie du Clergé de Perigueux, mandé pour cet effect, & de nombre d'autres Ecclesiastiques. Monseigneur le Prince, Messieurs les Duc Duzez [163], de Rets [164], Mareschal de Praslin [165] porterent le poisle, les cent Suisses de la garde marchant deuant la procession auec Cierges allumez de cire blanche. Sa Maiesté aussi suiuie de Monsieur le Cardinal de Rets [166], & autres Princes & grand, portans aussi les Cierges allumez, & tous les Cheualiers leur grand ordre. L'appresdinée sa Maiesté ouït le sermon du R. P. Seguitan : & à vespres, sadite Maiesté ayant receu quelques plaintes du sieur de Chabot commandant dans Mucidan [167], place tres forte, & de grand passage, elle auroit ordonné au sieur Chaban [168] d'entrer dans le Chasteau auec cent hommes. Aquoy ledit sieur de Chabot [169] auroit tres volontiers obey, et se seroit rendu pres sa Maiesté, pour se iustifier des accusations à luy mises sus deuant ses Iuges. Sadicte Maiesté voulant partir de saincte Foy le vingt huictiesme pour la seureté de la place, attendant la démolition des fortifications y laissa le sieur de Beaumont auec son Regiment, & le sieur d'Andrault Conseiller du Roy au Parlement de Bourdeaux pour intendant de la Iustice, sa Maiesté prenant le chemin d'Agen par Monsegut, Marmande, Aiguillon [170], où elle se rend le dernier de ce mois. N° LXVII

Monsieur le Duc de Vendosme [171] est allé receuoir Clerac, & y est entré le vingt neufiesme May : le sieur du Clos par ordre dudit Seigneur Duc le mesme iour entra dans Montflanquin.

Le vingt cinquiesme les deux compagnies de gens de pied logées à l'Esparre [172], pour empescher le progrez des rebelles de la Rochelle, qui occupoient Soulac [173], & s'y estoient fortifiez depuis trois mois, s'allerent loger dans le Bourg, pour recognoistre l'estat des ennemis, & veoir le moien d'entreprendre sur eux : & à mesme temps Monsieur le premier President de Bourdeaux [174], auec l'assistance de Monsieur l'Abbé de Verteuil [175], & du sieur de Volusan Conseiller donna ordre d'y faire conduire deux pieces et munitions necessaires pour forcer la place ov reduire les ennemis à vne honneste capitulation. Ce qu'ils auroient choisi, et la capitulation faite remis la place le vingtneufiesme : et le sieur d'Espalais y auroit mis vingt cinq soldats de sa compagnie. Ainsi cette guerre de Medoc a esté commancée & heureusement acheuée sans perte d'vn seul

Nº LXVII homme de la part du Roy, grand nombre de la part des rebelles, sans autre aduantage, que d'auoir enleué quelque quantité de bestail.

Dés l'instant que cette place fut prise par le sieur de Fauas sur la fin de l'an dernier, ce venerable Parlement ietterent les yeux sur le frere de Monsieur le Colonel d'Ornano (176), qu'ils esleurent pour opposer ausdits Rebelles, & au dit sieur de Fauas, & se contribuer liberalement pour soudoyer trouppes, auec lesquelles il a deffaict ledit sieur de Fauas en deux diverses routes, & empesché ses progrez au Médoc, & les auoit resserré de si pres dans Soulac, qu'ils ne pouvoient sortir sur la terre. Cecy est pour monstrer la grande affection qu'a eu ce digne Parlement au seruice du Roy contre les Rebelles à sa Maiesté.

Le Roy ayant seiourné quelques iours dans la ville d'Agen, s'est acheminé à Moussac proche de Montauban, pour donner ordre au blocquement de Montauban, ia inuesti d'vne partie de l'armée Roiale, commandée par Monsieur le Duc de Vendosme, & trauaillent nuict & iour les pionniers à leur coupper l'eau, afin de detascher la ville Bourbon d'auec la ville neufue de Montauban. Vne autre partie de l'armée est allée contre S. Anthonin, & de là sa Maiesté s'en va à Thoulouze ou se doiuent rendre aussi tost les deputez de Monsieur le Duc de Rohan (177) et du Languedoc.

FIN

RELATION

DE LA

BATAILLE NAVALLE

DONNÉE

ENTRE LES ARMÉES DE FRANCE ET D'ESPAGNE

sur les mers d'Olleron et de Ré,

le 9 Aoust 1652.

Avec l'estat des Vaisseaux dont les deux Armées estoient composées, et les noms des Capitaines.

A PARIS

Chez Nicolas et Iean de LA COSTE, au mont S. Hilaire, à l'Escu de Bretagne : Et en leur Boutique, à la petite porte du Palais, qui regarde le quay des Augustins.

M. DC. LII

RELATION DE LA BATAILLE

DONNÉE ENTRE

LES ARMÉES DE FRANCE ET D'ESPAGNE

Sur les mers d'Olleron et de Ré, le neufiesme jour d'Aoust 1652.

Monsieur le Duc de Vendosme, Admiral de France, ayant reçeu les ordres du Roy, de mettre en Mer vne Armée considerable, fit son armement à Brest, et secondé des soins et de l'industrie du Commandeur de Neufchaise son Lieutenant general, par vne diligence toute extraordinaire, soustenuë d'vne puissante despense contre toutes les trauerses qui luy furent données, appareilla enfin et mit ensemble douze Vaisseaux de guerre, trois Fregates, vne Gallere, quelques Barques longues, et douze Chalouppes. Auec ces forces il partit de la rade de Brest le dix-neufiesme Iuillet, et faisant sa route prit à Blauet les deux Vaisseaux nommez le Sourdis et l'Elbœuf, que le Mareschal de la Melleraye luy retenoit; et un autre Vaisseau de la Rochelle nommé le Fort, avec un Bruslot de l'Isle de Ré, et quatre Galliotes bien armées : En cét estat il arriua par vn vent assez fauorable à la rade d'Olonne [178], où le vent s'estant changé, il employa le temps à faire embarquer deux cens hommes du Regiment d'Estissac, commandez par le sieur du Frateau Lieutenant Colonel, et quelques Matelots, qui furent distribuez dans les Vaisseaux qui se trouuèrent en auoir le plus de besoin, particulierement le Sourdis et l'Elbœuf. Des sables d'Olonne l'Armée fut

N° LXVIII
9 Août 1652.

N° LXVIII deux iours à venir à la rade de la Palice (179) vis à vis du Fort de la Prée, où le sieur de Louches, qui commande pour la Reine en l'Isle de Ré, amena à Monsieur l'Admiral de fort bonne Infanterie Françoise et Suisse, qui fut aussi partagée dans tous les Vaisseaux, sa personne demeurant dans le bord de l'Admiral auec quelques Gentils-hommes volontaires qu'il auoit amenez. Gependant vne Fregate de l'Armée Espagnole ayant reconnu et porté à son Admiral nouuelle de l'Armée de France; les vaisseaux d'Espagne et du Comte de Doignon (180) se retirerent par le Pertuis d'Antioche (181) dans le temps que les vaisseaux du Roy entroient par le Pertuis Breton, et ainsi laisserent la Rochelle libre; ce qui obligea Monsieur l'Euesque de la Rochelle (182) et Monsieur d'Estissac (183) Gouuerneur de cette Ville, auec les Maire et Magistrats, d'aller à Monsieur le Duc de Vandosme luy en porter leurs remercimens. Et pource que le vent se rendit lors fauorable aux Espagnols, et leur donnoit occasion de prendre quelque aduantage sur les François, Monsieur de Vandosme enuoya le Comte de Montesson (184) Lieutenant general de l'Artillerie de la Marine, auec le Cheualier de Cartray (185), autrefois Vice-Admiral d'Angleterre, tres-experimenté Capitaine de Mer, pour les reconnoistre, et obseruer leur contenance à trauers l'Isle de Ré : ils firent rapport que les ennemis auoient moüillé, et ne se preparoient en aucune façon à se seruir de la faueur du vent. Cette occasion s'estant changée et le vent tourné fauorable à l'Armée de France, aussi-tost Monsieur l'Admiral commanda d'appareiller; ce qui fut fait auec vne ioye et diligence extréme. Le Comte de Montesson fait preparer tous ses hommes pour son Artillerie : le Commandeur de Neufchaise (186) Lieutenant general, assisté de Desforgettes tres-expert Capitaine de Mer, et des Capitaines Quirebat et Iamin, donne et enuoye les ordres de Monsieur l'Admiral par tout; dispose tous les autres Vaisseaux selon l'ordre arresté pour le combat, avec chacun son Bruslot à escorter, et ordonne chacun en son poste, agissant en cette occasion avec vne diligence et facilité que la seule expérience au fait de la Mer peut donner : le sieur de Droüilly Capitaine des Gardes de Monsieur l'Admiral place sa Compagnie de cent hommes aux endroits où le danger pouuoit estre le plus grand : les sieurs de la Colombiere et de Boisfermé, à qui Monsieur de Vandosme auoit donné le commandement sur les Volontaires et ses Domestiques, disposerent leurs gens sur les galleries, et derriere le vaisseau : le Comte de Goulaines, les sieurs de Louche, de la Moinerie, du Frateau, du Vigneux, de Launay, de Bonneuille : les deux Chabot freres, et le Capitaine du Quesne (187) prirent les places que Monsieur l'Admiral leur donna, où en suite ils firent tout ce qu'on peut attendre de la valeur et du courage des braues hommes. Apres tous ces ordres donnez Monsieur l'Admiral prit sa place sur la poupe de son vaisseau, pour continuer à donner de là ses ordres necessaires pendant tout le combat, retenant prés de luy le Commandeur de Neufchaise, et le Cheualier de Cartray, dont les advis lui estoient vtiles par leur grande experience. Toutes ces choses ainsi disposées en peu de temps, l'Armée de France se mit à la veüe de l'Ennemy, qui estoit entre les terres de Ré et d'Oleron. N° LXVIII

Aussi-tost les Espagnols voyant l'Armée de France doubler la pointe de Ré qui regarde vers la Rochelle, mirent sous voile, et commencerent à porter large en Mer : l'ardeur d'approcher et combattre les Ennemis redoubla lors aux François, qui firent force de voile pour donner la chasse aux Espagnols : Enfin sur les sept heures du matin ils les approcherent à la portée du canon ; ainsi les Espagnols forcez au combat cherchans à prendre le vent, firent grand feu de leur canon. Monsieur le Duc de Vandosme defendit à ses Vaisseaux de tirer aucun coup, voulant approcher l'ennemy de plus pres; ce qu'il fit bien-tost, et lors les coups furent tirez puissament de part et d'autre, et particulierement du bord de l'Admiral de France, le Comte de Montesson y faisant sa charge de Lieutenant general de l'Artillerie, auec toute la diligence et la vigueur imaginable.

Deux heures se passerent à canonner, et aussi tost que Monsieur de Vandosme vit son aduantage, il donna ordre aux Vaisseaux les plus proches de l'Admiral de conduire leurs brusleaux, et les faire accrocher aux Vaisseaux ennemis, à la faueur de la fumée des

N° LXVIII Canons; ce qui reüssit au brusleau nommé la sainte Anne, commandé par le Capitaine Cleron, que le sieur de Pardejeu qui commande l'Elbœuf, et le sieur de Thulle qui commande la Galere escortoient; et ce brusleau mit le feu au Vaisseau Espagnol, nommé la Natiuité, commandé par Antoine Gonçalez Dunkerquois. Ce Vaisseau estoit l'vn des plus grands de l'Armée d'Espagne, monté de quarante deux pieces de Canon de fonte verte, et de trois cens hommes, dont il n'eschapa que le Capitaine luy septiesme à la nage. Ce fut vn spectacle horrible de voir le feu attaché par tous les endroits du Vaisseau, auec vn bruit et vne fumée espouuantable des poudres et des Canons qui tirerent tous en mesme temps; ce qui mit vne telle terreur et confusion dans l'Armée d'Espagne, que tous les Nauires Espagnols s'écarterent auec desordre, et l'Admiral d'Espagne commença le premier à se retirer d'espouvante, apres auoir coulé à fonds de son Canon le brusleau du Capitaine Thibaut qui luy portoit le feu. Auant cela la Lune et les autres Vaisseaux du Comte de Doignon s'estoient retirez, et auoient honteusement abandonné les Espagnols, lesquels fuirent aussi à force de voilles, tirant tousiours leurs Canons sur l'Admiral de France, qui auec sa Flotte leur donnoit la chasse, et leur enuoyoit trois volées de Canon pour vne, dont on voyoit l'effet par les débris et pieces rompuës des Vaisseaux ennemis qui flottoient. En fin les deux brusleaux commandez par les Capitaines Michaut et Riboullot, escortez d'autres Vaisseaux François s'accrocherent à l'Admiral de Naples, nommé la Concorde, qui s'en défit fort adroitement, faisant mine de demander quartier : Et apres cela voulant encore s'opiniastrer à la deffense, quoy que la moitié de son esquipage eust desia sauté en Mer, croyant le feu attaché au Vaisseau. Il fut abordé par le Capitaine de la Roche, commandant vne Fregatte, nommée la Duchesse; et en mesme temps par le Commandeur de Bois-moran, commandant le Berger, et par le Capitaine Pardejeu, commandant l'Elbœuf, qui tous ensemble le mirent facilement à la raison; la teste de son grand Mas estant rompuë et toutes ses voilles brizées de coups de Canon : ce Vaisseau est de trente-huit pieces de fonte verte, et son esquipage estoit de prés de trois cens hommes, qui à la reserue de ceux qui s'estoient noyez, furent emmenez prisonniers à la Rochelle. Ce braue Capitaine de la Roche, qui, auec le Capitaine du Clos, ont tesmoigné vne valeur extréme, auoit desia pris par vn combat opiniastré, vne Fregatte Espagnole de vingt pieces de Canon, nommée la sainte Agnez, commandée par le Capitaine Antonio Rodriguez Portugais. Le sieur de Menillet Vice-Admiral de l'Armée Françoise, commandant le Vaisseau nommé la Vierge; et le sieur de Cachat commandant le Sourdis, se meslerent bien auant dans les Vaisseaux ennemis pour les aborder, mais ils leur eschapperent par la vistesse : le sieur de Guignan commandant l'Anne, et le sieur des Ardens commandant la Beaufort, y firent merueilles, et tout ce qu'on doit attendre de la valeur et experience des braues Capitaines : Mais les Vaisseaux d'Espagne estoient meilleurs voilliers; ce que voyant Monsieur le Duc de Vandosme, et perdant l'esperance de les pouuoir ioindre auant la nuict : et d'ailleurs connoissant que les Vaisseaux pris estoient en danger de se perdre par leurs ouuertures, si l'on n'en prenoit vn tres-grand soin, il fut conseillé de quitter la chasse de l'Ennemy, pour pouruoir à le seureté de sa prise, et au radoub de quelques-vns de ses Vaisseaux et Bruslots qui auoient esté desagréez à coups de canon. N° LXVIII

Cette victoire est d'autant plus signalée, que tous les Capitaines et Officiers prisonniers, confessent n'auoir iamais esté poussez si vertement, et combatus auec tant de chaleur et de resolution : l'Escadre de Dunkerque se vantoit auant cecy, de n'auoir iamais esté entamée dans tous les combats qui se sont faits durant la guerre : Tellement que Monsieur de Vandosme, qui durant toute cette occasion tesmoigna vne fermeté de courage tres-grande, et vne affection et vigueur qui n'est pas ordinaire à ceux de son age, peut dire comme ce premier Cesar dont il porte le nom, *Qu'il est venu, qu'il a veû, et qu'il a vaincu* presque en mesme temps des ennemis qui se glorifioient d'estre depuis vn an les seuls Maistres de la Mer de Ponant [188], et de tenir sous leur pouuoir toutes les Costes de France : Enfin toutes les marques d'vne victoire entiere se ren-

Nº LXVIII contre en celle-ci; l'armée du Roy a battu celle d'Espagne à coups de canon; luy a bruslé et pris trois de leurs plus grands Vaisseaux; a tué plus de six cens hommes, pris quantité de prisonniers; et obligé tout le reste à s'enfuir dans vne tres-honteuse desroute, sans que du costé de l'Armée Françoise ils ayent perdu plus de vingt-cinq ou trente personnes, entre lesquels il n'y a aucun homme de marque.

Estat des Nauires dont est composé l'Armée Nauale du Roy; auec les noms des Capitaines qui les commandent, suiuant les deux Escadres qui en furent dressées.

ESCADRE DE L'ADMIRAL.

Le Cesar, Admiral.
La Gallere nommée la Sainte Anne, commandée par le Capitaine des Thurelles.
L'Anne, par le Capitaine Guinant.
Le Sourdis, par le Capitaine Cachal.
Le Triton, par le Cheualier de Verdille.
Le Don de Dieu, par le Cheualier de la Carte.
Le Fort, par le Cheualier de la Messeliere.
La Duchesse, par le Capitaine de la Roche.
Le Croissant, par le sieur de la Ville-Dau, fils du sieur des Forgettes.
Le Neptune, par le sieur de la Giraudiere, Major de l'Armée.
La Sainte Agnés, par le Capitaine du Clos.
Le Phlibot, du sieur Forant.

ESCADRE DU VICE-ADMIRAL.

La Vierge, Vice-Admiral, par le sieur du Menillet, Commissaire general de la Marine du Ponant.
Le Iupiter, par le sieur Queruin.

Le Berger, par le Commandeur de Boismorand. N° LXVIII
L'Elbeuf, par le Capitaine de Parde-jeu.
Le Saint Georges, par le Capitaine de la Giselaye.
La Beaufort, par le Capitaine des Ardans.
Le Saint Louis, par le Capitaine Desgoris.
La Fregatte de Calais, commandée par le Capitaine Besnard.
Quatre Galliottes commandées par les sieurs Pineau, Lileau, Corby, et Bourdet, auec ordre de se tenir proche de l'Admiral.

QUATORZE BRUSLOTS COMMANDEZ PAR LES CAPITAINES

Thibault.	La Fleur.	Thomas.
Cheron.	Falour.	Mesnard.
Guillet.	De Launay.	Puceliuaye.
Riboullot.	Plassiere.	Salnauue.
Michault.	Baubire.	

Estat des Nauires de l'Armée Espagnole.

Escadre du Comte de Doignon.
La Lune, commandée par Saluone.
Le Vaisseau de Gabaret.
Deux autres Vaisseaux, dont l'on ne sçait pas les noms.
Cinq bruslots.

ESQUADRE DE DUNKERQUE.

La Conception, commandée par Antoine Mesnil Admiral.
Le saint Sauueur Vice-Admiral, cy-deuant commandé par Antonio Diez, qui se noya entre Grois et Blauet, et à present par Cornelias Meignné.
Le saint Ignace, par Iean Bassclart.
La Natiuité, par Antonio Gonçalez, c'est celuy qui a esté bruslé par vn des bruslots François.

Nº LXVIII La Touche, par Matieu Mas.
Le bon Succés, par Roch Nicasio.
Le Prince d'Orange, par Manüel Niquelan.

ESCADRE D'ESPAGNE

Le saint Philippes, par Arthiague de Biscaye.
Le saint Pierre, par Dom Ioseph de Gallasse.

ESCADRE DE NAPLES

La Concorde Admiral, par Marino Mazibrady, qui est vn de ceux qui a esté pris par les Vaisseaux François.
Le sieur Charles Vice-Admiral, par Antonio Stouuaille.
L'Adam et Eue, par Scamo Bouuardy.
Le Lion rouge, par Pietro Ioüan.
La sainte Barbe, par Vincent Leony.
Les deux Fregattes des Capitaines Dominique et Generonime.
La sainte Agnez, par Antonio Rodriguez, qui a esté prise par le Capitaine de la Roche.
Vne autre Fregatte qui leur porta la nouuelle de l'arriuée des François.
Vn bruslot, nommé saint Antoine.

FIN

SECONDE

RELATION

CONTENANT

LA REPRISE DE L'AMIRAL DE NAPLES PAR LES ESPAGNOLS :

Et de ce qui s'est passé dans les Mers de Broüage, entre les Armées Nauałles, depuis le Combat du neufiesme Aoust 1652. iusques au seiziesme dudit mois.

Avec la Prise de la grande Galère du Comte de Doignon, de son Brigantin, de son Trauersier, et de deux Vaisseaux chargez de Moluës.

A PARIS

Chez Nicolas et Iean de LA COSTE, au mont S. Hilaire, à l'Escu de Bretagne : Et en leur Boutique, à la petite porte du Palais, qui regarde le quay des Augustins.

M. DC. LII.

SECONDE RELATION

CONTENANT

LA REPRISE DE L'ADMIRAL DE NAPLES PAR LES ESPAGNOLS

Et de ce qui s'est passé dans les Mers de Broüage entre les Armées Nauales; depuis le Combat du neufiesme iour d'Aoust, iusques au seiziesme dudit mois 1652.

Après le Combat dont vous auez veû l'ample Relation, Monsieur de Vandosme fit voile toute la nuit; et sur les sept heures du matin moüilla à la rade de l'Isle-Dieu, et de là à la rade du Chef de Baye [189], pres la Rochelle, auec toute son Armée, ayant laissé derriere, l'Admiral de Naples, qu'il auoit pris, et qu'apres auoir perdu son grand Mas et les voiles dans le Combat, ne pouvoit suivre les autres que de loin; quelques Vaisseaux d'Espagne qui s'estoient rassemblez, se seruirent de cette occasion; l'attaquerent, et l'emporterent facilement. Celuy à qui l'on en avoit commis la conduitte denué, d'hommes, d'armes et de munitions, n'ayant autre deffence à faire, ny de party auantageux à prendre, resolut de le couler luy mesme à fonds; ce qu'il s'efforça de faire, mais il fut preuenu et contraint de se rendre auant que d'auoir pû faire vne assez grande ouuerture : ainsi les Espagnols le remorquerent et l'emmenerent. Depuis, Monsieur de Vandosme ayant à la Rochelle reçu aduis de Monsieur du Plessis Belliere [190], que la grande Galere, le Brigantin et le Trauersier du Comte de Doignon

N° LXIX
16 Août 1652.

N° LXIX estoient dans la Riuière de Seudre[191], vis à vis de la Tremblade [192], occupée à garder et à faire descharger deux Vaisseaux de la Moluë qu'ils auoient apportée de Terre Neuue : Tout aussi tost sans perdre vn moment de temps, Monsieur le Duc de Vandosme envoya le sieur Pineau qui commande ses quatre Galiottes, à Monsieur le Commandeur de Neufchaises son Lieutenant general, pour luy communiquer cét aduis, auec ordre d'enuoyer promptement ceux qu'il iugeroit propres pour aller attaquer et enleuer la dite Galere, avec ses autres Bastimens : Le sieur des Turelles qui commande la Galere sainte Anne, le sieur Pineau qui commande les quatre Galiottes, auec les sieurs L'Isleau, Corby et Bourdet, qui sont Capitaines des trois autres, furent choisis pour aller mettre à execution cette entreprise : le sieur du Vildau fils du sieur des Forgettes, commandant le Croissant, eut ordre de les suiure : en cét estat ils partirent le 17 d'Aoust de la Rade du chef de Baye sur la mi-nuit, et coururent la routte iusques sur les huit à neuf heures, qu'ils furent obligez de moüiller au trauers du Fort d'Oleron pour attendre la marée propre pour aller gagner la Riuiere de Seudre : sur les deux heures apres midy ils leuerent l'Ancre pour donner la chasse à vne Barque longue ou Brigantin du Comte de Doignon, qui couroit le long de la Terre du Chapus [193]; ce qui ayant esté apperçeu par la petite Galere dudit Comte, qui est sous Broüage, elle leua aussi l'Ancre, croyant que ce fust à elle à qui l'on en vouloit, et s'estant approchée, elle enuoya quelques volées de Canon, ausquelles la Galere du sieur de Turelles respondit vigoureusement. Mais voyant qu'il estoit impossible, à cause des bancs de sable, et des Rochers qui sont en cette coste, de pouuoir ioindre sa Galere, ny le Brigantin, ils commencerent leur route, et passerent devant le Fort d'Oleron, qui leur fit l'honneur de les salüer de dix ou douze coups de Canon, sans aucun effet : peu de temps apres les Galiottes ayans apperçeu vne Barque longue de Broüage, commandée par le Capitaine Vidau, qui faisoit son possible pour aller aduertir la grande Galere et les Brigantins qui estoient deuant la Tremblade, de l'arriuée des nostres, elles luy donnerent la chasse plus de deux heures, et la contraignirent en fin de se mettre hors, et se sauuer par les Rochers de Maumusson [194] : ce qui obligea nos Galiottes de se retirer pour reuenir ioindre le sieur des Turelles qui suiuoit tousiours sa route dans la riuiere de Seudre, où en fin estans apperçeus par le Capitaine Ozéè Blanchart qui commandoit ladite grande Galere du Comte du Doignon; il leua tout aussi tost l'Ancre, et se mit à fuir auec le Brigantin, commandé par le Capitaine Tibaut, et vn Trauersier armé en guerre : mais ils furent pressez si vertement par nos ieunes et braues Capitaines, qu'ils furent contraints de s'échoüer deuant Challeuette, où estans arriuez, ils abandonnerent laschement leurs Bastimens, dont les nostres se saisirent bien promptement, fauorisez en cette occasion par le Brigantin de Monsieur du Plessis Belliere, commandé par le sieur de Barsillon : et pource que les Ennemis estoient au desespoir d'auoir esté forcez d'abandonner vne si belle Galere, ils auoient allumé vn bout de mesche pour mettre le feu aux poudres, et la faire brusler auparauant que les nostres s'en peussent saisir, mais Dieu permit qu'on trouua la mesche comme elle estoit presque toute bruslée, et qu'on empescha cét accident. Cette Galere a cinq grosses pieces de Canon, auec nombre de Mousquets; le Brigantin est armé de deux pieces de fonte verte, et de quatre Pierriers, et le Trauersier de deux pieces de Canon : En cét estat le sieur de Turelles, et le sieur Pineau voyans qu'il faloit promptement mettre du monde sur leurs prises, ils en choisirent de leurs bords : le premier en fournit dix de sa Galere, et le sieur Pineau quarante de ses Galiottes. Le sieur de la Breda Lieutenant du sieur des Turelles, fut mis dans la Galere pour y commander, et le Capitaine Ruelle dans le Brigantin auec quinze hommes. Le sieur du Vildau enuoya aussi nombre de Matelots et Soldats dans le Trauersier, et dans les deux Vaisseaux Terneufuiers pour s'en asseurer, et pour les conduire; ce qui ayant esté heureusement executé par les nostres, ils partirent de la Riuiere de Seudre et vindrent moüiller deuant le Chasteau d'Oleron [195], où ils virent nombre de gens armez qui se preparoient à les receuoir, dans la croyance qu'ils auoient qu'on eust dessein d'y faire N° LXIX

N° LXIX dessente. Le Mardy sur les deux heures apres midy ils leuerent l'Ancre; s'appareillerent, et passerent à demy portée du Canon du Fort d'Oleron, qui les salüa de quatre volées de Canon, auxquelles le Croissant respondit d'vne seule pour leur dire adieu; et ainsi ils arriuerent le mesme iour fort heureusement à la Rade du Chef de Baye rejoindre l'Armée Nauale auec leurs prises, qui aïderont à seruir le Roy, et à faire la guerre à celuy qui les a construites.

FIN

DÉNOMBREMENT

DU

MARQUISAT DE ROYAN

4 *JUILLET* 1673

ARMES DES LA TRÉMOILLE

D'or, au chevron de gueules, accompagné de trois aiglettes d'azur, becquées et membrées de gueules.

François de LA TRÉMOILLE, marquis de Royan, comte d'Olonne, grand-sénéchal de Poitou et gouverneur de Poitiers, né en 1638, mourut subitement à Paris le 12 juin 1690, âgé de cinquante-deux ans, et fut enterré en l'église des Célestins.

(Père Anselme, tome IV, page 174.)

Dessiné et lith. en couleurs par Gustave LABAT, — 1887.

DÉNOMBREMENT

DU

MARQUISAT DE ROYAN

Archives départementales de la Gironde.

N° LXX
4 Juillet 1673.

C'EST L'ADVEU ET DÉNOMBREMENT que moy Louis de La Trémouille, seigneur, marquis de Royan, comte d'Ollonne, baron d'Apremont, grand sénéchal de Poitou, mets et baille du dit marquisat de Royan assis au duché de Guienne dans l'enclave de la grande Prévosté d'entre les deux mers mouvant en plein fief, foy et hommage lige et franc gariment tant pour moy que pour mes hommes de Sa Maiesté, mon souverain seigneur, à cause de son dit duché de Guienne et chastel de Saintes, lequel m'est escheu par la succession de feu Philippe de La Trémouille, seigneur, marquis du dit Royan, mon père, et m'appartient entièrement sans que nul autre y ait aucune part ny portion, consistant en haute justice, moyenne et basse, maire, mixte et impère, place de ville et chasteau, enclos de plusieurs terres nobles, censives, agrières, dixmes, droits de chasse, de garennes, ressorts, diffences, chemins, forests, palus, pescheries, rivières, rivages, coustumes, tailles, cens, rentes, agrières et autres droits et debvoirs seigneuriaux en bledt et en vin, deniers poullailles, biens, détroits, fours, moulins, flux et reflux, foires, marchéz, péages, hommages, costes de mer, noufrages, et tous autres droits desquels moy et plusieurs

N° LXX mes prédécesseurs, seigneurs dudit Royan, avons jouy; l'estendue duquel marquisat commance et joint premièrement du côté du midy à la terre de Didonne [196] un ruisseau ou riveau entre deux enclavant la garenne dudit Royan depuis la mer comme aussy enclavant le marais et palus qui est entre Bonbe et Bellemont [197] jusques à une borne auprès de Bonbe rendant au village de Pommes-Aigres et tout au travers des terres jusques à la poussuite en allant par la combe de Pommes Aigres jusques à la borne de Langlade. Et de la dite Anglade s'en va le long de la rivière au grand pré de Poussanet jusques au chemin qui conduit à Médis [198], la maison et village de Poussanet compris, et du dict Poussanet s'en va droit aux trois pierres costoyant la paroisse de Médis jusques aux plonches de Fanbat et des dites plonches s'en retournant le long du chemin de Papot jusques à l'hospital du pas du Breuil et s'en retournant du dit hospital au pontillé le long du canal de Riberoul [199] jusques au Seudre et s'en va par le milieu du dit Seudre jusques au moulin de la Flotte et de là s'en va au pérat de la petite Aiguille [200] et du dit pérat au travers des marais jusques au carrefour de Moux et du dit carrefour s'en va au Caillanit de claisne le Baut, et du dit Caillanit s'en va au chemin de dessous la lande, qui conduit de Saint-Sulpice [201] au Moutil et à Saint-Vivien de Breuillet [202] auprès de l'église, et de la dite église au carrefour du Rat, et du dit carrefour va tout droit le chemin qui va de la Housme à Larnaude et d'illec va au carrefour de Clèdes, et d'illec s'en va à la fon de le chassier et de la dite fon tout du long du prieur de Mornac [203] jusques à la course de Brese, et de la dite course au travers du pallus du marais à présent déchessé, suivant le canal qui fait séparation du marais de Royan d'avec celuy d'Arvert [204], iceluy canal inclus jusques au riveau qui sépare les deux forests de Royan et d'Arvert et suivant icelluy riveau jusques au Bréjat, et du dit Bréjat jusques à la mer et en retournant en hault tout du lon de la mer jusques au susdit premier ruisseau ou riveau, qui sépare Royan de Didonne.

Item, la grande coutume de toutes les choses qui passent par le coutumeau de Royan qui doibvent payer coutume.

Item, advoüe tenir du Roy, nostre sire, toutte l'isle de Cordan avec tout noufrage et autres droits et debvoirs quelconques venans et périssans en la dite isle, laquelle isle de Cordan et des appartenances d'ancienneté de mondit marquisat de Royan, dans lesquelles susdites confrontations sont plusieurs fiefs et maisons nobles appartenans à mes vassaux, qui m'en font foy et hommage comme Bellemont, Monts [206], Poussaud, La Lande, Taupignac [206], Le Breuil, Du Pas, Chauzal, Breuillet, Chassaigne, Mailefray, Chastenay, Courlay, Le Vignaud, La Monye et autres fiefs, qui sont dans les paroisses de mondit Marquisat, comme dans Sainct-Pierre de Royan [207], dans la paroisse de Sainct-Sulpice, Sainct-Augustin [208], Sainct-Palais [209] et Vaux dans l'estendue desquelles et des susdites confrontations nul n'a la haute justice qui moy.

Lequel mien adveu et dénombrement je certiffie véritable, sauf le plus ou le moins, promettant s'il vient quelque autre chose à ma connoissance d'en faire la déclaration au Roy ou à ses officiers, protestant que les obmissions, si aucunes ont été faites par mégarde ou par obly au présent dénombrement, ne pourront me nuire ny préjudicier. En foy de quoy, j'ai signé le dit présent adveu et desnombrement de mon sein ordinaire et icelluy scellé du scel de mes armes ce quatriesme jour de juillet mil six cent soixante-treize.

Louis de LA TRÉMOILLE.

Dans l'acte de vérification et d'enregistrement de l'acte qui précède, par les présidents trésoriers de France, généraux des finances, il est fait mention d'une opposition à cet enregistrement par messire Guy Lamer, abbé de l'abbaye de Saint-Étienne-de-Vaux, à cause de la justice du bourg et de la paroisse de Vaux; et d'un hommage rendu au Roi par Dame *Louise de Mastatz, comtesse de Périgord, dame de Mastatz,* Royan, Mornac et autres places, pour raison des dites terres et seigneurie, en date du 11 juillet 1411.

SUPPLÉMENT

RELATIF A LA TOUR DE CORDOUAN

(Suite de la page 135.)

DOCUMENTS

RELATIFS A LA TOUR DE CORDOUAN

(SUPPLÉMENT)

M. DE ROSTAN [210], **commissaire-général ordonnateur de la marine au port de Bordeaux, donne l'état des signaux arrêtés par M. le maréchal duc de Richelieu** [211].

N° LXXI
23 Juin 1758.

Archives de la marine. Magasin des vivres de Bacalan.

Signaux arrêtés par M. le Marechal.

Quand il paroitra une flotte au large qu'on croira être celle des ennemis, la fregate le Marechal de Thomond mettra un pavillon blanc au grand mat, et tous les autres postes à commencer par celui du Verdon [212], hisseront pavillon blanc et tireront deux coups de canon.

Quand cette meme flote manœuvrera, et qu'il paroitra visiblement qu'elle a intention d'entrer dans la riviere, la fregate le Marechal de Thomond mettra pavillon blanc au grand mat, et de plus le pavillon rouge au mat de misenne, alors le poste du Verdon et tous les autres mettront pavillon blanc et pavillon rouge, et tireront trois coups de canon.

Si la fregate le Marechal de Thomond faisoit son signal le soir à l'approche de la nuit, il faudroit alors outre les deux ou trois coups de canon, faire un feu à chaque poste de signaux.

A Bordeaux, ce 23 juin 1758.

ROSTAN.

N° LXXII
Juin 1758.

ÉTAT des signaux que les frégates du Roi partant de Rochefort pour aller dans la rivière de Bordeaux feront pour être reconnues de la tour de Cordouan et batteries de la côte.

Archives de la marine. Magasin des vivres de Bacalan.

Signaux que les frégates du Roy partant de Rochefort pour aller dans la riviere de Bordeaux avec un convoy ou sans convoy, feront pour estre reconnües de la tour de Cordoüan et bateries de la coste.

Des que les fregattes seront à portée d'estre vües de la tour de Cordoüan, la fregate commandante ou la plus prez de terre si elles sont plusieurs, mettra un pavillon hollandois au haut du perroquet de mizaine et un pavillon rouge au bout de la vergue d'artimon, lorsque la tour aura repondu par un pavillon blanc, la fregatte tirera deux coups de canon coup sur coup et manœuvrera pour donner en rivierre, alors la tour de Cordoüan fera le signal qui aura este designé par M. le Marechal duc de Richelieu pour en donner avis tant aux batteries maritimes qu'aux batimens mouillez au Verdon et dans l'interieur de la rivierre.

Mais si les fregates jugent le temps propre pour que les batimens puissent sortir de la rivierre et venir se ranger sous leur escorte, outre les signaux de pavillon cy-dessus, la fregatte qui les aura mis, au lieu des deux coups de canon en tirera cinq, coup sur coup, et manœuvrera pour attendre le convoy en dehors de la rivierre, et la Tour de Cordoüan fera alors le signal ordonné par M. le marechal duc de Richelieu pour faire sortir tous les batimens qui se trouveront prets à profiter de l'escorte des fregates.

Signaux que la Tour de Cordoüan fera.

D'abord que le sieur Pigneguy ([213]) sera assuré des signaux ci-dessus que les fregattes du Roy doivent faire, il fera mettre tout au haut de la tour de Cordoüan un pavillon bleu pour marquer aux commandants des fregattes qu'on reconnoit leurs signaux, lequel pavillon previendra aussi les commandants des batteries et des fregattes qui gardent l'entrée de la rivierre.

INSTRUCTIONS pour le capitaine et les deux autres officiers de marine résidant à la tour de Cordouan pour y exécuter les signaux.

N° LXXIII
11 Août 1758.

Archives de la marine. Magasin des vivres de Bacalan.

LOUIS FRANÇOIS ARMAND DUPLESSIS
DUC DE RICHELIEU ET DE FRONSAC
PAIR ET MARÉCHAL DE FRANCE, CHEVALIER DES ORDRES DU ROI,
PREMIER GENTILHOMME DE LA CHAMBRE DE SA MAJESTÉ,
SON LIEUTENANT GÉNÉRAL,
ET GOUVERNEUR DE LA HAUTE ET BASSE GUYENNE.

Instruction pour le capitaine et les deux autres officiers marins qui ont été choisis pour aller résider à la tour de Cordouan y exécuter les signaux ci après et y demeurer jusqu'à nouvel ordre.

D'abord que lesdits officiers seront à la tour de Cordouan, ils s'occupperont le jour et la nuit à decouvrir tous les vaisseaux qui s'en approcheront, et dans le cas qu'ils en apperçoivent quelques uns et qu'ils jugeront être ennemis, soit qu'ils croisent sur ce parrage ou qu'ils manœuvrent pour vouloir entrer en riviere; ils feront alors tout au haut de la tour seulement une grosse fumée qui puisse s'appercevoir des batteries et des frégates qui sont mouillées au Verdon, et ils observeront alors de faire cesser pendant la nuit le feu ordinaire du fanal, afin d'en oter la connaissance auxdits vaisseaux.

Mais dans le cas qu'ils decouvriront un nombre considerable de vaisseaux et fregates ennemies ayant avec eux des batiments de charge qui pourront avoir des troupes, alors independamment de la fumée au haut de la tour, ils en feront aussi une considérable dans le bas, de façon que toute la tour puisse être obscurcie par cette grande fumée; dans cette dernière occasion ils feront aussi cesser le feu du fanal pendant la nuit.

Comme il peut venir des convois de Brest et de la Rochelle pour cette riviere, il sera aisé de les reconnoistre, parcequ'ils ne sont guere composés que de barques, et escortés seulement par une ou deux fregates du Roy de 30 canons au plus, par conséquent il ne sera pas question de faire aucune fumée.

Au surplus ledit capitaine nous rendra compte, le plus souvent qu'il lui sera possible, de toutes les observations et découvertes qu'il pourra faire concernant le présent service.

Dès que les officiers de la batterie de la pointe de Grave [214] auront apperçu le signal de la tour, ils en donneront connoissance à la fregate garde cote en mettant un pavillon rouge, auquel elle répondra par un autre pavillon de semblable couleur; ensuite ils tireront trois coups de canon auxquels la frégate repondra par trois autres, ce qui sera le signal d'allarme pour les deux cotes et ensuite de poste en poste.

Lorsque les ennemis seront nord et sud du grand banc et paroissant determinés à entrer en riviere, les officiers de la batterie de la pointe de Grave feront sauter le moulin d'Arez [215].

Fait à Bordeaux le onze aout mil sept cent cinquante huit.

Le maréchal DUC DE RICHELIEU.

Par Monseigneur :

FAUCHER.

Autographe de la main du maréchal duc de Richelieu :

Il faut miner le clocher de Soula [216] pour le faire sauter au signal dont il sera convenu par M. de Rostan.

N° LXXIV
3 Octobre 1758.

LETTRE de M. de Rostan, commissaire-général ordonnateur de la marine à Bordeaux, à M. le maréchal duc de Richelieu.

Archives de la marine. Magasin des vivres de Bacalan.

Rostan est toûjours malade et par conséquent hors d'état d'aller rendre ses respects à Monseigneur le Mareschal.

Il a l'honneur de lui exposer que presque tous les officiers marins

N° LXXIV

bombardiers et canoniers distribuez sur les batteries du Médoc ont été attaquez de fievres si violentes qu'ils ont été obligez de venir à Bordeaux pour se faire traiter, ne trouvant aucun secours sur les lieux.

Si Monseigneur le Maréchal ne juge pas à propos de faire désarmer à present les batteries, il luy propose au moins de réduire les officiers marins et canoniers à un petit nombre sur chaque batterie, afin de permettre aux autres de se faire guerir et d'aller vacquer à leurs affaires, car la pluspart ont des vignes et ne sont pas dans le cas de se passer de recüeillir leur recolte, qui fait toute leur fortune.

Rostan demande aussi la permission de rapeller les trois officiers marins qui sont à la tour de Cordoüan; ce séjour terrible les a rendus malades, et ils ont d'ailleur des vendanges ([217]) à faire, à condition cependant que les gardiens qui résident à cette tour seront chargez de faire les signaux en cas d'allarme, de quoy on peut assurer qu'ils s'acquiteront bien.

A Bordeaux, le 3e octobre 1758.

ROSTAN.

En marge la réponse de la main du Maréchal :

Je suis très affligé de l'incommodité de M. de Rostan et j'aurois été le voir, si je n'avois cognu par expérience la dificulté d'entrer chez lui.

Je crois qu'il ne faut laisser aux bateries que ce qui est essentiel pour les garder, sauf à rapeler le reste à la première alarme, qui me paroit éloignée à ce que j'espère.

Je m'en raporte d'ailleurs pour le rapel de ceux qui sont à la tour de Cordouan, comme pour le reste, à M. de Rostan avec une entière confiance, qui lui est due à toutes sortes de titres et que personne ne çent mieux que moy.

Le maréchal DUC DE RICHELIEU.

Nº LXXV
13 Avril 1761.

ENGAGEMENT des capitaines marins destinés à faire le service des signaux à la tour de Cordouan.

Archives de la marine. Magasin des vivres de Bacalan.

Nous soussignés, capitaines de navire, destinez pour la presente campagne au poste de la tour de Cordouan, reconnaissons avoir reçû les consignes de jour et de nuit approuvées par Monseigneur le mareschal de Richelieu pour les signaux à faire à ladite tour au cas qu'il se presente une flotte ennemie à l'entrée de la riviere de Gironde, douze fusées nouvellement faites pour l'execution desdits signaux, une longue vüe et les clefs d'un magasin de ladite tour dans lequel sont renfermés divers ustenciles aussi nécessaires aux signaux et pour la table ; lesquels y sont restés de la derniere campagne suivant l'inventaire dressé par le s[r] Delzolierre, le 30 octobre 1760, dont copie nous a esté remise ; de tout quoy nous nous obligeons de rendre compte et de remettre lesdits ustenciles, sauf ce qui pourra estre consommé pendant la presente campagne.

Bordeaux, le 13 avril 1761.

F. MAHIEU, P[re] DENABRE.

Nº LXXVI
23 Juin 1761.

TRAITEMENT alloué aux capitaines marins destinés au service des signaux à la tour de Cordouan.

Archives de la marine. Magasin des vivres de Bacalan.

Depuis le commencement de la presente guerre, il a été estably des signaux à la tour de Cordoüan dirigés par deux capitaines de navires experimentez.

Leurs appointements ont été fixés des le principe à 100 livres chacun par mois, et il fût convenû qu'attendû la scituation de cette tour isolée et innacessible dans le mauvais temps ils devoient être nourris comme à la mer et ne pouvoient se passer d'un chirurgien et d'un boulanger, la nourriture des quatre a été payée jusqu'à present sur le compte qu'ils en ont rendû, de clerc à maître, et cette depense a monté non compris les appointements des capitaines à environ 240 livres par mois en y comprenant cependant les gages du chirurgien et du boulanger.

Aujourd'huy qu'on juge à propos de ne plus entrer dans ce détail et de faire un forfait pour cette subsistance, on ne croit pas qu'il puisse être accordé à chacun de ces capitaines moins de deux cent livres par mois pour leurs appointements et pour leur table, y compris la nourriture et les gages des chirurgien et boulanger et par ce moyen on épargnera 40 livres par mois.

Tout capitaine armé a au moins 200 livres par mois d'appointements et est nourry.

Ceux des chaloupes canonnieres ont chacun 150 livres par mois d'appointements et 10 livres par jour pour leur nourriture, celle du lieutenant et du chirurgien, si on les avoit traittés à l'instar des autres bâtimens du Roy. Les capitaines comme lieutenans de fregattes auroient eu chacun 10 livres par jour pour leur nourriture personnelle et 2 livres 10 sous pour celle de chacun de leurs officiers, conformément à l'ordonnance du Roy, concernant la table de ses vaisseaux; en traittant les capitaines de Cordoüan comme de simples officiers il reviendroit à chacun 2 livres 10 sous par jour et autant pour leur chirurgien ce qui feroit 7 livres 10 sous et s'éleveroit à 225 livres par mois, or en ne leur alloüant que 100 livres à chacun pour leur nourriture, celle des chirurgien et boulanger, on y gagne encore 25 livres par mois et même plus, attendû qu'on ne pourroit se dispenser de passer une ration et demie au boulanger qui va à 15 sous par jour.

A Bordeaux, le 23 juin 1761.

CRASSÉ.

Nº LXXVII
29 Août 1790.

AVIS aux navigateurs sur le nouveau feu de réverbères établi à la tour de Cordouan, située à l'entrée de la rivière de Gironde.

Archives de la marine. Magasin des vivres de Bacalan.

Il y avoit autrefois sur cette tour, qui sert de point de reconnoissance aux navires pour éviter les dangers et chercher les passes, lorsqu'ils veulent entrer ou sortir de la riviere de Bordeaux, un feu de charbon; au mois de novembre 1782, on y substitua un feu de réverbere dans une lanterne, ou cage vitrée, formant un polygone de seize côtés; cette tour ayant eu besoin de quelques réparations, on vient de l'exhausser de soixante pieds, et on y a établi un nouveau feu de réverbere dont les plaques ont trente pouces de diamettre, et dont les lampes sont à la Quinquette : ces réverberes sont disposés de façon qu'ils forment les angles d'un triangle équilatéral, inscrit dans un cercle, et par le mouvement de rotation sur lui-même qu'a ce feu, il ne paroît à l'œil de l'observateur que de distance à autre; cette distance est exactement d'une minute, de sorte qu'un navire qui apperçoit ce feu à la mer, et qui le voit disparoître, peut être assuré de le voir reparoître une minute après; ce feu faisant sa révolution entiere dans trois minutes : ce qui pourra encore servir aux navigateurs à distinguer ce feu, du feu d'un bâtiment ou d'une étoile, c'est qu'ils verront d'abord un éclat de lumiere qui croît à mesure que le foyer passe devant leurs yeux, et décroît d'une maniere sensible pour reparoître la minute d'après avec le même éclat.

Signé : PREVOST DE LA CROIX [218].

Nota. — Ce nouveau feu a été allumé le 29 août 1790.

LETTRE de M. Teulère à M. Sommereau, agent maritime à Bordeaux. N° LXXVIII
7 Germinal an II.

Archives de la marine. Magasin des vivres de Bacalan.

Rochefort, 7 germinal l'an 2me de la République
une et indivisible.

Citoyen,

J'avais fait venir et transporter chez Barreau, pompier et tourneur, les dix reverberes de rechange de la tour de Cordouan, afin de les tourner sur la courbe convenable : mais il m'a presenté des difficultés pour les ouvriers, et je suis persuadé qu'il n'a encore rien fait. Au reste il nous en faut trois de rechange; s'il a commencé il peut continuer pour ces trois; mais s'il n'a rien fait, je te prie d'en envoyer quatre au port Malo (219), trois à Dune Libre (220), conformement à la lettre de Duperrau, et de m'envoyer les trois les plus legers afin que je puisse les faire travailler ici sous mes yeux.

Burguet (221) a deja fait quelque frais à cet egard, donne lui des ordres pour embaler ces reverberes; je lui marque de faire argenter celui qui se trouve en cuivre battu, lorsqu'il ce sera assuré que sa courbe va avec le panneau que j'ai laissé. Alors il suffira qu'il m'en envoit deux ici en adressant directement à Cordouan celui qui sera argenté de nouveau.

Le ministre vient de me charger des phares et balises des isles de Ré et Oleron, en conformité des arretés du Comité de salut public de la Convention nationale, et du Conseil executif provisoire; il me charge de developper dans un memoire les avantages de la position du port de la Rochelle, et de proposer toutes les ameliorations dont il peut être susceptible. Cette mission importante me met en même de faire un travail qui comprendra tous les renseignements utiles à la navigation depuis l'isle Dieu, qui est le lieu d'atterrage de nos batiments venant des colonies, jusques à l'entrée de la riviere de Bordeaux; j'ai annoncé au ministre, conformement aux ordres qu'il m'en avoit donnés, les dispositions que j'ai faites à cet egard de concert avec le citoyen Garnier, chef de brigade, directeur des fortifications à la Rochelle, nommé par le ministre de la guerre pour agir avec moy, et j'ai observé au ministre que je suis placé au centre de toute ces opérations.

D'apres cet exposé, qui fait sentir la necessité de mettre de l'ensemble à ce travail et de mettre à profit les connoissances que j'ai acquises sur toutes les parties qui interessent la navigation aux atterrages sur nos cotes, je ne doute pas que le ministre n'approuve les mesures que nous avons prises : et en attendant je vais prescrire à Burguet ce qu'il convient de faire pour rendre à la lumière du phare de Cordouan toute la force dont les reverberes sont susceptibles; et si le ministre te renvoit le projet general des constructions et redifications à faire à la tour et aux balises, je te prie de m'en faire part afin que je puisse aller à la pointe de la Coubre (222) marquer la place que la nouvelle tour doit occuper relativement aux passes à prendre et aux ecueils à éviter.

Salut et fraternité,

TEULERE.

NOTES DE L'INTRODUCTION

NOTES DE L'INTRODUCTION

(*a*) **Maison de Graves**, habitation des ingénieurs chargés des travaux de défense de la Pointe, près de la mer, dans la forêt de Graves.

(*b*) **Belleville** (l'abbé Louis), curé de la paroisse Notre-Dame, à Bordeaux, chanoine honoraire, chevalier de la Légion d'honneur, mort le 29 mai 1886.

M. Belleville avait occupé précédemment la cure de Portets, canton de Podensac (Gironde), d'où il fut appelé, le 8 septembre 1856, à celle de Saint-Pierre par S. É. le cardinal Donnet, archevêque de Bordeaux.

C'était un des prêtres les plus distingués du diocèse. — Lire l'oraison funèbre prononcée le 3 juillet 1886, dans l'église Notre-Dame, par M. l'abbé Gaussens, chanoine honoraire, vicaire-général d'Agen, archiprêtre de la basilique de Saint-Seurin, membre de l'Académie des sciences, belles-lettres et arts de Bordeaux.

(*c*) **Tamaris**, chalet construit en 1865 par M. Labat, auteur de ce travail, au milieu d'un vaste jardin, où se retrouve la flore saintongeaise, dans les brandes de Pontaillac, sur le côté sud de la conche de ce nom ; on y jouit d'une vue exceptionnellement belle et étendue, qui embrasse l'entrée de la rivière jusqu'à Richard, la Pointe-de-Graves, le vieux Soulac, Cordouan et la Coubre. Les pierres sculptées placées au-dessus du portail de la mer décoraient, en 1610, la porte d'entrée du rez-de-chaussée de la tour de Cordouan.

(*d*) **Lumière de Cordouan.** Feu tournant *blanc* et *rouge*, à éclipses de minute en minute; il est élevé de 63 mètres et se voit à 27 milles. Chaque grand éclat est précédé d'un éclat moins brillant ; les éclipses ne paraissent totales qu'au delà de 10 milles. — Rouge entre le N. et l'E. 9° N., pour indiquer le point où il faut quitter l'alignement des feux de *Terre-Nègre* et *Falaise* et gouverner. S. 57° E.

Lat. 45° 35′ 14″ N. — Long 3° 30′ 39″ O.

Variation : 19° 10′ O. en 1868.

La grande portée du feu de Cordouan a donné lieu à ce dicton marin :

« Qui voit Cordouan n'est pas dedans. »

(Dedans doit être pris ici pour *la rivière de Bordeaux*.)

(*e*) **Léon Renard**, bibliothécaire du ministère de la marine et des colonies. (Bibliothèque des Merveilles : *Les Phares*, Paris, 1871, Hachette et Ce.)

(*f*) **Joseph Teulère** est né à Montagnac, bourg près d'Agen (Lot-et-Garonne), en 1750. Il eut pour père un architecte d'Agen, qui lui-même avait pour ascendants trois générations de constructeurs.

Les commencements de Teulère furent difficiles ; tailleur de pierre sous les ordres de son frère dans la construction du palais épiscopal d'Agen, aujourd'hui l'hôtel de la Préfecture, il fit *son chef-d'œuvre* à dix-sept ans et fut reçu *compagnon ;* à dix-neuf ans, il voyagea, travailla à Uzès à la construction de la cathédrale ; quatre ans après, en 1773, il conduisit les travaux du château de Chaigny, que lui confia M. Gauthey, devenu depuis ingénieur en chef des états de Bourgogne. Teulère compléta ensuite son éducation sommaire par l'étude des mathématiques ; en 1776, il se présenta aux examens, fut reçu, et envoyé à Bordeaux comme architecte de la province. C'est à cette époque qu'il fut chargé du service des bâtiments civils et par suite de Cordouan.

Teulère fit partie de l'Académie de peinture, sculpture et architecture civile et navale de Bordeaux, où il fut admis en 1790 ; de la Société du Musée et de l'Académie des sciences, belles-lettres et arts. (Voir son éloge par M. Jouannet dans les *Actes de l'Académie de Bordeaux,* année 1825, page 69.)

C'est sur les plans de Teulère que fut édifié le magasin des vivres de la marine à Bacalan ; il n'avait jamais étudié les constructions navales ; mais le célèbre Monge, qui l'appréciait, le chargea de la construction, à Bordeaux, du cutter le *Dragon* et des frégates l'*Harmonie* et la *Volontaire.*

Teulère est aussi l'auteur d'une carte de l'entrée de la Gironde, relevée avec des peines et des soins infinis, et conservée au dépôt des cartes et plans de la marine, à Paris.

Envoyé comme ingénieur en chef à Rochefort, et plus tard à Nice, où il exécuta de remarquables travaux, Teulère revint à Bordeaux et y mourut le 29 décembre 1824.

En 1866, la municipalité bordelaise, honorant la mémoire de cet habile ingénieur, donna son nom à la rue Poudiot, où il était mort dans la maison qui portait le nº 8.

(*g*) **Foix** (Louis ou Loys de), architecte de la tour de Cordouan. Voir la note biographique qui le concerne dans notre première publication : *Documents sur Royan et la tour de Cordouan.* Bordeaux, in-4º, 1884.

(*h*) **La Luzerne** (César-Henri, comte de), né en 1737 à Paris, mort le 24 mars 1799 à Bernau, près de Weills, dans la haute Autriche.

Lieutenant-général, puis gouverneur des Iles-sous-le-Vent en 1786, il fut ministre de la marine d'octobre 1787 au 12 juillet 1789, et le redevint quelque temps après jusqu'au 20 octobre 1790.

On a de lui une traduction de *Xénophon.*

Le comte de La Luzerne avait deux frères : Anne-César, diplomate, qui fut ministre de France aux États-Unis d'Amérique de 1779 à 1783 et ambassadeur à Londres en 1788 ; il mourut dans cette ville le 14 septembre 1791 ; — et César-Guillaume, cardinal, évêque de Langres, qui fut député à l'Assemblée nationale et émigra en 1791 ; il vécut à Venise jusqu'à la Restauration. Louis XVIII le créa pair et ministre d'État. Il mourut le 21 juin 1821. — Le cardinal de La Luzerne a laissé de nombreux écrits politiques et religieux.

PARTIE DE LA FAÇADE SUD DE ROYAN

DE 1825 A 1830

D'APRÈS UN CROQUIS DE M. LE COMMANDANT O. DE LACOLONGE,

Membre de l'Académie des Sciences, Belles-Lettres et Arts de Bordeaux.

La maison aux deux pavillons est celle qu'habita TEULÈRE; on y déposa longtemps es approvisionnements destinés à la tour. Elle était désignée alors sous le nom de : *Maison de Cordouan.*

Aujourd'hui, comme l'a très bien dit Eugène Pelletan dans la *Naissance d'une ville,* Royan *s'est retourné;* les façades principales des maisons, autrefois sur la grande rue, sont refaites sur la conche, et une belle promenade, complantée d'arbres, a remplacé l'endroit où accostaient les bateaux il y a soixante ans.

Dessiné et lith. par GUSTAVE LABAT, — 1887.

NOTES DES DOCUMENTS

NOTES DES DOCUMENTS

(1) **Mention** du premier constructeur des églises de Soulac, Saint-Nicolas de Grave et de Cordouan.

Nous devons à l'obligeance de M. L. Delisle, directeur de la Bibliothèque nationale, la communication de ce document dont on trouve la mention dans la *Notice sur les phares de Cordouan,* page 4, par M. E. Gaullieur, archiviste de la ville de Bordeaux.

Selon M. L. Delisle, le texte que nous publions est le seul passage de cette « chronique, » écrite en dialecte poitevin, qui paraisse se rapporter à Cordouan. Il fait partie d'une » longue énumération des mesures de précaution qui furent prises dans diverses églises » pour soustraire les trésors et les reliques aux ravages des Normands. Le manuscrit » qui contient la chronique date du XIIIe siècle; le fond du récit relatif aux invasions » normandes ne remonte évidemment pas à l'époque carlovingienne. »

(2) **Henri IV**, roi d'Angleterre, le 13 septembre 1399, couronné le 13 octobre de la même année, mort de la lèpre le lundi 20 mars 1413. (Moréri, tome IV.)

(3) **Le prince de Galles**, surnommé le *Prince Noir* (de la couleur de son armure), fils d'Édouard III, fut investi en 1355 du duché de Guyenne. Le 19 septembre de l'année suivante 1356, un lundi, il gagna sur le roi Jean II la bataille de Maupertuis, dite ordinairement de Poitiers. Le roi Jean, conduit d'abord à Bordeaux, fut amené prisonnier en Angleterre.

L'année suivante, 1357, dans le but de le satisfaire, son père lui donna la Guyenne sous le titre de principauté d'Aquitaine.

Rentré en Angleterre en 1371, pour réparer sa santé délabrée et respirer l'air natal, il mourut à Westminster le jour de la Trinité, 8 juin 1376, à l'âge de quarante-cinq ans.

(4) **Gros sterling.** Il est incontestablement fort difficile de préciser d'une façon exacte la valeur actuelle d'une somme quelconque à une époque aussi reculée. Notre ami, M. Emile Lalanne, a bien voulu se livrer, pour nous être agréable, à un travail d'après lequel un gros sterling devait représenter à la fin du XIVe siècle le *pouvoir* de 7 fr. 50 d'aujourd'hui.

Le gros sterling valait 3 deniers sterlings, qui valaient chacun 5 deniers courants.

$$3 \times 5 = 15.$$

15 deniers étaient, à cette époque, la valeur du gros, qui, à la taille de 80 au marc, valant 6 fr. 12 s., représentaient 0 fr. 0825; le marc d'argent vaut aujourd'hui environ 6 fois plus et le *pouvoir* peut être considéré comme 15 fois plus grand; soit

$$0 \text{ fr. } 0825 \times 6 \times 15 = 7 \text{ fr. } 4250,$$

donc 7 fr. 50 environ.

([5]) **Navires chargés de vin.** — Déjà commençait à se dessiner le genre de commerce, qui devait jusqu'à nos jours être la fortune du pays bordelais.

([6]) **Grégoire IX**, pape le 19 mars 1227. Il était né à Anagni, en Campanie; il mourut le 21 août 1241.

([7]) **Monseigneur le Duc de Guyenne.** — L'an 1469, le roi Louis XI donna la Guyenne pour apanage à son frère Charles; mais ce prince mourut en 1472 et la Guyenne revint définitivement à la couronne de France. (Moréri, 3e volume.)

([8]) **Jehan de Daillon**, comte de Lude, chevalier de l'ordre, lieutenant général pour le Roi en Guyenne.

Jean III de Daillon, premier comte de Lude, baron d'Illiers et de Briançon, sénéchal d'Anjou, chevalier de l'ordre du Roi, capitaine de cinquante hommes d'armes de ses ordonnances et gouverneur du Poitou, de La Rochelle et du pays d'Aunis. En 1542, le Roi l'envoya en Guyenne pour y apaiser les troubles, et, très satisfait de ses services, le nomma peu après lieutenant général en cette province.

« Il la gouverna très sagement, dit Brantôme, et jamais l'Espagnol n'osa rien entre-
» prendre de son côté; pour le moins, aucunes entreprises qu'il fit, M. du Lude les fit
» esvanouir et aller au vent. »

Jean de Daillon mourut à Bordeaux le 21 août 1557.

([9]) **Le roi de Navarre**, Antoine de Bourbon, duc de Vendôme, né le 22 avril 1518, marié le 20 octobre 1548 à Jeanne d'Albret, reine de Navarre; mort le 17 novembre 1562 d'une blessure reçue au siège de Rouen.

([10]) **Le roi de France**, Henri II de Valois, né à Saint-Germain-en-Laye le 31 mars 1519, titré d'abord duc d'Orléans, succéda à son père François Ier le 31 mars 1547 et mourut à Paris le 10 juillet 1559 des suites d'une blessure reçue dans un tournoi.

([11]) **Le connétable**, Anne de Montmorency, grand-maître, pair et connétable de France, mort à soixante-quatorze ans, le 12 novembre 1567, des blessures reçues deux jours avant à la bataille de Saint-Denis.

([12]) **Me Nicolas Bresson**, contrôleur des réparations en Guyenne.

Blanche Desmarais, sa veuve, épousa en 1571 Me Saurar de Lavie, juge de la prévôté royale de l'Entre-deux-Mers. (*Archives départementales*, minutes de Me Chadirac, notaire; liasse de 1582, f° 565.)

([13]) **Charles de Coucy, sieur de Burie**, lieutenant du Roi en Guyenne et précédemment colonel de l'infanterie dans l'expédition de Naples sous Lautrec. Du Belley et après lui Brantôme font le plus grand éloge de ce brave capitaine.

([14]) **Catherine de Médicis**, reine de France, fille unique et héritière de Laurent de Médicis, duc d'Urbin, et de Madeleine de La Tour, née à Florence le 13 avril 1519, morte au château de Blois le 5 janvier 1589; elle épousa le 27 octobre 1533 le second fils de François Ier, Henri, alors duc d'Orléans, plus tard Dauphin (1536), et enfin Roi (1547), sous le nom d'Henri II.

([15]) **Blaise de Monluc**, l'un des plus célèbres capitaines du XVIe siècle, né selon toute vraisemblance à Sainte-Gemme, commune de Saint-Puy (Gers), en 1502.

En 1568, le Roi le nomma son lieutenant général en Guyenne, avec mission de pacifier cette province, « *charge difficile*, écrit son historiographe, *et qui devait exposer le » nouveau gouverneur aux jugements les plus sévères.* » (*Commentaires de Monluc*, édition de la Société de l'Histoire de France.)

Maréchal de France en 1575, Monluc mourut en son château d'Estillac, en Agenais, en juillet 1577.

(16) **Baron de La Garde** (Antoine Escalin des Aimars), connu sous le nom de capitaine Poulin ou Polin, né à La Garde (Drôme) vers 1498; fils d'un paysan, il suivit des soldats *comme goujat* et dut sa haute fortune à son courage et à son intelligence.

Après avoir été envoyé en ambassade auprès de Soliman II en 1541, et après avoir négocié l'alliance de la France et de la Turquie, il fut nommé en 1543 lieutenant général de l'armée de mer du Levant et général des galères en 1544. Destitué et emprisonné en 1547 pour les massacres de Cabrières et de Mérindal, réintégré en 1551, puis de nouveau remplacé en 1557, il fut enfin en 1566 remis dans sa charge qu'il conserva jusqu'à sa mort en 1578. (Voyez les lettres de Catherine de Médicis, *Collection de documents inédits sur l'histoire de France.*)

(17) **Desaigues**, procureur général du Roi.

Jacques Desaigues, procureur général au parlement de Bordeaux, 1575-1590. (Voyez le *Parlement de Bordeaux, notes biographiques sur ses principaux officiers*, par M. A. Communay. Bordeaux, 1886, in-8°, page 193 et suivantes).

(18) **De Lagorse** ou de Lagorce, trésorier de France en la généralité de Guyenne.

Messire François de Lagorce, chevalier, conseiller du Roi et trésorier général de France en Guyenne, allié en 1574 à demoiselle Catherine de Pontac. L'une de ses filles, Anne de Lagorce, épousa le 8 juin 1592 messire Jehan de Gaufreteau, conseiller au parlement de Bordeaux, auteur d'une *Chronique* des plus intéressantes, publiée par la Société des Bibliophiles de Guyenne, en 2 vol. in-8°, Bordeaux, 1877-78.

(19) **Henri III**, duc d'Angoulême, puis d'Anjou, troisième fils de Henri II et de Catherine de Médicis, d'abord roi de Pologne et ensuite roi de France, né le 19 septembre 1551, mort assassiné le 2 août 1589.

(20) **Duc de Biron**, Charles de Gontaut, premier duc de Biron, maréchal de France, gouverneur de Bourgogne et de Bresse, décapité dans la cour de la Bastille, le 31 juillet 1602, âgé de quarante ans.

(21) **Michel de Montaigne**, chevalier de l'ordre du Roi et gentilhomme ordinaire de sa chambre, maire et gouverneur de Bordeaux.

Michel Eyquem de Montaigne, célèbre moraliste, né au château de Montaigne, en Périgord, le 22 février 1533, mort le 13 septembre 1592.

MM. Reinhold Dezeimeris et Henri Barckhausen ont donné en 1870-73, dans les publications des Bibliophiles de Guyenne, une édition des *Essais* reproduisant le texte original de 1580 avec les variantes des éditions de 1582 et 1587, 2 vol. in-8°, Bordeaux.

(22) **Dalesme**. Le chroniqueur G. de Lurbe lui donne le prénom de *Fort;* d'après le même auteur, les jurats en exercice pour l'année 1588, étaient MM. de Cursol, de Turmer, Fort d'Alesme, Galopin et Regnier. (*Chronique bourdeloise*, première partie.)

([23]) **Galopin.** Simon Galopin ou Gallopin, fils de Mathurin Galopin, constructeur et architecte de valeur, avait déjà deux fois rempli les fonctions de jurat de Bordeaux, notamment en 1564, époque à laquelle il concourut avec ses collègues à la confection du *Livre des Privilèges* de la ville de Bordeaux.

On sait que ce magnifique recueil, conservé religieusement aux archives de la Ville, a été publié en 1878 par la Commission d'impression des Archives municipales et que cette publication est, pour la plus grande partie, l'œuvre personnelle d'un homme de grand mérite, M. Henri Barckhausen.

La transcription du *Livre des Privilèges* a été faite par M. Ariste Ducaunnès-Duval, alors adjoint à l'archiviste de la Ville et maintenant sous-archiviste au département de la Gironde.

Simon Galopin passait pour être l'un des meilleurs avocats du barreau bordelais au XVIe siècle.

([24]) **Pierre de Regnier**, jurat de Bordeaux en exercice pour l'année 1583.

([25]) **De Lapeyre**, jurat de Bordeaux (1583).

([26]) **Claveau**, jurat de Bordeaux (1583).

([27]) **Jacques de Matignon**, comte de Torigny, maréchal de France.

Jacques de Goyon, comte de Matignon et de Torigny (1565), maréchal de France (1579), né le 24 septembre 1525 à Lonlay (Orne), mort le 25 juin 1597 au château de Lamarque en Médoc; il était gouverneur de la Guyenne.

L'inventaire sommaire des archives municipales de Cadillac donne pour date de sa mort le 27 juillet de la même année.

([28]) **François Nesmond**, chevalier, conseiller du Roi en son Conseil privé, fut nommé président à mortier au parlement de Bordeaux le 27 août 1572.

([29]) **Ogier de Gourgue**, vicomte de Juilliac, seigneur de Montlezun, Gaube, Roquecor, La Rochechaudry et autres lieux, baron de Vayres, intendant en Guyenne, conseiller d'État, gouverneur des finances de la province.

De son second mariage avec Finette d'Aspremont, le 16 août 1574, il eut un fils qui fut le célèbre Marc-Antoine de Gourgue, premier président au parlement de Bordeaux de 1616 à 1628.

Ogier de Gourgue mourut à Bordeaux le 20 septembre 1594. Lire dans la chronique d'Étienne de Cruseau, tome I, pages 97 et 98, le détail des obsèques qui lui furent faites.) (*Voir la note 174.*)

([30]) **Jehan de Fontaines**, maçon, fournisseur de pierres pour la construction de la tour de Cordouan, avant l'entreprise de ce travail par Louis de Foix.

([31]) **Praillon**, courrier de cabinet que l'on trouve souvent employé par le roi de Navarre. (Voir les *Lettres missives* de ce prince.)

([32]) **De Bellièvre.** Pomponne de Bellièvre, homme d'État, né à Lyon en 1529, mort le 5 septembre 1607. Ambassadeur en Suisse (1572), surintendant des finances (1575).

([33]) **Chatillon.** François de Coligny, seigneur de Châtillon-sur-Loing, quatrième fils du célèbre amiral Gaspard de Coligny. Colonel de l'infanterie française, il fut nommé en 1586 par le roi de Navarre gouverneur du Rouergue et de Montpellier et en 1589, amiral de Guyenne. Il mourut en 1591.

([34]) **Maillac.** De la famille d'Abzac en Périgord.

([35]) **Moissac** *(Musciacum, Mussiacum)*. Ville de Quercy, aujourd'hui sous-préfecture du Tarn-et-Garonne.

Prise par les croisés en 1212, elle se révolta contre eux en 1214 et fut bientôt après châtiée cruellement. — Les Anglais qui s'en étaient emparés au XIVe siècle, en furent chassés en 1370. — Il y avait à Moissac une célèbre abbaye d'hommes fondée par Clotaire II et qui fut sécularisée au XVIIe siècle.

([36]) **Coisnard** (l'auditeur), employé secondaire des finances.

([37]) **Brouage.** Petite ville et port de mer de la basse Saintonge (Charente-Inférieure). Pendant les guerres de religion, Brouage fut un des points les plus importants pour les deux partis. En 1570 cette place fut enlevée par les réformés et en 1577 reprise par les catholiques. En 1585 Brouage fut de nouveau assiégée par le prince de Condé; mais les confédérés furent repoussés; l'année suivante, ils en ruinèrent le port en coulant à l'entrée du chenal du *Grand Garçon* une vingtaine de bâtiments chargés de terre et de cailloutage.

Lorsque le cardinal de Richelieu songea à réduire La Rochelle, il fit de Brouage le centre de ses armements maritimes; il la fit entourer, avec des dépenses immenses, des fortifications qui subsistent encore de nos jours, où l'on distingue ses armes apposées au-dessus de toutes les portes; il y établit un gouvernement, un hôpital, un arsenal et des magasins considérables; on y plaça aussi un siège royal, un siège d'amirauté, un bureau des fermes, une cure et un couvent des Récollets.

Dans les premières années du règne de Louis XIV, le comte du Daugnon, gouverneur de Brouage, y tint à la tête des rebelles et se rendit assez redoutable pour qu'on payât sa soumission d'un don de deux cent mille livres et du bâton de maréchal de France.

La brillante destinée de Brouage finit là; son port enseveli par les sables et les vases fut abandonné, quand on créa le grand arsenal maritime de Rochefort. Cette ville est actuellement bien moins une ville qu'un désert; on est frappé de loin par les lignes imposantes de ses remparts plantés d'ormes magnifiques, mais si l'on pénètre dans la ville, ce ne sont partout que ruines et décombres. Telle est l'impression profonde et mélancolique qu'aucune cité de France ne pourrait certainement reproduire et que nous éprouvâmes dans une excursion sur les côtes de l'Aunis et de la Saintonge.

([38]) **Royan.** Le Roi réunit pour toujours à la couronne les villes de Royan, etc., etc. (9 août 1368, *Trésor des chartes*, J. 354.)

Petite ville de Saintonge (voir la note donnée dans notre première publication : *Documents sur Royan et la tour de Cordouan*, Bordeaux, in-4°, 1884).

« Royan est une ville ruinée par messieurs de la Religion; elle est sur le bord de la mer, qui arrose ses murailles des deux côtés; il y a de petites pierres dans le sable d'un éclat aussi vif que les vrais diamants. Il n'en reste qu'un fauxbourg dans un beau païs, au bord de la mer, qui y fait un petit port très commode pour entrer dans la rivière de Bourdeaux et pour en sortir, il y a cependant un couvent de Récolets et une maison de Sœurs grises. » (*Délices de la France*, MDCCXXVIII, tome II, pages 272 et 273).

« Royan était anciennement une ville considérable; mais elle a été ruinée par Louis XIII, de manière qu'il n'en reste plus que le faubourg, qui est bâti dans un fort beau pays sur le bord de la mer. Le terroir est très abondant.

» Cette terre appartient à M. le duc de Chatillon et a le titre de marquisat, c'est un petit port de mer très commode pour les barques qui entrent et qui sortent de la rivière de Bordeaux.

» Il y a un couvent de Récollets et des sœurs de la Charité pour l'instruction des petites filles.

» La plus grande partie des habitants font profession de la R. P. R. et ils dépendent du gouvernement de Brouage, quoique la paroisse ne soit pas située dans l'abonnée de Marennes. » (*Mémoire sur la généralité de La Rochelle*, 1694. — *Archives historiques de la Saintonge et de l'Aunis*, tome II, page 66.)

([39]) **Blaye** *(Blaventum, Blavia, Blavum)*. Ville de Guyenne (Gironde), capitale du Blayais ou Blaignez; elle était divisée en ville basse et ville haute, et celle-ci était désignée plus particulièrement sous le nom de citadelle de Blaye, citadelle que sa situation sur la rive droite de la Gironde rendait très importante. Prise par les Anglais au XIVe et au XVe siècle, elle fut reprise sur eux en 1339 et en 1451.

Les calvinistes, qui s'en emparèrent en 1568, la saccagèrent; elle embrassa le parti de la Ligue et fut inutilement assiégée par le maréchal de Matignon en 1593.

Elle résista heureusement aux Anglais en 1814.

([40]) **Bourg-sur-Gironde** ou Bourg-sur-mer. Jolie et très ancienne petite ville de Guyenne (Gironde), fondée, dit-on, par Ponce Paulin, préfet du prétoire sous l'empereur Valentinien et père de saint Paulin, qui fut disciple d'Ausone.

Sidoine Apollinaire a consacré un poème entier à la description de cette ville.

Elle possédait autrefois une abbaye de Bénédictins fondée en 1124, dont il reste encore quelques murailles pittoresques. Bourg a joué un rôle assez important à l'époque des troubles de la minorité de Louis XIV.

([41]) **Louis de Foix**, prisonnier. Il fut fait prisonnier et amené à Bourg par les gens de M. de Lansac, en revenant de la tour de Cordouan où il était allé en compagnie d'un jurat de Bordeaux et d'experts pour visiter les travaux.

([42]) **De Lansac.** Guy de Saint-Gelais, dit le jeune Lansac, mort en 1622. Il était fils de Louis de Saint-Gelais, sieur de Lansac, chevalier d'honneur de la reine Catherine de Médicis, l'un des diplomates les plus habiles du XVIe siècle et qui représenta la France au concile de Trente; il mourut en 1579.

([43]) **Bergerac** *(Bergeracum* ou *Braseracum)*, ville de Périgord (Dordogne).

Après avoir été une châtellenie appartenant aux seigneurs de Pons, Bergerac fut dans le XIIe siècle réunie au Périgord. Philippe VI l'acquit par échange en 1336; les Anglais s'en emparèrent (1345) et en firent une place forte, qui se donna plus tard à Charles V (1371), ils y rentrèrent; mais ils en furent expulsés définitivement en 1450.

Durant les guerres de religion elle fut plusieurs fois prise et reprise; en 1577, le

17 septembre, Henri III y signa la sixième paix conclue avec les calvinistes. Bergerac, devenue une des places de sûreté des protestants, fut prise (1621) par Louis XIII, qui fit raser ses fortifications.

La révocation de l'édit de Nantes lui porta un coup si rude que sa population n'atteint pas aujourd'hui le quart de ce qu'elle était alors.

Bergerac est une des sous-préfectures du département de la Dordogne.

(44) **Favas** ou Fabas. Messire Jean de Fabas, premier vicomte de Castets-en-Dorthe, lieutenant et commandant pour le Roi au duché et senéchaussée d'Albret et maréchal des camps ès armées de Sa Majesté, mort en 1612.

(Voir les *Mémoires* de Jean de Fabas, premier vicomte de Castets-en-Dorthe, publiés par M. Henri Barckhausen dans le premier volume des *Mélanges des Bibliophiles de Guyenne*. Bordeaux, in-8°, 1868.)

(45) **Chasteau-Trompette.** Construit en 1453, lors de la réunion de la Guyenne à la couronne de France, le Château-Trompette fut agrandi sous Louis XIV d'après les plans du célèbre Vauban. L'exécution en fut dirigée par les ingénieurs Desjardins et Michel Duplessis.

(46) **D'Oraison** (François), vicomte de Cadenet et marquis d'Oraison. Par sa mère Marthe de Foix, il se disait cousin du roi de Navarre, depuis Henri IV.

(47) **De Gourgue** (Ogier). (Voir la note 29.)

(48) **L'Archevêque de Bordeaux.** Antoine Prévost de Sansac, de 1560 au 17 octobre 1591.

(49) **Fontenilles.** Philippe de La Roche, baron de Fontenilles, seigneur de Castera-Lectourois, gentilhomme ordinaire de la chambre du roi Henri III, chevalier de l'ordre en 1568, capitaine de cinquante hommes d'armes des ordonnances en 1563, mort en 1594.

(50) **Saint-Orens.** Bernard de Cassagnet, seigneur de Tilladet et de Saint-Orens, reçut le 5 août 1589 du roi Henri IV une compagnie de son régiment des gardes. Quelque temps après, ce même prince le nomma gentilhomme de sa chambre et gouverneur de Bourg-sur-mer. Il mourut de la peste, à Béziers, en 1622.

(51) **Bajourdan**, capitaine d'une compagnie, cité par le maréchal de Matignon dans sa lettre au roi Henri III.

(52) **Barranault**, capitaine d'une autre compagnie, cité également par le maréchal de Matignon dans la même lettre.

(53) **Masparrault**, qui arrêta de Foix à son retour de Cordouan et le conduisit à Bourg.

(54) **Lansac.** (Voir la note 42.)

(55) **Daffis.** Guillaume Daffis, premier président au parlement de Bordeaux, de 1585 à 1610; magistrat d'un grand mérite. Il mourut à Bordeaux le 18 mars 1610 et fut inhumé à Saint-André dans la chapelle de Saint-Blaise. (Voir *Parlement de Bordeaux*, A. Communay.)

(56) **De Raemound.** Florimond de Raymond, seigneur des Cheminées, l'un des plus doctes conseillers du parlement de Bordeaux, l'auteur de l'*Anti-Christ*, etc., mort à Bordeaux le 17 novembre 1601.

([57]) **Cadillac**. Charmante petite ville de Guyenne (Gironde).

C'était autrefois le chef-lieu du ci-devant comté de Benauge. Le château, bâti par le premier duc d'Épernon, qui y dépensa deux millions de livres, passait pour le plus vaste et le plus bel édifice qu'il y eût en France après les maisons royales.

([58]) **Libourne** *(Liburnia)*. Ancienne et jolie ville de Guyenne (Gironde).

Le poète Ausone en parle souvent dans ses épîtres. Elle a été rebâtie en 1286 par Édouard Ier, roi d'Angleterre, à un kilomètre de l'ancien *Caudates portus* dont il ne reste plus de vestiges. — Cette ville a été assiégée par trois grands capitaines: Du Guesclin, Dunois et Talbot.

([59]) **Henry de Laussade**, commis à la recette du subside levé sur les marchandises passant à Bordeaux.

([60]) **Saint-Germain-en-Laye**. Jolie et ancienne ville, arrondissement de Versailles (Seine-et-Oise).

Depuis le XIe siècle, les rois de France avaient à Saint-Germain une maison royale. — Le château actuel et le *château neuf*, bâti par Henri IV, dont il ne reste plus qu'un pavillon, ont leur histoire commune avec celle de la France depuis le roi Robert jusqu'à nos jours.

([61]) **Forget**, secrétaire d'État.

Pierre Forget, sieur de Fresne, successivement secrétaire d'État des rois Henri III et Henri IV, l'un des rédacteurs de l'édit de Nantes, mourut en 1610.

([62]) **De Lafontaine**. Il appartenait à la Chambre des comptes.

([63]) **Les Lannes** ou Landes. Pays de Gascogne qui occupait tout le territoire situé entre Bordeaux et Bayonne, il était borné à l'ouest, par l'Océan; au sud, par le Béarn et la terre de Labourd; à l'est, par la Chalosse et le Bazadais; au nord, par le Bordelais.

Il comprenait les *landes de Bordeaux*, localité principale : Hostens; les *grandes landes*, localité principale : Albret; les *petites landes*, localité principale : Brocas; les pays de Marenne, le Maransin, le Marsan et la Chalosse.

([64]) **De Pontac**. Geoffroy de Pontac, alors conseiller et depuis président à mortier au parlement de Bordeaux. Neveu du célèbre Arnaud de Pontac, évêque de Bazas. Geoffroy périt pour la cause royale pendant la minorité du roi Louis XIII.

([65]) **Causse**. Maître Pierre Causse, contrôleur des finances depuis 1588.

([66]) **De Gourgue**. (Voir la note 29.)

([67]) **Pierre de Brach**, jurat de Bordeaux. Poète né à Bordeaux en 1549, mort au commencement du XVIIe siècle. (*Poèmes*, 1576, in-4°. — *Aminte*, 1584, in-4°. — Quatre *Chants de la Hiérusalem*, de Torquato Tasso, 1596, in-8°.)

Ces ouvrages sont très rares. M. Reinhold Dezeimeris, correspondant de l'Institut, en a donné une édition recherchée des érudits. (Paris, 1861, 2 vol. in-8°.)

([68]) **Gracien d'Olive**, Jurat de Bordeaux en exercice pendant l'année 1595.

([69]) **Caumont**. Petite ville de l'Agenais, arrondissement de Marmande (Lot-et-Garonne).

Les réformés s'en emparèrent en 1621; elle fut prise quelque temps après par le duc de Mayenne, qui ordonna la démolition de la ville et du château.

(70) **Languon** ou Langon *(Alingo)*. Jolie petite ville de l'ancien Bazadais (Gironde).

Langon était autrefois entourée de murs et défendue par un château; elle fut assiégée le 15 novembre 1649 par le marquis de Sauvebœuf, — défendue par 300 hommes du régiment de la marine, l'un des corps de France qui avait le plus de réputation, la prise de Langon fut cruellement achetée par les assiégeants, qui y perdirent leurs meilleurs officiers.

(71) **De Chastillon** (Claude), appelé quelquefois incorrectement Nicolas, célèbre ingénieur et topographe français, né à Châlons-sur-Marne en 1547 et mort en 1616.

Des trois cents planches de châteaux, villes, batailles, etc., laissées par cet habile ingénieur, et que possèdent la Bibliothèque nationale et celle de l'Arsenal, beaucoup sont datées de 1612, bien qu'exécutées antérieurement.

(72) **Duc de Suilly** ou de Sully (Maximilien de Béthune, baron, puis marquis de Rosny), l'un des plus grands ministres que la France ait eus, né le 13 décembre 1560 au château de Rosny (Seine-et-Oise), mort le 22 décembre 1641 au château de Villebon (Eure-et-Loir).

Calviniste, il échappa à grand'peine à la Saint-Barthélemy et s'attacha à la fortune d'Henri de Navarre; conseiller d'État et des finances (1594), il entra enfin au Conseil en 1596 et fut surintendant des finances en 1599; surintendant des fortifications et grand-voyer de France en 1597; grand-maître de l'artillerie en 1599, gouverneur du Poitou en 1603; duc et pair en 1606; maréchal de France en 1634.

(73) **Louis de Gentilz**, président à mortier en la Cour du parlement de Bordeaux le 5 mars 1586, fut un des magistrats les plus éclairés de son époque; le rôle qu'il joua en Guyenne sous Henri IV est considérable.

Il mourut à Paris en mai 1613, chevalier, seigneur et baron de Cadillac-sur-Dordogne, haut Tyrac, Bardenes et autres lieux.

(74) **Pierre de Prugue** ou Prugne, conseiller du Roi en son Conseil d'État et trésorier général de France en Guyenne.

(75) **François Beuscher**, architecte et maître des œuvres, réparations et fortifications de S. M. en Guyenne.

Il avait travaillé sans aucun doute à la tour de Cordouan avec Loys de Foix, dont il devait terminer l'œuvre, car nous trouvons sa signature comme témoin au bas d'un acte passé par Loys de Foix devant Themer, notaire royal en 1600, que nous reproduisons *in extenso*. (*Archives départementales de la Gironde*, notaires.)

(76) **Maréchal d'Ornano** (Alphonse, fils de Sampierro), né en 1548, mort en 1610.

Colonel général des Corses au service de la France, gouverneur de Valence, puis du Pont-Saint-Esprit, il prit une part active aux guerres de religion. Henri IV le nomma son lieutenant général en Guyenne et maréchal de France.

(77) **Le sieur de Droue**, gouverneur de Royan.

(78) **Jacob-Auguste de Thou**, baron de Meslay, célèbre historien, né le 8 octobre 1553 à Paris où il mourut le 7 mai 1617.

(79) **Delaveau**, procureur au parlement de Guyenne, dont Fonteneil, dans son histoire des *Mouvemens de Bourdeaux*, cite la belle conduite dans les troubles de la province.

(80) **Chancelier Pierre Séguier**, né à Paris le 28 mai 1588, mort à Saint-Germain-en-Laye le 28 janvier 1672; ses capacités et son dévouement aveugle à Richelieu le firent choisir pour garde des sceaux (1633), puis pour chancelier (1635).

(81) **Marquis de Sillery** (Nicolas Brulard), chancelier de France, né en 1544 à Sillery (Marne), où il est mort le 1er octobre 1624. C'est lui qui négocia à Florence le mariage d'Henri IV avec Marie de Médicis, après être allé à Rome pour obtenir le divorce du même roi avec Marguerite de Valois.

(82) **De Naguille**, premier échevin de Bayonne en 1650.

(83) **Richon**, du bureau des finances de Guyenne en 1655.

(84) **De Tortaty**, du bureau des finances de Guyenne en 1655.

(85) **Jacques Mercier**, chevalier, conseiller du Roi, trésorier général de France en la généralité de Guyenne en 1689.

(86) **Vaux-en-mer.** Une des plus jolies communes du canton de Royan, arrondissement de Marennes.

L'église, détruite en partie à l'époque des guerres de religion, est très intéressante à visiter; il existait à Vaux avant la révolution de 1789 une abbaye royale, dont le dernier titulaire était l'abbé de Saintes.

(87) **De Ris**, intendant de la généralité de Bordeaux en 1689.

(88) **Paul Dujardin**, sieur de Beaussart, conseiller du Roi, receveur général des finances en Guyenne pour l'année 1683.

(89) **Hucgla** (Antoine), trésorier de France en 1687; fils d'Emmanuel Hucgla, jurat de Bordeaux en 1649 et 1651; Antoine remplit ces mêmes fonctions en 1670 et 1674.

(90) **D'Alesme** (Gabriel), chevalier, conseiller du roi et son procureur général au bureau des finances de Guyenne, mort en 1705. — Il avait épousé Marie de Ponthellier, fille d'un des auteurs de la *Chronique bourdeloise*.

(91) **De Neuchèze**, gouverneur de la tour de Cordouan, mort en 1669.

(92) **Pas des ânes** ou passe du nord entre la pointe de la Coubre et la côte de Saintonge d'un côté, et les rochers de Cordouan de l'autre; le clocher de Saint-Palais couvrant le clocher de Saint-Pierre de Royan donne sa direction en venant du large.

Le Pas des ânes est ainsi nommé à cause de la hauteur des lames, c'est probablement la même chose que ce que les Belges appellent *norder-ezels*, ânes du nord; ce serait une désignation semblable à celle qui fait dire que la mer *moutonne*, ici les lames étant plus fortes seraient appelées des *ânes* et des *ânes du nord*.

Brantôme raconte (tome IX, page 42) que la flotte de France composée d'une quarantaine de galères, « nombre aussi grand que jamais les rois de France ont eu à la mer, » faillit y périr, sans son amiral le grand Prieur de France, de la maison de Lorraine, frère du grand duc de Guise, qui la ramena du Levant au Ponant; il paraît que la galère générale qui marchait la première toucha sur un banc, dont elle put heureusement se dégager et signala à la flotte de gagner le large.

(93) **Pas de Grave.** Entre la pointe de ce nom et les rochers de Cordouan. Elle est peu profonde, son entrée est dans la direction de la balise de Saint-Nicolas, couvrant le sémaphore, la partie intérieure du chenal est exactement donnée par la tour du Chay couvrant Saint-Pierre de Royan.

(94) **De Boucher** (Claude), chevalier, seigneur d'Hébécourt, intendant de la généralité de Bordeaux de 1720 à 1741.

(95) **Le chevalier des Fayets**, officier de marine du port de Rochefort.

(96) **Tour des Baleines** (île de Ré). Phare construit à la pointe nord-ouest de l'île de Ré à l'extrémité d'un banc de rochers, qui s'étend à demi-lieue au large. Feu à éclipses qui se succèdent de 30 secondes en 30 secondes.

Lat. 46° 14′ 41″ N. — Long. 3° 53′ 55″ O.

(97) **Tour de Chassiron** (île d'Oléron). Phare à feu fixe établi à la pointe nord-ouest de l'île d'Oléron pour indiquer aux navigateurs les rochers d'Antioche.

Lat. 40° 2′ 51″ N. — Long. 3° 44′ 51″ O.

(98) **Cap Fréhel.** Sur la côte de Bretagne, à 16 kilomètres nord-ouest de Saint-Malo. Phare à feu tournant dont les éclipses ont lieu de 30 secondes en 30 secondes.

Lat. 48° 41′ 10″ N. — Long. 4° 39′ 23″ O.

(99) **Phelypeaux** (Louis), comte de Saint-Florentin, homme d'État, membre de l'Académie française et de l'Académie des inscriptions, né le 18 août 1705, mort le 27 février 1777, à Paris.

Il fut successivement secrétaire d'État (1725), à la mort de son père; chancelier de la reine (1743); ministre de la maison du Roi (1749); ministre d'État (1751); par intérim (décembre 1770 à juin 1771), ministre des affaires étrangères en remplacement du duc de Choiseul; il fut nommé duc de la Vrillière en 1770.

(100) **Maurepas** (Jean-Frédéric Phelypeaux, comte de), homme d'État, membre honoraire de l'Académie des sciences (1725), né le 9 juillet 1701 à Versailles, où il est mort le 21 novembre 1781.

Secrétaire d'État à la place de son père le comte de Pontchartrain (1718); en août 1723, il reçut le département de la marine; disgracié en avril 1749 pour un couplet sanglant contre Mme de Pompadour, exilé de la cour jusqu'à la mort de Louis XV; à l'avènement de Louis XVI, il fut nommé ministre d'État et chef du Conseil des finances.

(101) **La Charité-sur-Loire**, petite ville du Nivernais, qui joua un rôle important au XVe et au XVIe siècle où elle fut prise et reprise plusieurs fois.

En 1563, le 3 mars, les protestants s'en emparèrent par escalade et, après avoir chassé la garnison que le duc de Guise avait mise, y réintégrèrent les calvinistes, qui en avaient été expulsés.

Les catholiques ne purent la reprendre. La paix ayant été conclue sur ces entrefaites, la ville retomba au pouvoir des troupes royales.

En 1569, le 20 mai, elle fut prise par le duc des Deux-Ponts; assiégée de nouveau par les catholiques le 6 juillet suivant. Louis de Sansac, envoyé par Henri III, alors duc d'Anjou, ne put s'en emparer.

En 1572, deux jours après les massacres de Paris, la population chassa les protestants.

(102) **Nouveau phare.** *Bibliothèque municipale de la ville de Bordeaux :* fonds de l'Académie. Manuscrits de l'abbé Bellet, tome V, page 161. — En tête de cette étude, le docte chanoine de Cadillac a inscrit la mention suivante: « Dans une dissertation » prononcée par M. de Saint-Martin, commissaire de la marine, le jeudy 4 may 1724 » dans l'hôtel du cardinal de Rolan (?), il dit que la tour de Cordouan fut bâtie, sous » Saint-Louis, par l'architecte *Pierre de Montreau;* qu'il y en avoit une du temps des » Romains dont les vestiges paroissent sur les rochers; qu'elle a esté restablie par » Henry II, par Henry IV et par Louis XIV. Il faut ajouter par Louis XV. »

(103) **Louis XIV** fit faire des réparations importantes à la tour de Cordouan.

Le 24 août 1663, Colbert écrivait à l'intendant de Bordeaux, Charles Le Jay: « Le Roy » a esté bien ayse d'apprendre que l'entrepreneur des réparations à faire pour le resta- » blissement de la tour de Cordouan exécute son marché de point en point. Sa Majesté a » vu aussy avec plaisir la figure de cette tour, qui, sans doute, est une fort belle chose. » Mais il eust esté bon que celuy qui l'a travaillée y eust mis une échelle, afin d'en » connoistre mieux la circonférence et la hauteur. Il est hors de doute cependant qu'il » faut réparer la brèche qui s'est faite au pied de ladite tour, laquelle mesme augmente » tous les jours par la force des marées; et, après avoir vérifié s'il ne reste plus de fonds » de l'imposition qui a été faite pour la rétablir, le Roy pourvoira à un nouveau, afin de » la mettre dans sa perfection. » La même année, le grand ministre, qui avait à cœur de ne rien négliger de ce qui intéressait le commerce, adressait, sous forme de rapport, de nouvelles instructions au chevalier de Clerville, ingénieur en chef du Roi, chargé d'une inspection minutieuse des côtes de France. « Après avoir achevé ce qui concerne » ce chasteau (le Château-Trompette), il (l'ingénieur Clerville) descendra sur la Gironde » et viendra visiter *la tour de Cordouan,* et pour cet effet il demandera les devis des » travaux ordonnés à cette tour et verra ce qui y a esté fait jusqu'à présent et » ce qui est à faire, le prix principal, et ce qui a esté reçu par les entrepreneurs. » Il examinera ensuite *la proposition qui a esté faite de rendre cette tour inutile par le* » *moyen d'un canal depuis Royan jusqu'à la rivière de Seudre,* par lequel les vaisseaux » pourroient entrer avec grande facilité dans la Gironde et éviter son embouchure dans » la mer, qui est très difficile et où divers vaisseaux ont souvent péry. » (*Lettres, instructions et mémoires de Colbert,* publiés par P. Clément, Paris, 1867, in-4°, t. IV, p. 415.)

(104) **Passage de la tour.** Vers la fin de l'année 1720, le service de la tour de Cordouan passa de l'intendance de La Rochelle dans celle de Bordeaux.

(105) **Marquis d'Asfeld.** Le marquis d'Asfeldt agissait dans cette circonstance tout à la fois comme directeur général des fortifications et comme lieutenant au gouvernement de la province. Le 20 avril 1719, il avait été nommé par le Roi pour commander dans la généralité de Bordeaux, en l'absence du duc de Berwick, gouverneur et lieutenant général en Guyenne. (*Archives départementales de la Gironde,* B. 80 *bis,* f° 47.)

(106) **De Bitry** (Barrelier de Bitry, dit le chevalier), écuyer, ingénieur en chef du Château-Trompette et des forts de Bordeaux, chevalier de l'ordre militaire de Saint-Louis, directeur de la tour de Cordouan, ancien capitaine au régiment de Rouergue; reçu à l'Académie royale des sciences, belles-lettres et arts de Bordeaux en 1715, il fit son testament le 3 mai 1735, devant Lacoste, notaire à Bordeaux, et mourut en 1742.

En 1726, de Bitry proposa un plan pour l'agrandissement du quai de Bordeaux, de la Cour des Aydes à la porte d'Espau.

En 1727, il dirigea les travaux de la tour de Cordouan; il y demeura trois semaines et fut visité par l'intendant Boucher. Les ouvrages exécutés sous les ordres de Bitry sont décrits dans le *Mercure de France*, du mois de septembre 1727.

Nous avons publié *in extenso*, dans notre première *Notice sur Royan et la tour de Cordouan*, son mémoire sur le port de Royan et le plan qui y est joint. (Bordeaux, 1884, in-4°, tiré à 100 exemplaires.)

(107) **François de Bauharnois**, baron de Beauville, seigneur de La Chaussaye et de Beaumont, d'une famille originaire de Bretagne.

D'abord commissaire de la marine, intendant en Acadie et Nouvelle-France, conseiller du Roi en ses conseils et intendant en 1710 à Rochefort où il succéda à Michel Bégon, nommé intendant général des armées navales de l'Océan en 1739. Il mourut en 1746, à l'âge de quatre-vingt-un ans, après soixante ans de services.

(108) **La nouvelle lanterne.** Celle qui fut élevée sur les plans du chevalier de Bitry.

(109) **Le sieur Binet**, gouverneur de la tour; il était chevalier de l'ordre militaire de Saint-Louis et maître de camp à la suite du régiment royal étranger cavalerie.

(110) **Almanach de 1760.** *Almanach historique de la province de Guienne* pour l'année bissextile 1760, prix 2 livres, broché; à Bordeaux, chez les frères Labottière, imprimeurs-libraires, place du Palais, avec approbation et privilège du Roi (aujourd'hui rarissime).

(111) **Le Moyne** (Jean-Baptiste), sculpteur, élève de son père et de Lelorrain, membre de l'Académie en 1738, né en 1704 à Paris où il est mort le 25 mai 1778.

(112) **De Boutin** (Charles-Robert), chevalier, conseiller du Roi, intendant de la généralité de Bordeaux de 1761 à 1766.

(113) **Monseigneur.** Le 30 janvier 1782, le contrôleur général des finances était Charles-François de Laverdy, homme d'État, né à Paris en 1723, où il mourut sur l'échafaud le 24 novembre 1793. Conseiller au parlement, il fut nommé en décembre 1763 contrôleur général des finances et ministre d'État en 1765. Il était membre honoraire de l'Académie des inscriptions et a publié avec G. Poirier une table méthodique des mémoires de cette compagnie (1791, in-4°).

(114) **Correnson**, commissaire des classes de la marine à Royan.

(115) **Le Moyne**, commissaire général ordonnateur de la marine au port de Bordeaux.

(116) **Dupré de Saint-Maur**, chevalier, seigneur de Brinon, Argent, Clémon, Villefon, Sainte-Montaine, la Jaulge et autres lieux, conseiller du Roi en ses conseils, maître des

requêtes honoraires de son hôtel, intendant de justice, police et finances en la généralité de Guyenne de 1776 à 1784.

(117) **Prâme.** Grand bâtiment construit à varangues plates et sur dragues; il y en avait tout à fait à fond plat, ayant une batterie de gros calibre et deux mortiers sur une plate-forme, dans une écoutille en avant du grand mât. C'étaient des forteresses mobiles pour la défense de certaines côtes.

(118) **Chaloupes carcassières** (canonnières). Bâtiments légers, suffisamment armés, marchant à la voile et à la rame, propres à tenter un coup de main sur les bâtiments à l'ancre.

(119) **Fourtille-Sangrai** ou **Sangrain**, à Paris, fabricant des appareils d'éclairage des phares, entrepreneur de l'illumination de Paris.

Sur les appareils d'éclairage, anciens et nouveaux, à l'usage des phares, consulter le *Dictionnaire de l'industrie manufacturière, commerciale et agricole,* Paris, 1843, in-8°, et le *Dict. universel du commerce et de la navigation,* Paris, 1861, in-4°, *verbo :* Phare.

(120) **Marquis de Castries** (Charles-Eugène-Gabriel de La Croix), maréchal de France, né en 1727, mort à Wolfenbuttel le 11 janvier 1801.

Il entra au service à seize ans, fut nommé commandant des troupes en Corse (1756), lieutenant général (1758) et battit (1760) le prince de Brunswick à Clostercamp; il fut ministre de la marine en 1780 et maréchal de France en 1783.

(121) **Navarre** (Jean-Baptiste-Raimond de), conseiller au parlement de Bordeaux, lieutenant général de l'amirauté en Guyenne.

(122) **Pédesclaux** (L.), commis-greffier de l'amirauté à Bordeaux.

(123) **Bonfin**, architecte, directeur des travaux de la ville de Bordeaux; il était fondateur et recteur de l'Académie de peinture, sculpture, architecture civile et navale, où il professait l'architecture civile.

(124) **Magasin des vivres de la marine à Bacalan**, construit sur les plans de Teulère de 1785 à 1788, à la même époque des grands travaux qu'il exécutait à la tour de Cordouan, par un architecte nommé Bergerac, disent les anciens guides du voyageur à Bordeaux.

(125) **Toufaire**, ingénieur-architecte, prédécesseur de Teulère à Cordouan. Il est l'auteur d'un projet de jetée ou môle dans la rade de Royan, qu'il présenta en 1774 à l'administration supérieure.

(126) **De Montmirail** (messire Philippe-Martine-Mengin), chevalier, conseiller secrétaire du Roi, Maison-couronne de France et de ses finances, grand audiencier de France et conseiller en la Cour des Aydes de Paris.

(*Victor Louis,* par Charles Marionneau, correspondant de l'Institut. Bordeaux, in-8, 1881, page 499.)

(127) **Vergennes** (Charles Gravier, comte de), diplomate et homme d'état, né à Dijon le 28 décembre 1717, mort à Versailles le 13 février 1787; il fut ambassadeur à Constantinople de 1754 à 1768, et en Suède en 1771, enfin ministre des affaires étrangères de juin 1774 jusqu'à sa mort.

([128]) **De Berkenroode.** L'Estevenon de Berkenroode, ambassadeur des États généraux des provinces unies près le roi Louis XVI.

([129]) **De Najac,** commissaire ordonnateur des ports et arsenaux.

([130]) **Bois-Martin** (messire Noël de Bonnefont de), écuyer, d'une ancienne famille bordelaise alliée aux Mondenard de Roquelaure, aux de Brezetz, aux de Villars, etc.

([131]) **Ruffec,** jolie petite ville (Charente), autrefois marquisat.

([132]) **De Lormel,** imprimeur et hydraulicien, homme de lettres.

([133]) **Aquart** (André), négociant, quatrième et deuxième consul de la bourse de Bordeaux, secrétaire du Roi, directeur de la Chambre de commerce en 1771, installé jurat le 22 août 1785.

Il fit construire sur le cours de l'Intendance, par l'architecte Combes, le bel hôtel dont le balcon est supporté par deux tritons, sculptés par Deschamps, ancien membre de l'Académie des arts; maintenant la propriété de M. le baron Sarget de Lafontaine.

([134]) **De Lacour ou Lacour** (Pierre), peintre, graveur et littérateur, professeur à l'Académie de peinture, sculpture, architecture civile et navale de Bordeaux; né dans cette ville le 15 avril 1745, il y mourut le 28 janvier 1814.

Voir pour cet artiste distingué les *Salons Bordelais ou Expositions des Beaux-Arts à Bordeaux au* XVIII*e siècle (1771-1787),* par Charles Marionneau, correspondant de l'Institut, Bordeaux, in-8°, Ve Mocquet, 1883, et le troisième volume des *Mélanges* des publications des Bibliophiles de Guyenne, où se trouvent aussi ces *Salons.*

([135]) **Larroque,** fondateur et trésorier de l'Académie de peinture, sculpture, architecture civile et navale de Bordeaux.

([136]) **Douat,** avocat général à la Cour des Aydes, membre de la classe des amateurs associés de l'Académie de peinture, sculpture, architecture civile et navale de Bordeaux.

([137]) **Laffon de Ladebat,** négociant, membre de l'Académie royale des sciences, belles-lettres et arts, de la classe des amateurs associés de l'Académie de peinture, sculpture, architecture civile et navale de la ville de Bordeaux.

([138]) **Gastambide** (Jacques), architecte, né à Bordeaux vers 1759, mort dans la même ville le 26 avril 1839. (Voir les lettres de Teulère à Combes et la note sur Gastambide de notre première publication sur *Royan et la tour de Cordouan,* Bordeaux, 1884, in-4°.

([139]) **D'Isle,** ingénieur à Paris, c'est probable, car il donne des conseils à Teulère.

([140]) **Saint-Savinien,** bourg de la Charente-inférieure (Saintonge). Les pierres qu'on extrait de son terrain sont d'une qualité et d'une dureté particulières.

([141]) **Peyre** (Antoine-François), dit le jeune, architecte, né le 5 avril 1739 à Paris où il est mort le 7 mars 1823. Premier grand prix d'architecture en 1762, contrôleur des bâtiments du Roi, admis à l'Académie d'architecture en 1777, membre de l'Institut lors de sa création.

Il était le jeune frère de Marie-Joseph, architecte du Roi, membre de l'Académie d'architecture, né à Paris en 1730 et mort à Choisy-le-Roi le 10 août 1785. C'est Marie-Joseph Peyre qui construisit l'Odéon, avec Wailly.

([142]) **Pelustet.** Très vraisemblablement propriétaire des terrains avoisinant le magasin des vivres de la marine, construit à Bacalan.

Nous trouvons un Pelustet employé de la marine quelques années après.

([143]) **De Borda** (Jean-Charles, dit le chevalier), célèbre géomètre et marin, membre de l'Académie des sciences, né à Dax (Landes) le 4 mai 1733, mort à Paris le 20 février 1799.

Sorti de La Flèche après d'excellentes études, il entra fort jeune dans le génie militaire; en 1756, il lut à l'Académie des sciences un manuscrit *sur le mouvement des projectiles,* et la même année ce corps savant se l'attacha en qualité de membre associé; en 1757, il assista à la bataille d'Hastembeck. C'est après cette campagne que Borda prit du service dans la marine; employé dans les ports, il dirigea toutes ses vues vers l'art nautique; c'est alors qu'il publia plusieurs mémoires sur la *Résistance des fluides,* etc., et enfin sur le *Calcul des variations.* Ces ouvrages le firent distinguer par M. de Praslin, qui l'attacha définitivement au service de la marine en 1767.

Borda fit sa première campagne sur mer en 1768; en 1771, il embarqua sur la *Flore* pour faire l'essai des montres marines; en 1774 et 1775, il visita les Açores, les îles du Cap-Vert et la côte d'Afrique; l'année suivante les Canaries; c'est à ce voyage que l'on doit la belle carte qu'il a tracée de ces îles et de la côte d'Afrique.

Il fit exécuter en 1777 son *cercle à réflexion,* dont un astronome anglais, Tobie Mayer, avait eu la première idée; il fit aussi construire sur les mêmes principes, pour les observations terrestres, les *cercles répétiteurs.*

On a de lui :

Voyage fait par ordre du Roi en 1771 et 1772 pour vérifier l'utilité de plusieurs méthodes et instruments servant à déterminer la *latitude* et *longitude,* tant du vaisseau que des côtes, îles et écueils qu'on reconnaît, suivi de recherches pour vérifier les cartes hydrographiques, par MM. Borda, Pingré et Verdun de la Crenne, 2 volumes in-4°; *Description et usage du cercle de réflexion,* in-4°, 1778; *Tables trigonométriques et décimales,* etc., revues, augmentées et publiées par Delambre, in-4°, 1804.

« Borda doit être regardé, dit M. Biot, comme un des hommes qui ont le plus » contribué aux progrès de l'art nautique, tant par les instruments exacts qu'il a donnés » aux marins, que par l'adresse avec laquelle il a su rapprocher d'eux les méthodes » géométriques, sans rien ôter à celles-ci de leur exactitude. L'époque à laquelle il a » publié ses observations doit être regardée comme celle où les marins français ont » abandonné les routines de l'ignorance pour se guider par le flambeau d'une science » exacte. » (Biot, *Notice sur Borda,* dans les *Mémoires de l'Académie des sciences,* tome IV, page 89.)

Le nom de *Borda,* qu'on tient à honorer et à perpétuer dans la marine, a été donné depuis près de cinquante ans au vaisseau-école des aspirants de la marine militaire, mouillé en rade de Brest.

([144]) **Bacalan.** Quartier nord de Bordeaux, sur la rivière, où se trouve le magasin des vivres de la marine; il tire son nom d'un ancien membre du Parlement de Bordeaux, qui fit partie de la jurade.

([145]) **Cordouan** (sans date). Il n'est pas en effet facile de prévoir exactement le départ d'une lettre écrite à Cordouan; car l'état de la mer change souvent si vite qu'il serait dangereux à un bateau de s'approcher de la tour, dont les gardiens restent en hiver quelquefois deux et trois mois sans communiquer avec la terre ferme.

(146) **Prévôt de La Croix** (Voyez note 218).

(147) Président des administrateurs du directoire du département de la Gironde.

Pierre Sers, député de la Gironde à l'Assemblée législative (1792), président du département de la Gironde, il fut mis hors la loi à la suite du 31 mai 1793 avec les autres fonctionnaires de ce département. A l'annonce de cette nouvelle, Jean-Bon Saint-André monta à la tribune, et, attestant hautement la moralité et le civisme de Sers, il obtint la suspension de ce décret et peu après son rapport définitif.

(148) **Comte de Soissons** (Louis de Bourbon), né à Paris le 11 mai 1604, tué le 6 juillet 1641, au combat de la Marfée.

(149) **Maréchal de Vitry**. Nicolas de L'hospital, marquis puis duc de Vitry, né en 1581, mort à Nandy (Seine-et-Marne), le 28 septembre 1644. (Voir sa notice dans notre première publication : *Documents sur la ville de Royan et la tour de Cordouan, 1622-1789.*)

(150) **Sainte-Foy** ou Sainte-Foy-la-Grande *(Sancta Fides)* (Gironde). Vieille ville, dont la population est encore en partie protestante.

(151) **Clérac** ou Clairac *(Clairiacum)* (Lot-et-Garonne). En 1527, Gérard Rousselle, abbé de Clairac, embrassa la religion protestante et attira à sa nouvelle croyance une partie des habitants de la ville; en 1574, elle soutint un siège où les catholiques furent repoussés.

Louis XIII l'assiégea en personne en 1621. Après douze jours de tranchée ouverte, la ville se rendit à discrétion; quatre des principaux chefs furent pendus et les nouvelles fortifications démolies; l'année suivante les habitants de Clairac chassèrent la garnison catholique.

(152) **Mont-de-Marsan** *(Mons Martiani, Martianum)*, en Gascogne, charmante ville, chef-lieu du département des Landes.

(153) **Monségur**, petite et ancienne ville du Bazadais (Gironde), aujourd'hui chef-lieu de canton; beaucoup de ses habitants professent la religion réformée.

(154) **Gensac**, canton de Pujols, arrondissement de Libourne (Gironde). La population de ce bourg est en majeure partie protestante.

(155) **Aymet** ou Eymet, Périgord (Dordogne), chef-lieu de canton. C'était autrefois une place importante, dont il est souvent question dans les guerres de religion des XVIe et XVIIe siècles. La plus grande partie de la population est protestante.

(156) **De La Force** (Jacques-Nompar de Caumont, marquis puis duc), maréchal de France, né le 30 octobre 1558, mort au château de La Force le 10 mai 1652.

Dans la nuit de la Saint-Barthélemy il était avec son père et son frère aîné, quand tous deux furent massacrés sous ses yeux; il n'échappa qu'en feignant d'être blessé à mort. Il fut recueilli par un pauvre homme, qui le conduisit à l'Arsenal.

(157) **Thonneins** ou Tonneins *(Toninum)*, jolie ville de l'Agenais (Lot-et-Garonne),

arrondissement de Marmande. Elle a joué un rôle important à l'époque des guerres de religion.

(158) **Saint-Aulaye** (Dordogne), ancienne petite ville de Périgord, chef-lieu de canton, arrondissement de Ribérac.

(159) **Montflanquin** (Lot-et-Garonne), jolie et ancienne ville de l'Agenais, arrondissement de Villeneuve-sur-Lot.

Elle se déclara en 1562 pour le prince de Condé; les réformés s'en emparèrent en 1621.

(160) **Monsieur le Prince.** Henri II de Condé, pair et grand-maître de France, duc d'Enghien, né à Saint-Jean-d'Angély le 1er septembre 1588, mort le 26 décembre 1646. Il épousa en 1609 Charlotte de Montmorency, qui inspira une si grande passion à Henri IV.

Henri II de Condé fut le père du grand Condé.

(161) **M. le duc d'Elbeuf.** Charles II, duc d'Elbeuf, né en 1596, mort le 5 novembre 1657. Il était marié à Catherine-Henriette, fille légitimée d'Henri IV et de Gabrielle d'Estrées.

(162) **Monseigneur l'Archevêque de Tours.** Bertrand d'Eschaux, qui occupa ce siège du 25 juin 1617 au 21 mai 1641.

(163) **M. le duc d'Uzès.** De la grande famille des Crussol en Nivernais.

(164) **Le duc de Retz.** Philippe-Emmanuel de Gondi, général des galères, père du célèbre cardinal de Retz (Jean-François-Paul de Gondi).

(165) **Le maréchal de Praslin** (Charles de Choiseul, marquis de Praslin et de Chaource, dit), seigneur du Plessis Saint-Jean, né en 1553, mort le 1er février 1626. Il fut gouverneur de la Saintonge en 1622. Il avait assisté à quarante-sept combats et reçu vingt-deux blessures.

(166) **Le cardinal de Retz.** Henri de Gondi, né à Paris en 1572, mort à Béziers le 2 août 1622; il fut nommé en 1596 coadjuteur de son oncle Pierre de Gondi, évêque de Paris, auquel il succéda en 1598, puis cardinal en 1618.

(167) **Mussidan,** jolie petite ville de Périgord (Dordogne). Les protestants la prirent par un coup de main hardi en 1563.

Le maréchal Timoléon de Cossé-Brissac l'assiégea en 1569, il y fut tué d'une arquebusade par Charbonnière, soldat périgourdin, « lequel, dit Brantôme, se tenait assis » devant une *canonnière* par où il ajustait les assiégeants avec deux arquebuses qu'on » chargeait alternativement, en sorte qu'il tirait incessamment. »

La garnison capitula, mais malgré la capitulation les protestants furent passés au fil de l'épée.

Montaigne a fait de ce triste événement le sujet d'un chapitre de ses *Essais : L'heure des parlements dangereuse.*

(168) **De Chaban** ou de Chabans (Louis, sieur du Maine, dit le baron). « On disait qu'il avait été *joueur de violon,* ce qui paraît plus certain c'est qu'il était très bon militaire. Il fut depuis gouverneur de Sainte-Foy et grand-maître de l'artillerie de la république vénitienne. Le 26 décembre 1632, il fut tué par le père de Ninon de Lenclos. »

Cette note assez curieuse est empruntée au marquis de Chantérac, le savant éditeur des *Mémoires du maréchal de Bassompierre* (édition de la Société de l'Histoire de France).

([169]) **De Chabot.** Vraisemblablement Guy II de Chabot, baron de Jarnac, capitaine de cent chevau-légers, conseiller d'État et lieutenant général en Saintonge sous le prince de Condé, mort en 1640. Ses agissements pendant la minorité du roi Louis XIII nous donnent lieu de supposer qu'il s'agit bien ici de ce seigneur protestant.

([170]) **Aiguillon**, petite ville fort ancienne de l'Agenais, arrondissement d'Agen (Lot-et-Garonne).

Aiguillon fut érigé en duché-pairie par Henri IV en faveur du duc de Mayenne; à la mort de ce seigneur, la ville fut donnée au même titre à Puylaurens. Cette pairie étant éteinte à sa mort, Richelieu la fit revivre en 1638 en faveur de sa nièce Madeleine de Vignerod, qui fut créée *duc et pair*, titres qui par elle parvinrent en 1731 au comte d'Agenois.

Madelaine de Vignerod était fille de René de Vignerod et de Françoise du Plessis, sœur du grand cardinal, dame d'atours de Marie de Médicis. Son petit neveu, qui devint duc d'Aiguillon, était Armand-Louis de Vignerod du Plessis-Richelieu, pair de France, membre honoraire de l'Académie des sciences, né en 1683, mort à Paris le 31 janvier 1750; il était marié à Anne-Charlotte de Crussol de Florensac.

([171]) **Duc de Vendosme.** César, fils naturel de Henri IV et de Gabrielle d'Estrées, né au château de Couci (Aisne), en juin 1594, mort à Paris le 22 octobre 1665. En 1655, il battit la flotte espagnole à la hauteur de Barcelone.

([172]) « **Lesparre**, ou L'Esparre, ville, chef-lieu d'une juridiction de ce nom dans le Médoc, en Guyenne, diocèse, parlement, intendance et élection de Bordeaux. On y compte cent quatre-vingt-dix feux, y compris ceux de *Mercadieu*.

» Cette petite ville, ou bourg, est située dans une contrée abondante en pâturages excellents et en vins qui ont beaucoup de réputation. »

Ainsi s'exprimait l'abbé Expilly en 1764,

Aujourd'hui, Lesparre est une des sous-préfectures du département de la Gironde.

([173]) **Soulac**, arrondissement de Lesparre (Gironde), entre l'Océan et la rive gauche de la Gironde, près de l'embouchure de ce fleuve et vis-à-vis du phare de Cordouan.

La tour de l'église du vieux Soulac sert de balise aux navires, qui entrent dans la rivière de Bordeaux par la passe du sud.

([174]) **Le premier président.** Marc-Antoine de Gourgue fut investi de la charge de premier président le 27 décembre 1616, à la place du premier président Mangot, nommé secrétaire d'État.

Marc-Antoine était fils d'Ogier de Gourgue et de Finette d'Aspremont, sa deuxième femme; il mourut à Bordeaux le 9 septembre 1628. C'est un des plus grands magistrats que le Parlement de Bordeaux ait eus pour chefs. (Voir la note 29.)

([175]) **L'abbé de Verteuil.** Lancelot de Mulet de Volusan, de 1606 à 1650.

([176]) **Ornano.** Jean-Baptiste, comte de Montlaur, fils du maréchal d'Ornano, né en 1583, mort prisonnier au château de Vincennes le 16 septembre 1626; il avait été gouverneur de Gaston, frère de Louis XIII.

(177) **Duc de Rohan** (Henri Ier), célèbre capitaine calviniste, né au château de Blain (Loire-Inférieure) le 25 août 1579, mort le 13 avril 1638, à l'abbaye de Kœnigsfeld (canton d'Argovie). Il épousa en 1605 Marguerite de Béthune, fille du grand Sully.

(178) **Rade d'Olonne.** On appelle ainsi le mouillage très dangereux par les vents battant en côte, qui est à l'entrée du port de la petite ville des Sables (Vendée).

(179) **Rade de la Palice** ou de Palice. Entre la pointe de Sablanceaux au sud de l'île de Ré et la pointe de Chef-de-baie sur la côte d'Aunis. Elle est très abritée de la houle de l'ouest et du sud-ouest.

(180) **Comte de Doignon**, du Daugnion ou Dognon (Louis Foucauld de Saint-Germain-Beaupré). Page du cardinal de Richelieu, il s'attacha à la personne du duc de Fronsac, qui le fit nommer vice-amiral de France; après la mort du duc, il s'empara du gouvernement de Brouage, soutint le parti des Princes et, s'étant soumis, obtint le bâton de maréchal de France.

(181) **Pertuis d'Antioche.** Entre les îles de Ré et d'Oléron, il tire son nom des rochers d'Antioche situés à l'extrémité nord de l'île d'Oléron.

(182) **L'évêque de La Rochelle.** Jacques II, Raoul, évêque de Maillezais en 1646, puis de La Rochelle du 4 mai 1648 au 16 mai 1661.

(183) **Monsieur d'Estissac**, gouverneur de La Rochelle, d'une maison originaire du Périgord.

(184) **Comte de Montesson**, lieutenant général de l'artillerie de la marine.

(185) **Chevalier de Cartray**, ou de Carteret, autrefois vice-amiral d'Angleterre; homme de mer très expérimenté. Le chevalier de Carteret, qui avait pris du service en France, se distingua en plusieurs occasions et notamment à l'armée envoyée en 1653 pour réduire Bordeaux.

(186) **Le commandeur de Neufchaise**, lieutenant général, homme de mer d'une grande valeur, qui a joué un rôle important dans les guerres maritimes du XVIIe siècle, notamment à l'époque de la Fronde à Bordeaux.

(187) **Capitaine Duquesne** (Abraham), l'un des plus grands hommes de mer que la France ait produits, né à Dieppe en 1610, mort à Paris le 3 février 1688.

Lors de l'insurrection de Bordeaux pendant la Fronde, il arma à ses frais une petite escadre et ferma aux Espagnols l'entrée de la Gironde.

Après la paix des Pyrénées, il guerroya sous le commandement du duc de Beaufort contre les Barbaresques, devint lieutenant général des armées navales (1667). Après avoir servi sous le duc de Vivonne, il remporta le 8 janvier 1676, sur l'amiral hollandais Ruyter, une victoire près de Stromboli, bientôt suivie d'une deuxième (22 avril) près du mont Gibel, où Ruyter fut blessé à mort. Louis XIV lui fit don de la terre du Bouchet, érigée en marquisat (1682), et d'une gratification de 200,000 livres. Son attachement au calvinisme empêcha le Roi de le nommer vice-amiral et maréchal de France.

En 1681, il fut envoyé contre les corsaires de Tripoli, qu'il força à demander la paix; puis, en 1682 et 1683, contre Alger, qui fut presque entièrement détruit; en 1684, il bombarda Gênes; ce fut sa dernière campagne.

(188) **Marine du Ponant.** C'est l'opposé de levant, et le synonyme d'occident pour les navigateurs, qui distinguent ainsi les côtes de l'Océan de celles de la Méditerranée.

(189) **Rade de Chef-de-Baye** ou Chef-de-baie près de La Rochelle en face de la pointe de Sablanceaux en Ré.

(190) **Du Plessis-Bellière**, de la maison de Rougé en Bretagne.

(191) **La Seudre.** Rivière qui prend sa source au petit ruisseau de Borion, près Plassac, canton de Saint-Genis, arrondissement de Jonzac (Char.-Inf.); elle passe à Saujon où elle commence à être navigable et se jette dans la mer vis-à-vis de l'île d'Oléron.

(192) **La Tremblade.** Petite ville maritime sur la rive gauche de La Seudre, à quelques kilomètres de son embouchure, chef-lieu de canton, arrondissement de Marennes.

Elle n'était guère connue avant 1660, époque où les vaisseaux du Roi ne pouvant entrer à Brouage y vinrent désarmer après la campagne de Gigéry. On établit alors à La Tremblade les magasins et les corps de la marine qui n'y restèrent pas longtemps et qui furent transférés d'abord à Tonnay-Charente, puis définitivement à Rochefort.

La population de La Tremblade professe en majeure partie la religion réformée.

(193) **Le Chapus.** Fort construit en 1691 à l'extrémité ouest de la commune de Marennes par l'ordre de M. de Louvois, sur une pointe de rochers éloignée de 4 à 500 mètres de la terre ferme.

(194) **Maumusson.** Passe excessivement dangereuse à cause de la barre de Gadesau; elle sépare les dunes de La Tremblade des terres de l'île d'Oléron. Lorsque le vent souffle de l'ouest, la mer s'y brise avec tant de violence que le bruit s'en fait entendre à quatre à cinq lieues dans l'intérieur des terres.

Le courant de *jusant* au moment de la basse mer y est d'une force extrême et porte au large, par contre le renversement de la marée s'y fait sentir d'une façon extraordinaire; c'est à ce courant considérable de *flot* qu'est dû le dicton marin: *Maumusson attire.*

(195) **Le Chasteau** (île d'Oléron). Sur la côte du nord-est attenant au bourg, qui en a tiré son nom, cette forteresse fut construite en 1630, sous le règne de Louis XIII, par les ordres du cardinal de Richelieu.

L'ancien château, qui était un peu moins à l'est est célèbre par le souvenir d'Aliénor de Guyenne, qui y fit rédiger sous ses yeux les lois et ordonnances de la marine connues sous les noms de *Rôles et jugements d'Oléron.*

(196) **Didonne** (Saint-Georges de), commune limitrophe de celle de Royan, canton de Saujon, arrondissement de Saintes.

Au village de Didonne, dont les sept à huit moulins sont des points de repère pour les pilotes, on voit quelques vestiges d'un ancien château qui appartenait aux La Trémoille.

(197) **Bellemont.** Maison noble entourée de chênes séculaires à quelques kilomètres de

Royan, près de la route de Rochefort, dans une situation fort belle dominant la mer et les bois de la grande conche de Royan.

Ce château a été longtemps possédé par la famille du vicomte Du Hamel, de Castets-en-Dorthe (Gironde).

([198]) **Médis,** jolie commune du canton de Saujon. L'église de Médis, fort ancienne et de style roman, est très remarquable, malgré les réparations peut-être un peu trop complètes dont elle a été l'objet il y a quelques années.

([199]) **Canal de Ribérout,** à Saujon, arrondissement de Saintes, sur la route de Royan à Rochefort.

([200]) **L'Aiguille** ou l'Eguille, joli village sur les bords de la Seudre, canton de Royan, arrondissement de Marennes.

([201]) **Saint-Sulpice,** commune du canton de Royan, arrondissement de Marennes.

([202]) **Breuillet,** sur la route de Royan à La Tremblade. Cette commune fait partie du canton de Royan.

([203]) **Mornac,** ancienne petite ville du canton de Royan sur la Seudre, elle était autrefois très importante; on y remarque l'église et les restes d'un vieux château.

([204]) **Arvert,** commune du canton de La Tremblade, c'est sur son territoire près de l'Océan qu'on trouve les plus hautes dunes en partie boisées du littoral.

([205]) **Mons.** Le logis de Mons, comme on appelle les maisons nobles en Saintonge, à l'entrée du vieux Royan, près de l'église de Saint-Pierre, dans une situation exceptionnelle d'où la vue embrasse un panorama magnifique sur l'Océan et la campagne.

Mons a été longtemps de nos jours une succursale du couvent de la Providence de Saintes; il est occupé aujourd'hui par la communauté des dames de Sion.

([206]) **Toupignac.** Maison noble dans la commune de Breuillet, elle a appartenu autrefois à la famille des Hermeaux. Elle est maintenant la propriété du baron de Verthamon.

([207]) **Saint-Pierre de Royan.** Église du vieux Royan, dont le clocher peint en blanc sert de balise aux navires qui entrent dans la rivière de Bordeaux; elle a été en partie détruite, comme beaucoup d'églises de la Saintonge, à l'époque des guerres de religion.

([208]) **Saint-Augustin-sur-mer,** commune du canton de La Tremblade. Elle est limitée à l'ouest par la forêt d'Arvert; son territoire comprend une grande étendue de prairies et de marais souvent noyés par les eaux pluviales.

On dit qu'à l'endroit appelé: *la Coupe du Bergat,* sur la côte d'Arvert, aboutissait un canal, envahi aujourd'hui par les sables, qui faisait communiquer la mer avec ces marais.

([209]) **Saint-Palais-sur-mer.** Cette commune du canton de Royan est située sur le bord de l'Océan, qui la limite à l'ouest. Le pays est plat et exposé à l'envahissement des sables, qui ont déjà couvert une grande partie de terrain et qui sont parvenus, dans moins de vingt-cinq années, à engloutir entièrement le village *Maine-Gaudin;* l'ancien chef-lieu de la commune a été aussi enseveli sous les sables; il ne reste plus pour signe de l'existence de ce lieu que les restes d'une vieille église, dont le clocher, comme celui de Saint-Pierre, sert d'amer aux navigateurs.

(210) **De Rostan**, commissaire général de la marine et ordonnateur aux départements de Bayonne et de Bordeaux.

C'est M. Crassé, commissaire des classes, son subordonné, qui a signé la lettre du 23 juin 1761, relative au traitement des capitaines marins détachés à Cordouan pour les signaux.

(211) **Maréchal duc de Richelieu et de Fronsac** (Louis-François-Armand du Plessis), pair, chevalier des ordres du Roi, premier gentilhomme de la chambre de Sa Majesté, son lieutenant général et gouverneur de la haute et basse Guyenne, membre de l'Académie française. Né le 13 mars 1696 et baptisé le 15 février 1699, il eut pour parrain Louis XIV et pour marraine Mme Marie-Adélaïde de Savoie, épouse de Louis de Bourbon, duc de Bourgogne.

Il était petit-neveu du grand cardinal et fils d'Armand-Jean Vignerod du Plessis, duc de Richelieu et d'Anne-Marguerite d'Acigne. Le 12 février 1711, Richelieu épousa Anne-Catherine de Noailles, ils avaient tous deux quatorze ans. Le 14 avril 1734, il se maria en secondes noces avec Marie-Sophie-Élisabeth de Lorraine, de laquelle il eut la comtesse d'Egmont. Il mourut en son hôtel, rue Neuve-Saint-Augustin, à Paris, le 8 août 1788.

Dès sa plus tendre jeunesse, il se signala à la cour par ses galanteries et ses intrigues, qui le firent mettre deux fois à la Bastille. Il fut envoyé ambassadeur à Vienne (1725), se distingua à la bataille de Fontenoy (1745), à Gênes qu'il défendit contre les Autrichiens (1747), s'empara de Minorque (1756) et, mis à la tête de l'armée de Hanovre, il conquit rapidement l'Electorat où il commit d'énormes dilapidations. Choisi par le Roi pour succéder à Louis-Charles de Bourbon, comte d'Eu, comme gouverneur de la haute et basse Guyenne, Richelieu fit son entrée à Bordeaux le dimanche 4 juin 1758.

Lire sur Richelieu à Bordeaux, dans le troisième volume des *Mélanges* des publications des Bibliophiles de Guyenne, in-8°, 1882, le *Voyage du duc de Richelieu de Bordeaux à Bayonne en 1759*, publié par M. Raymond Céleste, bibliothécaire-adjoint de la ville de Bordeaux, membre de l'Académie des sciences, belles-lettres et arts de la même ville.

Lire également : *Victor Louis, architecte du Théâtre de Bordeaux*, Bordeaux, in-8°, 1881, d'un autre académicien bordelais, M. Charles Marionneau, correspondant de l'Institut.

(212) **Le Verdon**. La dernière commune du Médoc sur la rive gauche de la Gironde, avant d'arriver à la Pointe de Graves, c'est le mouillage des navires sortant de la rivière ou y entrant.

(213) Pigneguy, capitaine de navires marchands, chargé des signaux à la tour de Cordouan.

(214) **Pointe de Graves**. Extrémité nord du département de la Gironde; il y avait une batterie de canons établie sur ce point pendant la guerre, elle croisait ses feux avec la batterie construite en Saintonge sur la pointe de Suzac, qui lui fait face.

La tour en charpente, qui a pendant de longues années supporté le fanal de Graves, a été remplacée il y a trente ans par une tour en pierres montrant un *feu fixe*, scintillant à courtes éclipses chaque sept secondes dans la direction du bateau-feu de Tallais et dans celle de la passe sud de la Gironde; mais toujours *fixe* dans la direction de la passe du Nord.

Lat. 45° 34′ 10″ N. — Long. 3° 24′ 15″ O.

En nul endroit du littoral la lutte n'a été plus vive entre les assauts de l'Océan et la résistance de l'homme. Quand on entreprit les travaux de défense de la Pointe, le retrait de la côte dépassait *13 centimètres* par jour, » dit Élisée Reclus *(Nouvelle Géographie universelle)*. On a constaté que de 1818 à 1846 la Pointe de Graves a reculé de 720 mètres dans le sud-est. Elle était en 1630 à 5 kilomètres des rochers de Cordouan et en est actuellement à 7. Maintenant, grâce aux travaux de défense, l'envahissement de la mer paraît être arrêté.

(215) **Moulin d'Arez**, près Soulac, point servant de repère pour l'entrée de la Gironde.

(216) **Soula**. Le Maréchal a écrit Soula pour *Soulac*.

(217) **Vendanges**. Les milices gardes-côtes de la province étaient recrutées en majeure partie parmi les propriétaires ruraux; on comprend dès lors le désir que ceux-ci éprouvaient de surveiller leurs vignobles au moment des vendanges.

Le Médoc formait deux capitaineries: 1° la capitainerie de Soulac, qui était composée de quatre compagnies de 100 hommes chacune, commandées par M. le chevalier Désardouins, à Lesparre, elle s'assemblait à Saint-Trélody; 2° la capitainerie de Lamarque, composée de six compagnies de 100 hommes chacune, qui était commandée par M. Bergeron, elle s'assemblait à Margaux.

(218) **Prévost de La Croix** (Louis-Anne), né à Louisbourg (Canada) le 4 mai 1750, décédé à Paris le 17 octobre 1797; commissaire général de la marine à Bordeaux (Voir la note 28 de notre premier fascicule, *Documents sur Royan et la tour de Cordouan*.)

(219) **Port Malo**, pour Saint-Malo, ville forte et port très important de Bretagne (Ille-et-Vilaine).

La marine des Malouins a continuellement marqué dans nos guerres; en 1627, ils envoyèrent une flotte de vingt-cinq navires au secours du roi Louis XIII qui assiégeait La Rochelle, et sous Louis XIV leurs corsaires firent une guerre terrible aux commerces anglais et hollandais.

(220) **Dune-Libre** ou Dun-Libre. C'est Dunkerque qu'on appelait ainsi à l'époque de la Révolution. Dunkerque était autrefois : du diocèse d'Ypres, du parlement de Paris, de l'intendance de Lille, gouvernement particulier, subdélégation et châtellenie, siège général d'amirauté, et avait un collège et sept couvents.

Le duc d'Yorck attaqua cette place par mer et par terre en 1793; mais les Anglais, battus à Hondschoote, levèrent le siège le 9 septembre.

Les armateurs et les corsaires de Dunkerque firent beaucoup de mal à l'ennemi dans les guerres de Louis XV, de Louis XVI et de la Révolution.

(221) **Jean Burguet**, dit Burguet l'oncle, architecte.

(222) **Pointe de La Coubre.** Sur la côte de Saintonge, en Arvert, au nord de l'embouchure de la Gironde, dont elle forme un des plus grands dangers. Un feu *fixe* (Lat. 45° 41′ 30″ N. — Long. 3° 35′ 34″ O.) y est placé sur une tour en charpente et deux autres feux *fixes* sont établis en mer sur un ponton à un mille dans le sud du précédent, près de l'accore du banc de la *Mauvaise*.

« A chaque nouvelle opération de sondage, on reconnaît que les bancs ont changé de contours et les courants de direction en moins d'un siècle, » dit Élisée Reclus *(Nouvelle Géographie universelle)*. Le banc de la *Mauvaise* s'est déplacé de plusieurs kilomètres vers l'occident, tandis que la *Cuivre* se mouvait en sens opposé.

Néanmoins, les passes, admirablement balisées par des bouées, amers, tours et phares, sont, parmi les entrées fluviales dangereuses, relativement des plus faciles.

TABLE ICONOGRAPHIQUE

OU

LISTE DES DESSINS, GRAVURES ET LITHOGRAPHIES, REPRÉSENTANT ROYAN ET LA TOUR DE CORDOUAN

1612. Lexelent bastiment de la tovr ou phanal de Cordovan, par Clavde Chatillon. (Collection Gustave Labat.)
H. 0m50. — L. 0m36.

1612. La ville et chasteav de Royan, por de mer, par Clavde Chatillon. (Coll. G. L.)
H. 0m15. — L. 0m45.

1622. Plan de Royan défendu par les religionnaires et les Hollandais.

16... Plan de Royan rendu le 11 mai 16.., après six jours de siège, au duc d'Épernon et au maréchal de Vitry.

1700. Tour de Cordouan, à l'embouchure de la Gironde; dessin sur parchemin de la bibliothèque de l'Arsenal, à Paris, manuscrits, n° 1320, de la collection des cartes et plans de M. de Paulmy.

La bibliothèque de Marc-Antoine-René de Voyer d'Argenson, marquis de Paulmy, fut vendue, en 1785, à S. A. R. le comte d'Artois, depuis Charles X; elle est aujourd'hui réunie à la bibliothèque de l'Arsenal.

Une copie de ce beau dessin, parfaitement exécutée par Louis Bénard, de Paris, est à Bordeaux. (Coll. G. L.)
H. 1m. — L. 0m70.

1705. Plans et coupes de Cordouan, par Nicolas de Fer, géographe du Roy et du Dauphin, né en 1646 et mort le 15 octobre 1720, publiés dans sa carte générale de toutes les costes de France, tant de la mer océane que Méditerranée. Paris, in-4°, 1705. (Coll. G. L.)
H. 0m30. — L. 0m45.

1723-27. Plan et coupe de la lanterne en fer du chevalier de Bitry. (Archives départementales de la Gironde.)

1730. Élévation de la tour de Cordouan, curieuse gravure en couleurs, qui porte dans un cartouche placé au-dessous de la tour et surmonté d'armoiries :

« Dédié à monseigneur Boucher, chevalier, seigneur d'Hébecourt, Sainte-Gene- » viève et autres lieux, conseiller du Roy en ses conseils, conseiller d'honneur au » Parlement de Bordeaux, président honoraire de la Cour des Aydes de Paris, inten- » dant de justice, police et finance en la généralité de Bordeaux, par son très » humble et très obéissant serviteur Selis, Mre *Vitrier*, rüe Saint-Dominique, » faubourg Saint-Jacques, à Paris, présentement *chés* François Chereau, rüe Saint- » Jacques, aux Deux-Piliers d'or. » (Coll. G. L.)

H. 0m90. — L. 0m60.

17... Plans et profilz des principales villes de la province de Guyenne avec la carte générale et les particulières de chascun gouvernement d'icelles, par Tassin.

Entrée de la rivière de Garonne.

Plan de Royan.

Vue de Royan.

Vue de la tour de Cordouan.

Quatre planches de même dimension. (Coll. G. L.)

H. 0m17. — L. 0m22.

1737-53. Profil et élévation de la tour de Cordouan, située à l'embouchure de la *Garonne*, à *15 lieues* de Bordeaux, servant de phare pour éclairer les vaisseaux qui entrent dans cette rivière, par Belidor. (*Arch. hyd.*, t. IV, pl. 19. — Coll. G. L.)

H. 0m30. — L. 0m45.

1771. Plan géométral du phare ou tour de Courdouan et de son enceintre.

« Dédié à Monsieur de Laporte, chevalier, conseiller du Roy en ses conseils, » maître ordinaire en sa Chambre des comptes, commissaire général de la marine, » ordonnateur au département de Bordeaux et de Bayonne, par son très humble et » très obéissant serviteur Claude Tardy, maître-architecte de Bordeaux et » entrepreneur des réparations de la ditte tour. »

Ce plan excessivement curieux se trouve dans une des salles de l'Aquarium d'Arcachon (Gironde). Il en existe une reproduction dans la collection G. L.

1787. Le port de Royan, vu du haut de la Garenne, par Lemet, gravé par Y. Le Gonaz. (Du recueil des *Ports de France*, par Ozanne. — Collection G. L.)

H. 0m30. — L. 0m40.

1790. Vue de la tour de Cordouan.

Sur la base on lit l'inscription suivante : « *Tour de Cordouan*, cette tour, » située dans la mer océane, au golfe de Gascogne et à l'embouchure de la Garonne, » est si antique que le temps de sa fondation est inconnue, on croit cependant » qu'elle fut bâtie sous le règne de Louis le débonnaire, au même lieux où étoit » autrefois l'isle d'Andrós, etc., etc.

» L'année 1790, ce vent chez Maurice, imprimeur en taille-douce, cours Saint- » Seurin, à Bordeaux. »

(Collections du comte A. de Chasteigner et de G. L.)

H. 0m35. — L. 0m48.

1811. Plan et coupe de l'enceinte de la tour de Cordouan, dessin au trait et lavé. (Arch. départ. de la Gironde, plan n° 1098. Didiet, ing. en chef du départ. de la Gironde, 20 mai 1811.)

1820. Vue du port de Royan prise de l'aire, par Louis Garneray, pinx^{t} et sculp^{t}. (Coll. G. L.)
H. 0^{m}35. — L. 0^{m}50.

1830. Vue de Royan, prise du château Labarthe.
Jeunes filles de pêcheurs (Royan).
Départ pour la pêche aux moules dans les marais salants (près Royan).
Plage de Royan du côté de la roche Lavalière.
Quatre lithographies sur chine de l'œuvre complète de Gustave de Galard. Lith. Légé à Bordeaux. (Coll G. L.)
Chacune : H. 0^{m}28. — L. 0^{m}36.

1834. Royan.
De la Pylade del^{t}. Nyon j^{ne} sculp^{t}. (Coll. G. L.)
H. 0^{m}12. — L. 0^{m}20.

1834. Ancien phare de Cordouan.
Rauch del^{t}. Schrœder sculp^{t}. (Coll. G. L.)
H. 0^{m}23. — L. 0^{m}14.

1835. Royan, vue prise du château Labarthe.
Edmond Sewrin del^{t}. Lith. Légé. (Coll. G. L.)
H. 0^{m}30. — L. 0^{m}45.

1844. Vue de la tour et du phare de Courdouan.
Lith. Chauve, Bordeaux. (Coll. G. L.)
H. 0^{m}30. — L. 0^{m}20.

1850. Le phare de Cordouan à l'embouchure de la Gironde.
Royan, vue du Casino.
Royan, vue de la conche de Foncillon.
Royan, vue du port.
Royan, vue de la grande conche.
Extrait de *La France de nos jours*. Dessiné d'après nature et lith. en couleurs par Ch. Mercereau. Cinq planches.
Chacune : H. 0^{m}33. — L. 0^{m}45.

1850. Royan (Charente-Inférieure).
Imp. lith. de Gaulon, Bordeaux. (Coll. G. L.)
H. 0^{m}23. — L. 0^{m}33.

1855. Bains de mer de Royan (embouchure de la Gironde).
Philippe del^{t}. Lith. en couleurs par Tirpenne, imp. Lemercier, Paris. (Coll. G. L.)
H. 0^{m}40. — L. 0^{m}58.

1855. Vue de Royan, prise des rochers de Vallière.
Bains de Foncillon, à Royan.
Vue générale de Royan, la grande conche.
Vue de Royan, prise de Saint-Pierre.
E. Claveau, del[t]. Clerget lith. Imp. Lemercier, Paris. — A Bordeaux, chez Maggi, cours du XXX Juillet.
Quatre planches. (Coll. G. L.)
Chacune : H. 0m28. — L. 0m36.

1860. Conche de Pontaillac (Charente-Inférieure).
Vue du côté S.-E.
Vue du côté N.-O.
Deux planches, Philippe del[t]. Deroy lith. Imp. Lemercier, Paris. (Coll. G. L.)
Chacune : H. 0m40. — L. 0m58.

1860. Tour de Cordouan, à l'ambouchure de la Gironde (sa base est sur une île de rochers).
« Louis de Foy, premier architecte du XVIe siècle, traça le dessin de cette tour; » au-dessus du rez-de-chaussée s'élèvent deux étages : le premier, qu'on appelle la » chambre du Roi, offre un vestibule et une grande salle avec sa garde-robe; la » chapelle occupe le deuxième étage, elle est pavée en pierres, on y remarque la » couronne de France dessinée en marbre noir. »
P. Gorse del[t]. Lith. de Légé, Bordeaux. — Se vend chez Maggi, marchand d'estampes, cours du XXX-Juillet. (Coll. G. L.)
H. 0m48. — L. 0m32.

1870. Bains de Royan (environs de Bordeaux).
Dess. et lith. en couleurs par Tirpenne. Imp. Lemercier, Paris. (Coll. G. L.)
H. 0m23. — L. 0m33.

1884. La tour de Cordouan à marée basse.
Dess. et lith. par Gustave Labat pour les *Documents sur la ville de Royan et la tour de Cordouan.*
H. 0m48. — L. 0m36.

1887. La tour de Cordouan en 1610, d'après Claude Chatillon.
Dess. et lith. par Gustave Labat pour le deuxième recueil des *Documents sur la ville de Royan et la tour de Cordouan.*
H. 0m48. — L. 0m36.

1887. Royan, de 1825 à 1830.
Dess. et lith. par le même et pour le même ouvrage.
H. 0m36. — L. 0m48.

TABLE BIBLIOGRAPHIQUE

ou

LISTE DES OUVRAGES RELATIFS A LA VILLE DE ROYAN ET A LA TOUR DE CORDOUAN

1622. *La Réduction de la ville et château de Royan à l'obéissance du Roy, ensemble celle du château de Taillebourg et l'inventaire des canons, armes, munitions de guerre trouvées en icelui.*
Extrait des lettres de Xaintes du dernier avril 1622, in-8°.

1627. *Jodocus sincerus.* — Zinzerling, 13 août 1627, p. 672.
« Tour de Cordan.... On en voit une figure représentative dans l'hôtel de ville » de Bordeaux dans le lieu où sont les huissiers et les gardes, dans un espace » entouré de grilles. »

1664. *Turris Corduana ad Garumnæ fauces, in insula Antro, a tribus olim regibus extrui cœpta, a Ludovico XIV omnino, ædificata, et a variis poetis cantata.* — Lugduni, 1664, in-4°.
Cité dans la *Bibliothèque historique de la France* par feu Jacques Lelong, prêtre de l'Oratoire. Paris, 1773.

1673. *Voyage en France dressé pour la commodité des François et Estrangers, etc.*, par le sieur du Verdier, historiographe de France. — A Paris, chez Michel Bobin et Nicolas Le Gras, dans la grande salle du Palais, à l'Espérance et à L. couronnée, MDCLXXIII. — 1 vol. in-12.
Page 132 : Royan et la tour de Cordouan.

1728. *Les Délices de la France ou Description des provinces, villes principales, maisons royales, châteaux, etc.* (par Fr. Savinien d'Alquié). Leide, chés Théodore Haak, 1728, 3 vol. in-12.
Tome II, pages 272-273 : Royan et la tour de Cordouan.

1754. *Nouvelle Description de la France dans laquelle on voit le gouvernement général de ce royaume, celui de chaque province en particulier, etc., etc.*, par M. Piganiol de La Force. — A Paris, chez Théodore Le Gras, grande salle du Palais, à L. couronnée.
Tome VII, pages 247 à 256 : Description de la tour de Cordouan.

1762. *Dictionnaire géographique historique et politique des Gaules et de la France*, par M. l'abbé Expilly, chanoine et trésorier, etc., etc.
Tome Ier, page 653, à l'article *Blaye*.

1784. *Variétés bordeloises ou Essai historique et critique sur la topographie ancienne et moderne du diocèse de Bordeaux*, par l'abbé Baurein. — Bordeaux, 1784, tome Ier, pages 70 à 96.

1785. *Description historique de Bordeaux*, par Paul Pallandre. — Bordeaux, in-12.
Page 194 : Tour de Cordouan, phare, sa description.

1807. *Bulletin polymathique du Muséum d'instruction publique de Bordeaux ou Journal littéraire, historique et statistique du département de la Gironde.*
Année 1807, pages 56 à 63 : Description de la tour, par Bernadau.

1825. *Actes de l'Académie des Sciences, Belles-Lettres et Arts de Bordeaux.*
Année 1825, page 75 : Éloge de Joseph Teulère, ingénieur de la tour de Cordouan.

1834. *Guide pittoresque du Voyageur en France.* — Paris, Firmin Didot frères, 1834.
Tome Ier, page 19 : Gironde. — Lesparre.

1845. *Guienne historique et monumentale*, par Ducourneau. — 2 vol. in-4°, Paris, 1845.
Biographie de Joseph Teulère, par F. Jouannet, correspondant de l'Institut. tome Ier, 1re partie.

1847. — *Voyage pittoresque à la tour de Cordouan*, par Henri Burguet. — Bordeaux, in-8°, 1847.

1861. *Dictionnaire général de biographie et de géographie* de MM. Dezobry et Bachelet. — 2 volumes grand in-8°, 1861, Paris.
Tome Ier, page 674 : Article sur *Cordouan*.

1862 à 1886. *Archives historiques du département de la Gironde.*
Cordouan : tomes III, IV, VII, X, XII, XIV, XIX, XXIII.
Royan : tomes IV, VII, VIII, IX, X, XIII, XIV, XVII, XXIII, XXV.

1864. *Louis de Foix et la tour de Cordouan*, par Philippe Tamizey de Larroque. — Bordeaux, Chaumas, in-8°. — Extrait de la *Revue de Gascogne*, tome V.

1868. *La tour de Cordouan* (supplément), par Ph. Tamizey de Larroque.
Revue de Gascogne, tome IX, pages 443 à 496 et 534 à 549.

1875. *Documents inédits sur Louis de Foix*, par Charles Marionneau. — Extrait du *Bulletin de la Société archéologique de Nantes*, année 1875, page 53.

1875. *Archives historiques de la Saintonge et de l'Aunis*, tome II, pages 66 à 69.

1877. *Nouvelle Géographie universelle : la Terre et les Hommes*, par Élisée Reclus.
Tome II : *la France*, pages 106 et 125.

1884. *Revue catholique*, tome V, année 1884, page 468 et suivantes.

1884. *Notice sur le phare de Cordouan situé à l'embouchure de la Gironde*, par Teulère, architecte. — Bordeaux, 1884, in-8°.

1884. *Notice sur les phares de Cordouan*, par Ernest Gaullieur, archiviste de la ville de Bordeaux. — Extrait du *Bulletin du Comité des travaux historiques*. Paris, Imprimerie nationale, in-8°, 11 pages. — Tiré à 25 exemplaires.

1884. *Documents sur la ville de Royan et la tour de Cordouan, 1622-1789*, recueillis par Gustave Labat. — Bordeaux, imprimerie G. Gounouilhou, avec dessin de la tour de Cordouan, tiré sur Japon, et plan de la conche de Royan en 1726. — Tiré à 100 exemplaires.

TABLE CHRONOLOGIQUE

XIIIe siècle. Mention du premier constructeur des églises de Soulac, Saint-Nicolas de Graves et de Cordouan. 1.

1409, Août 8. *Pro heremita turris capelle de Nostre-Dame de Cordam.* 1.

Lettres de Henri IV, roi d'Angleterre, en faveur de l'ermite de la tour de la chapelle de Cordouan (traduction française). 2.

1410, ... Compte des trésoriers de France. 3.

1472, Avril 15. Taxe pour réparer et entretenir la tour de Cordouan, où deux ermites, fondés par le pape Grégoire IX, allument le fanal pour la sûreté des vaisseaux. 4.

1552, Août 11. Certificat relatif aux réparations de la tour de Cordouan et des châteaux Trompette et du Hâ. 7.

1552, Sept. 30. Certificat relatif aux réparations de la tour de Cordouan et des châteaux Trompette et du Hâ. 9.

1564, Juill. ... Lettre de Charles de Coucy, sieur de Burie, à Catherine de Médicis, 10.

1566, Août 23. Lettre de Blaise de Monluc au roi Charles IX. 11.

1576, Nov. 17. Extrait des registres secrets du Parlement de Bordeaux. 12.

1580, Janv. 5. Mémoire présenté au roi Henri III par le duc de Biron. 12.

1582, Juill. 6. Entérinement par les trésoriers de France à Bordeaux des lettres-patentes du Roi, nommant Louis de Foix architecte de la tour de Cordouan. 15.

1583, Août 31. Supplique au Roi par les maire et jurats de Bordeaux au sujet des réparations à faire à la tour de Cordouan. 17.

1584, Mars 2. Contrat pour la tour de Cordouan passé avec Louis de Foix. 19.

1584, Mars 18. Lettre du maréchal de Matignon au roi Henri III. 31.

1585, Avril 30. Lettre du maréchal de Matignon au roi Henri III. 32.

1585, Avril 30. Lettre présumée de Louis de Foix. 35.

1591, Sept. 25. Requête présentée par Louis de Foix, afin d'avoir des commissaires pour visiter l'œuvre par lui faite à la tour de Cordouan. 37.

1592, Mars 4. Compte des trésoriers-généraux. 38.

1594, Nov. 8. Lettres-patentes de Henri IV ordonnant qu'une somme de 50,000 écus sera payée à Louis de Foix pour l'achèvement de la tour de Cordouan 39.

1595, Avril ... Délibération des trésoriers-généraux de Guyenne, réduisant d'un tiers le compte présenté par Louis de Foix. 41.

1595, Sept. 16. Nomination de Pierre de Brach et de Gratien d'Olyve, jurats de Bordeaux, pour aller visiter les travaux de la tour de Cordouan. 44.

.... Requête de Louis de Foix, afin d'obtenir le paiement de la somme de 36,000 écus pour les travaux exécutés à la tour de Cordouan. 45.

1599, Sept. 6. Requête de Louis de Foix à Henri IV, relative au paiement d'une somme de 36,000 écus à valoir sur les travaux de la tour de Cordouan. 46.

1602, Avril 11. Requête de Louis de Foix, relative à la tour de Cordouan. 48.

1606, Déc. 7. Contrat pour la perfection de l'œuvre de Cordouan. 50.

1611, Avril 29. Arrêt du Conseil d'État relatif à l'achèvement de la tour de Cordouan. 62.

1622, ... Expédition du Parlement de Bordeaux contre les Rochelois occupant Soulac. 137.

1630, ... Description de la tour de Cordouan. 63.

1648, Mars 19. Lettre de M. Delaveau, au nom des jurats de Bordeaux, au chancelier Séguier. 68.

1650, Sept. 25. Note intitulée : « Nouvelles signées de Naguille. » 69.

1652, Août 9. Relation de la bataille navale livrée entre les flottes française et espagnole, près des îles d'Oléron et de Ré. 143.

1652, Août 16. Seconde relation, contenant la reprise de l'*Amiral-de-Naples* par les Espagnols et ce qui se passa dans les mers de Brouage, entre les escadres française et espagnole, du 9 au 16 août. 153.

1655, Mai 7. Supplique d'un gardien de la tour de Cordouan, qui déclare n'avoir pu allumer le feu du fanal faute de bois, et qui demande qu'on lui adjoigne un homme pour la garde de ladite tour. 70.

1673, Juill. 4. Dénombrement du marquisat de Royan. 159.

1689, Août 17. Procès-verbal de la visite de la tour de Cordouan. 72.

1723, ... Mémoire de M. de Bitry sur la nécessité de rehausser la tour de Cordouan. 76.

1724, Fév. 20. Lettre de M. de Maurepas à l'Intendant de la province de Guyenne. 78.

1724, Août 20. Supplique des pilotes de Royan et Saint-Palais, par laquelle ils demandent l'élévation de la lanterne de la tour de Cordouan. 78.

1726, Avril 21. Ordonnance du Roi établissant des droits sur les navires pour payer les réparations à effectuer à la tour de Cordouan et réglementant l'allumage des feux. 79.

1726, Nov. 22. Lettre de l'intendant Boucher à M. de Maurepas. 82.

1727, Oct. 19. Lettre de M. de Maurepas à l'Intendant de la province de Guyenne. 83.

1727, ... Description du nouveau phare de la tour de Cordouan, à l'embouchure de la Gironde. 83.

1728, Août 25. État des gages de l'aumônier et des quatre gardiens établis à la tour de Cordouan. 86.

1732, Juin 15. Proposition faite aux Récollets de Royan de desservir la chapelle moyennant 200 livres par an. 86.

1734, Août 31. Lettre de renouvellement de commission de gouverneur de la tour de Cordouan en faveur du sieur Binet. 87.
1758, Juin 23. M. de Rostan, commissaire-général ordonnateur de la marine au port de Bordeaux, donne l'état des signaux arrêtés par le maréchal duc de Richelieu. 167.
1758, Juin ... État des signaux que les frégates du Roi partant de Rochefort pour aller dans la rivière de Bordeaux feront pour être reconnues de la tour de Cordouan et des batteries de la côte. 168.
1758, Août 11. Instructions pour le capitaine et les deux autres officiers de marine résidant à la tour de Cordouan pour y exécuter les signaux. 169.
1758, Oct. 3. Lettre de M. de Rostan au maréchal duc de Richelieu. 170.
1760, ... Description de la tour de Cordouan. 88.
1761, Avril 13. Engagement des capitaines marins destinés à faire le service des signaux à la tour de Cordouan. 172.
1761, Juin 23. Traitement alloué aux capitaines marins destinés au service des signaux à la tour de Cordouan. 172.
1766, Janv. 30. Lettre à l'intendant Boutin. 93.
1778, Mars 24. Mémoire de l'intendant Dupré de Saint-Maur. Projet de défense de l'embouchure de la Gironde. 97.
1781, Avril 1. Lettre de M. Correnson à M. Le Moyne. 94.
1781, Avril 1. État des fonds nécessaires au paiement des officiers employés au service de la tour de Cordouan. 95.
1781, Avril 1. Rôle de l'équipage de la chaloupe employée au service de la tour. 96.
1781, Avril 1. Rôle des gardiens employés au service de la tour. 96.
1781, Sept. 14. Lettre de M. Teulère à M. Combes, architecte. 100.
1782, Mars 5. Lettre de M. Fourtille-Sangrain à M. le marquis de Castries. 102.
1783, Août 21. Déclarations concernant les feux de la tour de Cordouan. 103.
1786, Juill. 25. Lettre de M. Teulère à M. Combes. 110.
1786, Juill. 30. Lettre de M. Teulère à M. Combes. 111.
1787, Janv. 14. Lettre de M. de Vergennes. 114.
1787, Août 18. Lettre de M. de Najac. 115.
1788, Avril 21. Lettre de M. Teulère à M. Combes. 115.
1788, Avril 29. Lettre de M. Teulère à M. Combes. 116.
1788, Mai 12. Lettre de M. Teulère à M. Combes. 117.
1788, Mai 29. Lettre de M. Teulère à M. Combes. 120.
1788, Juill. 17. Lettre de M. Teulère à M. Combes. 124.
1788, Août ... Lettre de M. Teulère à M. Combes. 128.
1790, Mars 19. Aumônerie de la tour de Cordouan. 130.
1790, Août 29. Avis aux navigateurs sur le nouveau feu de réverbères établi à la tour de Cordouan. 174.
1793, Juill. 27. Procès-verbal de la réunion des administrateurs du Directoire du département de la Gironde, relative au paiement de fournitures faites pour la tour de Cordouan. 132.
An II, Vend. 2. Estimation du mobilier de la chapelle de la tour de Cordouan. 133.

An II, Germ. 7. Lettre de Teulère à M. Sommereau, agent maritime à Bordeaux. 175.

An IV, Vend. 16. Vente du mobilier de la chapelle de la tour de Cordouan. 134.

An IV, Vend. 16. État du mobilier de la chapelle de la tour de Cordouan qui n'a pas été vendu, 135.

179., ... Mémoire de Teulère sur les travaux antérieurs à l'exhaussement de Cordouan relatifs à l'établissement du réverbère en remplacement du charbon, dont on avait fait usage depuis 1717 jusqu'en 1782. xxv.

179., ... Mémoire de Teulère sur la tour de Cordouan, son origine et les principales restaurations qu'on y a faites en divers temps. xxxi.

TABLE DES MATIÈRES

Les noms de navires et de lieux sont imprimés en *italiques*. Les lettres majuscules qui suivent les noms de lieux sont les initiales des noms des départements auxquels ces localités appartiennent.

Biot, académicien, cité, 198.
Biron (Charles de Gontaut, premier duc de), maréchal de France, 12, 185.
Biscaye (Arthiague de), officier de marine espagnol, 152.
Bitry (Barrelier de), dit le chevalier de Bitry, ingénieur, XIII, XIV, XV, XXXI, 76, 80, 83, 84, 85, 88, 195, 209.
Blanchart (Ozée), officier de marine, 157.
Blavet, rivière, 145.
Blaye, G., 33, 73, 98, 99, 131, 188.
Bobin (Michel), libraire, 213.
Boisfermé (de), capitaine, 147.
Bois-Martin (Noël de Bonnefont de), écuyer, 115, 117, 197.
Boismoran (de), officier de marine, 148, 151.
Boisseaux (Fortier), pilote, 79.
Bombe, Ch.-Inf., 162.
Bonfin, architecte, 110, 111, 196.
Bonneau (R.-P.), religieux cordelier, 95.
Bonnefont (de), *voy.* Bois-Martin.
Bonneville (de), capitaine, 147.
Bon-Succès (le), vaisseau espagnol, 152.
Borda (Jean-Charles, dit le chevalier de), officier de marine, XXVIII, XXIX, XXXI, XXXIV, 124, 198.
Bordeaux, G., 8, 9, 34, 139, 202.
— (convoi de), 39, 41, 43, 48.
— (fortifications de), 12.
— (intendance de), 84, 90.
— (maire et jurats de), 12, 13, 14, 17, 29, 32, 37, 39, 42, 44, 68.
Bordelais (pays), 43.
Borion, ruisseau, Ch.-Inf., 203.
Boucau (le), à Bayonne, 64, 67.
Boucher (Claude de), intendant de Guyenne, 76, 77, 78, 80, 81, 82, 83, 85, 86, 90, 193, 195, 210
Boucheries de Bacalan, 129.
Bouchet (marquisat du), 202.
Bouchive (Élie), pilote, 79.
Bourbon, L.-et-G., 142.
Bourbon (Antoine de), duc de Vendôme, roi de Navarre, 7, 184.
— *Voy*. Eu, Soissons.
Bourdet, officier de marine, 151, 156.
Bourg, G., 33, 121, 188.
Bourgeois, entrepreneur d'éclairage, XXVI.
Boutin (Charles-Robert de), intendant de Guyenne, 93, 94, 195.
Bouvardy (Scamo), officier de marine napolitain, 152.
Brach (Pierre de), poète et jurat de Bordeaux, 44, 190.
Brantôme, cité, 184, 192, 200.
Breda (de), officier de marine, 157.
Brédand (Jean), pilote, 79.
Bréjat, Ch.-Inf., 162.
Brese (course de), Ch.-Inf., 162.
Bresson (Nicolas), architecte, 7, 8, 9, 10, 184.
Brest, Finistère, 145, 169.
Breton (pertuis), Vendée, 146.
Breuil (le), Ch.-Inf., 162, 163.
Breuillet, Ch.-Inf., 162, 163, 204.
Brezetz (famille de), 197.
Brissac, *voy*. Cossé.
Brouage, Ch.-Inf., 33, 156, 187, 188, 202.
— (juge de), 61.
Brulart (Nicolas), *voy*. Sillery.
Brunswick (prince de), 196.
Bureau des finances de Guyenne, *voy*. Trésoriers.
Bureau (Jean), gardien de la tour de Cordouan, 97.
Burguet (Henri), 214.
— (Jean), architecte, 110, 175, 176, 206.
Burie (Charles de Coucy, sieur de), gouverneur de Guyenne, 10, 184.

C

Cabrières (massacres de), 185.
Cachat (de), officier de marine, 149, 150.
Cadenet (vicomte de), *voy*. Oraison.
Cadillac, G., 39, 190.
Cadillac (le président de), *voy*. Gentilz.
Caillanit, Ch.-Inf., 162.
Calais (le), frégate, 151.
Calvinistes, *voy*. Protestants.
Canal de Royan à la Seudre, 194.
Canaries (Iles), 198.
Cap-Breton, B.-Pyr., 67.
Captivité de Louis de Foix à Bourg, X, 33, 34, 35.
Cap-Vert (Iles du), 198.
Carteret ou Cartray (le chevalier de), officier de marine, 146, 147, 202.

Q

R

S

T

Bordeaux. — Imp. G. Gounouilhou, rue Guiraude, 11.

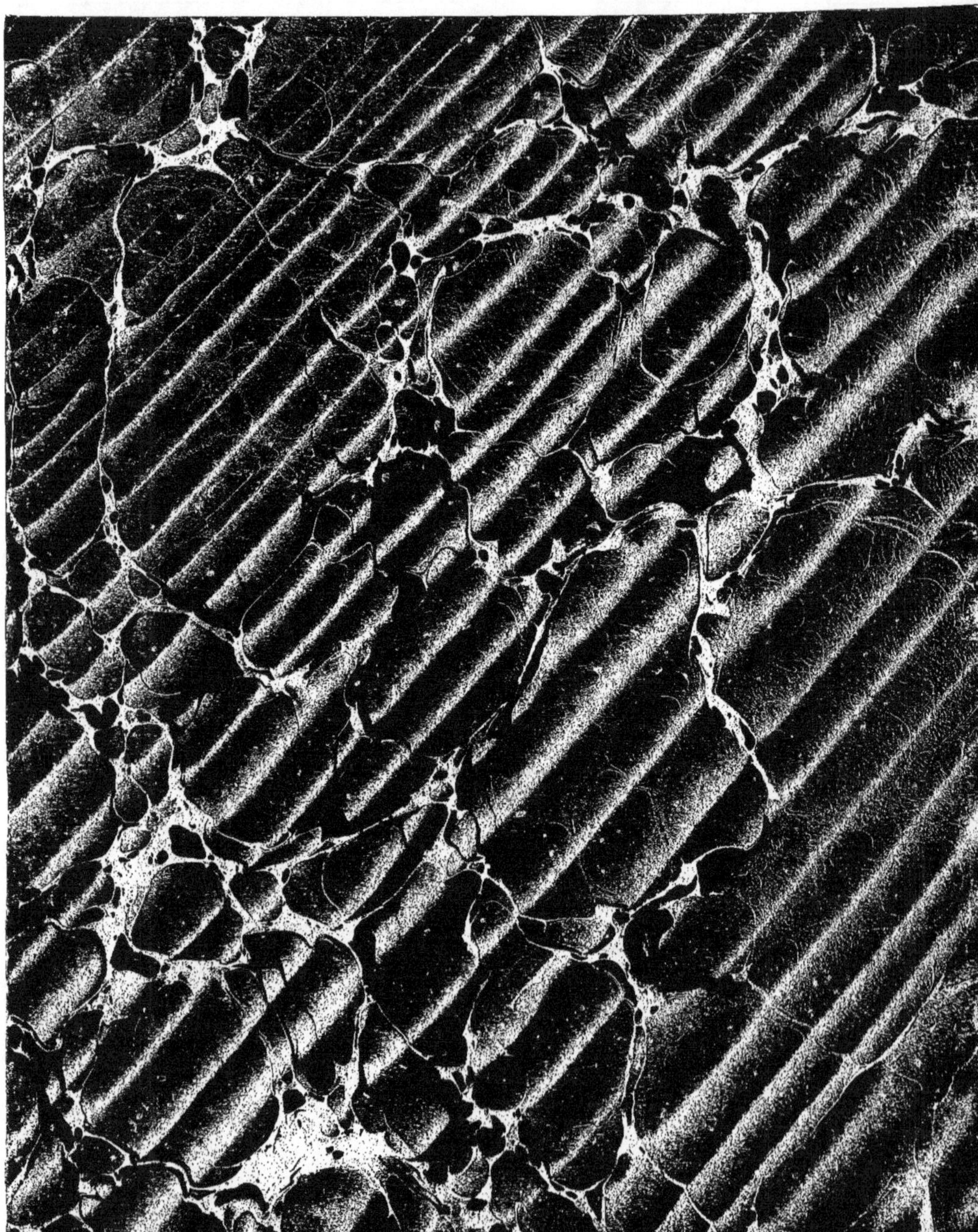

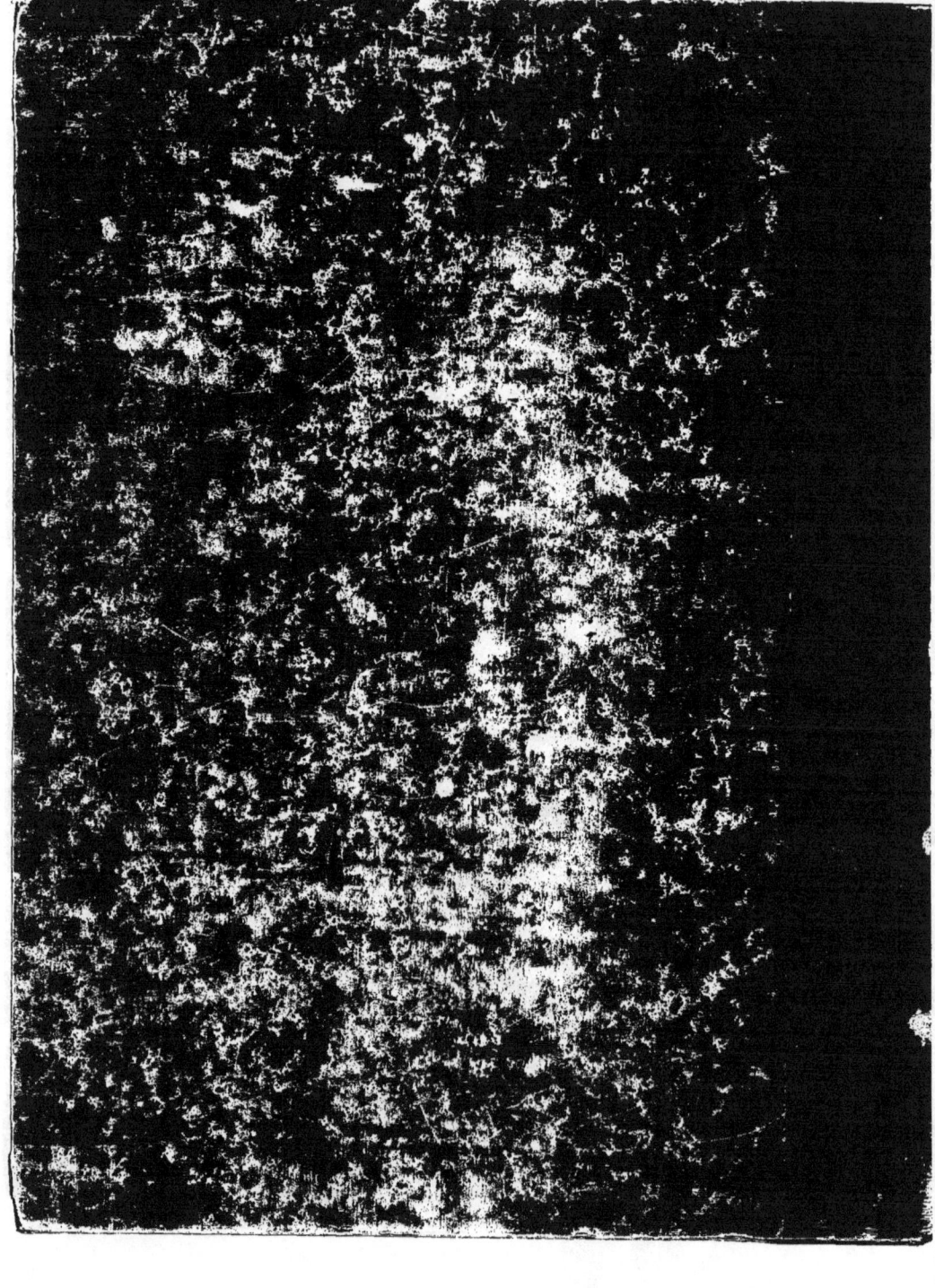

www.ingramcontent.com/pod-product-compliance
Lightning Source LLC
Chambersburg PA
CBHW072009150426
43194CB00008B/1045
9782013516556